大国政府

张世贤　陈恒钧◎著

中国政法大学出版社

2011·北京

出版者说

　　如果把政府比作一个建筑，本书不同于以往作品的地方在于：以往的作品大多在讲这个建筑的外观轮廓带给人的印象或意向，描绘它的历史感、沧桑感，记述这建筑中发生的那些震撼人心的抑或让人惊异的事情；而本书让你面前的这个建筑是变成了一座模型，带你去解剖这个模型，让你看到它每一处结构，从而使你透彻的明白这座建筑是如何成为一个整体的。

　　从现实生活的角度来讲，我们经常会在新闻里面得到这样的消息：某国议会 X 票赞成，Y 票反对，又通过了一项法案；某国议会又要弹劾总统；某国总统要解散议会；某国联邦法院作出 XX 判决；某国总统大选后，重新组阁，等等。可是，你知道到底是什么样的政府体制催生了这纷繁复杂的政治现象吗？本书就是要带你走进世界大国的政府内部，把复杂的政府机器解剖给你看，让议会投票、总统大选、决策制定这些政治问题不在神秘。

本书原名《比较政府》，是我国台湾地区的学术常销书。虽然该书采取了学术化的架构，但是内容却是易于为大众读者接受的，是了解西方政治的通识性读物。取名为《大国政府》，也是希望读者能更直观的感受到本书的出版目的，希望本书能够解开隐藏在你心中的政治谜团。

中国政法大学出版社
2011 年 6 月

四版序

（原书第四版序言）

　　古代的圣人，到底有没有读"比较政府"？依据《孟子·万章下》的资料显示：孟子比较四个圣人（伯夷、伊尹、柳下惠、孔子）。伯夷是"非其君不事，非其民不使、治则进，乱则退"；伊尹是"何事非君？何使非民？治亦进，乱亦进"；柳下惠是"不羞污君，不辞小官，进不隐贤，必以其道。遗佚而不怨，厄穷而不悯；与乡人处，由由然不忍去也"；孔子是"可以速而速，可以久而久，可以处而处，可以任而任"。他们都很认真地在研究当时的政府与国君，决定如何发挥才能，改善政治。

　　由此可见，研究比较政府很重要，"伯夷，圣之清者也；伊尹，圣之任者也；柳下惠，圣之和者也；孔子，圣之时者也。孔子谓集大成"，研究比较政府就要了解政府的实际运作情况，可以随时掌握，称作"时者也"。

　　编写一本比较政府，相当辛苦，因为21世纪已与以前有很大的不同，是极度复杂性、变动性、不确定性及全球化的。因此撰写比较政府的人，随时要掌握各国政府最新动态，用最新的数据，了解目前政府的情形，并且要能预测政府的未来发展。所以写比较政府的人很辛苦，随时要修正改版，加入新资料。

此次修正版，加以整理的是陈恒钧教授，而补充新资料的是苏俊斌助理教授，非常感谢他们。

读比较政府一定要抓住各国政府的精髓，并比较其差异。不可陷入旧的数据，用旧的数据与观点解释现在的政府。否则，一定会被误导，而且越读越错。读者一定要把握现在是什么（what），为什么（why）这样，以及其如何（how）的过程。本书所探讨的这几个国家（英、法、美、德、日、俄）均是民主国家，都以民意的向背产生政权。民意的具体表现是由选举的选票多寡来决定，因此，得票数字便很重要。民主要表现相互尊重、宽容，容忍比自由重要，少数服从多数，多数尊重少数，民主才不会成为民粹或暴民政治，亦就是民主讲究数量与度量。读者在读比较政府时，亦逐渐涵养到要重视"数量与度量"，以培养雍容气度。

在此 21 世纪里，政府面对极度的复杂性、变动性、不确性及全球化，政府结构组织所表现之政府能力再造便很重要，这样国家才会有竞争力，才能长治久安。研究比较政府的目的就在于使国家能长治久安，永续发展。

张世贤

2010 年 5 月 17 日

台北华冈，大成馆

目　录

图次

表次

第一章 绪 论

第一节 政府的涵义

一、政府的定义

政治与人类社会有着密切关系，单独一个人是无法产生政治的。然而两人以上因个人背景及生活环境不同，且所追求的目标及利益不同时，彼此之间的交往自然会产生利益冲突，因此需要政治来解决。当利益冲突无法获得完全解决时，政治是无法达成目标的。唯有在双方利益冲突能妥协时，政治才能存在。换言之，冲突与协调是政治上解决争执的两大工作。

由于对于政治所持的理念和研究范围不同，学者给予众多不同的定义。其中，广为众人接受的有拉斯威尔（Harold D. Lasswell）的定义——政治是涉及"谁得到什么，什么时候，以及使用何种方法"（1952）；戴克（Vernon V. Dyke）认为政治乃是指"在公共事务的争议上，追求相互冲突欲望的行动者间的对抗"（1960：134）；而伊斯顿（David Easton）的说法是政治乃"权威性的价值分配"的过程（1965）。由这些定义我们不难了解政治乃充满了冲突，因此需要政治权威当局来加以处理，而处理的方式是在正式及非正式的政治结构中行使政治权力。

人们与生俱来厌恶政治冲突，为了避免冲突演变为暴力，必须建立政府结构来疏导及处理冲突。17 世纪政治哲学家霍布斯（Thomas Hobbes, 1588 ~ 1679）曾描述无国家情境（即自然状态）一旦出现，则是毫无限制的自由，将意味着"混乱"。在此种情境下，人人相互对抗，而且生活将是孤独的、困苦的、险恶的和物质缺乏的。因此，个人为了摆脱自然状态的恐怖情境，就必须相互订立契约，承认一个主权者的存在，以确保秩序和稳定。霍布斯的社会契约说（social-contract theory）认为人民敬重和服从国家的最后目的是换取政治统治体系的稳定和安全。

政府最重要的功能是透过公共政策来解决众人之事，满足人民需要。大抵而言，政府决策过程包括：①利益表达（interest articulation）：个人与利益团体可透过政党、游行、写信、民意、调查等方式将意见向政府表达；②利益汇集（interest aggregation）：将不同或相互冲突的意见加以整合的过程，使其成为公共政策制定或讨论的重心；③规则制定（rule-making）：当汇总的利益加以讨论后，将制定一套完整的决策；④规则运用（rule-application）：当政策制定后，即须依据政策运行，不得加以变更（任意变更）；⑤规则裁决（rule-adjudication）：讨论政策运行是否符合大众利益，及执行效果如何（Ranney，1996：5）。

虽然政治研究离不开战争、紊乱和其他分裂行为，但是，政治研究最主要的关切是政府在社会组织如何解决冲突和相互抵触的利益时，而不致造成社会分裂。其主要目的不是避免冲突，而是处理无可避免的冲突；亦不是试图使社会意见一致，而是要有一个能使社会上多数人能容忍的政策，即使这些政策被认为是错误的。

从上述可知，"政府"（government）具有两种不同的意义，但又相互关联：①是指一群人在一段时间之内，在社会之中发挥其功能；②是指执行这些功能的一套制度（institution），制度里的行动者不断更迭，可是制度和它所包含的程序（procedure）却能持续下去。

本书为政府所下的定义则同时包含了这两层意义：政府是一套人和制度的组合体，为一特定的社会制定及执行法令（Ranney，1996：7）。

二、政府的特性

（一）政府是由少数人所组成之机构

一个政府可能包括很多人，但其人数和全国人口相比必是少数的。即使希腊城邦国家的直接民权，所有享有公民权者都可参加立法，但公民在全国人民中到底是占少数的。以现代民主国家言，所有投票者，也都属于政府范围内，而这些投票者在所有的人口里，仍算是少数。组成政府的这些少数人，他们的行为有一固定的行为模式，亦即他们在政府内的行为，不是随心所欲，而是受传统、规范、习惯、法令规章所约束，形成一套制度化的行为。政府是人与制度的组合体，此套组合体称机构。

（二）政府是一个权力之组织体

政府是一个组织体。无论是专制独裁或民主共和体制，政府都拥有甚大的权力。政府的决定对整个社会都能发生约束力，其权力影响范围比其他社群团体更广。任何团体在政府权力范围之内，若不遵守政府的决定，必受制裁。政府会运用各种强制性的手段，使人服从。虽然其他社群团体亦运用强制性手段使其成员就范，但不如政府所运用之具有高度强制性。政府内部为一权力结构，故称权力的组织体。其权力能表现合法性、公权力、公信力、管辖力、约束力与贯彻力。此一权力之组合体有上下层级，内部存有"命令与服从"关系之层级结构（hierarchy）。

（三）处理公共事务之过程

政府的权力，主要是为社会大众处理事务，不论其为制定政策或执行政策，均在保障社会，适应社会的需求。其所做的事情，都是有关公众的事务。在法治的社会，政策则以法令方式表达出来。

三、与其他社群团体的区别

（一）对组成分子之约束强弱

社群团体成员可自由参加或退出，而组成国家的成员是国民，不能自由参与或自由退出。故政府对非志愿的成员比社群团体具有更大的影响力。其强度系指政府赋予政策贯彻力，对违反命令、义务者可加以惩罚，包括剥夺自由、财产，甚至生命。而其他社群团体本身之正式组织或非正式组织对其成员的规范力、节制力之强度不如政府；如有，亦系政府所授予。

（二）具有唯一合法独占生死裁判

政府具有合法独占的审判人民罪行之权力，对于剥夺人民的生命权具有合法的独占，这是其他社群团体所没有的。

（三）拥有物质力量之多寡

物质力量并非指精神或伦理道德之力量，而是指人力、物力、财力等具体的力量。若以政府拥有之物质力量与其他社群团体相比较，其有绝对之优势。例如，政府为贯彻其政令，可以使用行政机关人员、警察、法庭，甚至军队。

（四）决策冒险性之高低

政府的决策与其他社群团体的决策相比，有高度冒险性，好则国家兴盛、社会繁荣，坏则可能亡国灭种，得失之间差距甚大（Ranney, 1996：28～31）。

第二节　政府的分类

一、分类的目的

政府分类的目的在于化繁为简，化复杂为单纯，以便于认识、分析并易于引申和解释。

二、分类的标准之要求

1. 明确：分类的标准要明白、确定、具体，而不是模棱两可。
2. 实质：分类的标准要是实质的，不是形式的，是在学理上有意义或可实际应用的。
3. 穷尽：分类的标准要使各项变量能归类。
4. 不重复：只能归于某一类，不能再归于另一类。
5. 可再分类：对同一性质之分类对象，可再细加分类。

以上五点，第一点到第四点为良好分类所必备，而第五点则为更进一步的要求，并不一定要具备。

三、分类的标准

（一）以选择国家元首的方式作为分类标准

1. 世袭制（Hereditary System）：国家元首的产生系基于世袭，如英国和日本。
2. 共和制（Republican System）：国家元首的产生系经由选举产生，如美国、法国和德国。大抵上，国家元首由直接选举产生，则民意基础大，权力亦大；由间接选举产生者，则民意基础小，权力亦小。

（二）以地域性分类作为分类标准

1. 单一政府（Unitary Government）：仅有一个中央政府。虽有许多地方政府，但权力是中央所赋予，可随时收回或放出，没有保障。地方政府仅为中央政府的分支或分派。
2. 联邦政府（Federal Government）：由许多分子邦组成国家，称为联邦；中央与地方政府的权力同时基于宪法的规定而得到保障。地方政府权力为原始具有，非由联邦所赋（授）予，在宪法中获得保障。联邦政府的权力不如单一政府的权力，联邦与各邦的权力受到宪法保障，不得互相侵犯。如美国联邦政府与地方政府之权限，均在宪法中规定并受到保障；美国目前有 50 个州，各州地位平等，各州由人民选出两个代表作为联邦参议院的成员。

（三）依权力的功能区分之关系来分类

以立法权、行政权、司法权三权之间整体运作之不同而为区分标准：

1. 内阁制（Cabinet System，Parliamentary System）：标准的内阁制以英国为代表，行政权属于内阁，内阁独立于元首之外，由内阁首相及国务员组织。行政权要有立法权的支持与配合，方能行事。元首为虚位，政务由内阁负责；内阁若无国会的支持，则将形成倒阁；若国会不能代表民意则内阁可解散国会，进行改选。内阁制的精神在于国会能符合民意，内阁须有国会议员的支持，方能行事；两者若有冲突，则诉诸选民，即内阁随时要有民意的基础方能行事。

2. 总统制（Presidential System）：标准的总统制以美国为代表，行政权属于元首，各部首长只是元首的下属。行政权一方与立法权分离，他方又与立法权相互配合。总统与国会议员由选民直接或间接选出，分别对选民负责。以美国为例，总统由选民间接选举产生，向选民负责。参议员为各州 2 名，50 个州共 100 名，任期 6 年，每两年改选 1/3；众议员按各州人口比例选出不同人数之代表（全国划分为 435 个选区），任期两年。

总统制的精神为政务不由单一权力机关独自作决策，必须由两个以上的机关相互配合作决定，如不能配合便形成相互牵制、制衡之局。以人事权为例，人事权属行政权之范围，但并非完全由行政首长一手包办，须历经提名、同意与任命三阶段，提名权、任命权属于总统，而同意权则在参议院。总统的人事权须获得参议院的配合，方能成事。

以立法权之法律案能否成立为例，法律案成立的条件为：①国会两院议员三读通过后。②由总统审查是否公布。③若同意则公布之，不同意（认为窒碍难行）可退回复议；复议时若有 2/3 以上国会议员坚持原议，则总统只得公布，不得修正，否则就不公布。④若正值国会休会期间，总统无法退回复议，则形成"袋中否决"。国会虽有立法权亦须与总统配合，否则受总统之牵制。

3. 委员制（Committee System）：由国会选出委员会，行政权隶属于立法权之下，其优点为既不牵制，也不对抗。以瑞士为代表，由选民选出议员，议员组成国会而拥有立法权；再由国会选出 7 位委员负责政务执行，拥有行政权。二权之间关系是行政权隶属于立法权，彼此分工互助，而非相互对抗。

国会无须倒阁，内阁亦无须解散国会。简言之，瑞士委员制发达的原因为：①瑞士小国寡民，施用此制因政务简单、责任清楚，不致推诿塞责。②有良好的地方自治基础，可选任适当议员；人民生活水平高，不会造成委员会独裁。③人民有创制权和复决权可以牵制政府，政府不致独裁。

前苏联的"苏维埃制"（Soviet System），类似委员制。由选民选出人民代表，组成苏联人民代表大会，作为国家最高权力机关。再从苏联人民代表大会的代表中选出最高苏维埃代表，组成苏联最高苏维埃，为常设苏联国家权力之立法、行政和监督机关。另外，在苏联最高苏维埃组成苏联部长会议，即苏联政府。然而目前苏联已解体。

（四）以政府是否对人民负责而区分

以政府是否对人民负责而区分为民主、独裁、极权和威权四种。

1. 民主（Democracy）：一种政府组织型态，它据以建立的原则包括：①人民主权；②政治平等；③大众谘商；④多数统治（Ranney，1996：94～99）。

"人民主权"是指国家在作任何决定的时候，最终的决定权在全体人民，而非操之在一人或少数人手中，这是民主政治最基本的原则。

"政治平等"是指每个人都应有同样政治机会参与政府的决策过程，"一人一票，每票同值"。

"大众谘商"是指在民主国家当中必须要有制度，让官员知道人民想要政府采取和执行哪些政策，由大众经由各种意见表达和讨论的管道，凝聚成几种不同观点或共识。

"多数统治"是指当人民对政策有不同看法的时候，政府应根据多数人的意见行事。不过，这并不表示政府在采取每项行动之前都要先咨询人民的意见，再依据多数人的意见行事。"多数人"所能决定的是政府决策的方式。他们可能把政府日常事务交由某些官员行使，再透过定期或不定期的选举决定这些官员是否继续留任。民主政府系以多数统治决定政府政策而向人民负责。

2. 独裁（Despotism）：独裁的基本原则是国家主权集中在一个人或少数人手中，从而沦为少数统治。政治平等遭到破坏，大众谘商也形同具文。人民之投票与否或结果根本无法改变其决定或去留。

独裁和民主都是政府类型，但在实际政治上、程度上各有差异。独裁者有各种不同的统治形式，包括沙特阿拉伯及阿曼的绝对王权、前伊朗霍梅尼的基本教义体制，以及智利和衣索匹亚的军事独裁等。民主政府例如英、美、法、德、日。

3. 极权（Totalitarianism）：首先，极权主义主张由政府指导人民各个生活层面的意识形态，将其塑造成为国家所需要的人民。其次，极权主义是建立在集权主义之上的，认为团体重于个人。现代极权国家特征如下：

（1）具有一个官方的意识形态，指导个人生活的所有层面，任何社会成员都必须服从，不仅是表面，内心也是如此。

（2）有一个单一的群众政党（mass party），强调有一个非常严密的官僚体系，而非一个松散的政党。由一个人领导党员，而这些党员如同官方意识形态的传教士。政党或领导意识形态的功过是非，不是这些党员能够批评的。

（3）所有现代极权主义国家都会建立一个以现代科技为基础的秘密警察控制系统，即以高科技为主的恐怖系统强化控制、整肃异己。

（4）在现代极权国家中，领袖与单一政党几乎完全独占与控制一切有效的大众传播媒介，即使不掌有，亦有相当影响力。

（5）领袖与单一政党独占一切有效的武装战斗工具，即以党领军。

（6）所有极权主义国家都经由官僚组织掌管所有原先的私人公司、团体，以便达到整体经济集中控制的目的。也就是对所有经济活动采取集权控制，不允许私人经济活动存在。

4. 威权（Authoritarianism）：一种统治当局强制将其价值或政策加诸整个社会，而疏忽社会成员意愿的政府形式。大抵上，威权政治的基本原则与民主政治相对立，例如：

（1）在民主政治中的公共讨论及公平的选举，在威权政治中绝大部分由少数在位的决策者所取代；也就是说，在威权政治体系下，主权集中于一人或一个小团体，缺少大众谘商。

（2）在威权政治中，统治者不受宪法条款的约束，可以用强制的方式将其所选择的任何政策加诸社会；也就是说，威权政治下，并非人人政治平等，统治者可以不受宪法的约束，依据个人的偏好制定政策不须考虑社会成员的意愿。

（3）统治者所主张的权威并不具有合法性，即其权威不需要得到人民的同意或授权，而是来自于统治者本身的特质，如个人魅力。

第三节　研究方法

实验是自然科学发现过程中的关键方法。然而，实验在政治科学中是罕见的。何况人不像实验室的小白鼠，不能为了达成某种目标而牺牲，也不能容忍被人操纵。因此，政治科学研究通常必须透过观察，借以获得在无人为束缚情况下的研究资料。其方式是政治科学研究努力去比较分析国与国之间的政治现象。如果发现许多国家具有相同的规则，他们会发觉在相关事件上有相关的连环性。这种过程通常是无意的。因此，国与国之间的关系基本上是政治理论的基础。

一般而言，政治研究方法包括：①以国家为中心的"制度"研究途径；②以社会为中心的研究途径；③以国家为中心的"政策"研究途径（任德厚，1995：34~46；陈水逢，1994：19~30）。

一、以国家为中心的"制度"研究途径

以国家为中心的制度研究途径曾经是最传统与热门的研究途径。在第二次世界大战之前，学者之研究集中在政府的正式组织，如行政立法、司法与宪法。相对的，对于非正式组织与政府所处之大环境则鲜有触及。其研究多为描述性而非分析性的，对政府部门之间非正式的关系亦未加研究，仅从事法理性与历史性的叙述。

其研究对象有文化上的限制，即仅限于欧美国家。其研究目的在于了解先进国家的情形，学习其优点长处，规避其缺点，并引进为国内政治改革和行政革新之用。其研究相当功利，研究"比较政府"旨在有利于宪政改革、内政改革、国际外交、贸易、军事的拓展和国家利益之维护。其具体的研究途径有制度研究途径、法规研究途径、归纳法、逻辑分析法和比较法。简言之，此种研究途径具有下列优缺点：①它较着重欧美国家的研究，因此有其褊狭性的缺失；②它着重于叙述性的面向而缺少分析功能；③它重视正式制度及法律层面的研究结果，而疏忽了动态过程的研究；④它较倾向于个案取向而非真正的比较。

二、以社会为中心的研究途径

第二次世界大战后，许多新兴国家之建立，带来了不同于欧美的政府结

构。社会科学研究方法的发展，使"比较政府"的观点转移到"比较政治"的焦点——政治的社会环境、政府的结构与表现是受到外在社会大环境的影响，探讨的主题如政治参与、传播媒体、投票行为、舆论与政治生活的社会、经济基础等。

此研究途径为行为研究（behavioral approach）之一部分，其所强调的是人，而非制度，因此主张人才是根本。行为学派学者认为制度只不过是提供一个架构，让政治行动者进行竞争，而且最后是竞争的结果决定架构。与前述的研究途径相对照，以社会为中心的研究途径具有下列特质：①政治分析的单元从制度转变为个人；②从结构转变为过程；③从政府转变为政治；④强调解释而非叙述，量化而非质的证据；⑤强调政治与其他社会科学间的相同而非相异之处。

对于量化的强调，致使研究倾向于易于量化的主题，如投票行为，甚至于忽略了对政府过程的研究，亦即忽略了研究主题之政治相关性。

此研究途径强调社会对国家之影响，强调研究目的在于发展科学的知识，促进政治科学的进步，在于建构定理、定律和理论，用以解释政治现象。一般都强调经验研究、调查研究和实证研究。其研究过程为：①广泛的阅览资料；②阅读理论；③由理论指导所应爬梳的资料；④找出相关变项（因素）；⑤建立某些变项之间的短暂关系进而建立假设；⑥寻找数据验证假设为肯定或否定：一是验证假设若为肯定，则寻找相关理论，予以说明或解释；二是验证假设若为否定，则修正假设，重新验证至肯定为止，最后真正建立理论。

三、以国家为中心的"政策"研究途径之兴起

20 世纪 80 年代开始，政治学学者重新发现国家是一项主要的变量，因而改变了行为学派过度重视社会因素的现象，也导致制度再次被列为研究的重点，因此有了新制度主义（new institutionalism）的出现。国家机关再度成为"比较政府"和"比较政治"研究之焦点，但与传统的以国家制度为中心的研究途径已有显著的不同。其不再对政府机构有详尽的描述，而是将政府机构视为一个积极的主体，有能力制定政策、执行政策、塑造并改造社会，而不是单纯、被动的为社会的反映产物而已。换言之，新制度主义认为制度可以影响人的行为，因此强调的是制度和行为的互动关系，并借用行为学派的概念和方法来辅助研究上的需要。

国家被视为可用其政策制定的智慧、政策执行的贯彻力和合法的垄断社会资源，来影响社会的重要变革。强调国家机关是因，社会现象是果，因此

要探讨政策之所以形成的民意机关、具体政策制定的结构、政策执行的结构，以及解决冲突的司法制度，另外尚有中央与地方之关系。这些政策发展过程即是本书章节的结构。

四、着力的重点

20世纪80年代以来，以国家政策为中心的研究途径具有下列特质：

1. 使我们得以从"动态"与"整体"层面，落实到由"政策"的观点来比较各国之国家机关为何？

2. 使我们从"描述"的政治制度与过于强调社会因素以致研究失去政治相关性，提升到分析国家与社会两者之间的"政策"互动关系。

3. 在国际政治之广泛视野中，我们要问哪一种政府组织结构较能具有政策制定的"生产力"和"竞争力"，从而与他国在高度"竞争与合作"的国际舞台上一较长短。

五、比较项

没有一个国家具有完美的政治制度，但是每一个政治制度都有值得借鉴之处。一方面，它可以提供我们较省时省力的学习途径；另一方面，它可以避免我们重蹈覆辙。经由政府之间的比较分析，我们可以获得政治改革理念以及避免触犯错误的理念。因此研究比较政府大抵上具有两大目的：

1. 可以帮助我们从不同的角度来观察及了解自己国家制度的特质，进而有助于我们比较分析本国与他国制度有何相同或相异之处，有何优缺点，以及改进之道。

2. 可以帮助我们对于政治运作过程提出解释并借以验证学术理论。简言之，比较政府是一项有用的研究分析工具——它可以增加我们叙述及了解任何一个国家的政治能力；它也有助于政治学理论的形成，使我们更能掌握行为的一般性、规则性及政治过程的法则。

然而"比较政府"不是"各国政府"，亦不是"比较政治"，要有比较项。本书的比较项为：①政策系络因素，即宪政发展和政治心理基础；②政策运作相关项目，即国会制度、政策制定的结构、政策执行的结构、司法制度和中央与地方的关系。此外，由于区域整合已为国际趋势，欧盟在国际上具有举足轻重的影响力，因此特列一章探讨。全书拟以这些比较项作为主要架构，逐章说明并比较。

第二章　宪政发展

第一节　涵　义

宪法是国家的根本大法，它的内容不仅规定国家的基本组织及功能，更是所有法令的依据。宪法内容所作的各种规定，固然构成国家的政治规范，但是一个国家在实际政治运作中所依循的规范，并不仅限于宪法规定者。凡议会规则、行政措施、宪法解释案、判例、政治传统及惯例，均属国家的政治规范。这些宪法法典以外的政治规范都属于宪政范畴。因此，在了解一国的国会体制、行政机关的特质，以及中央与地方关系之前，我们必须先了解各国的宪政基础。

每个国家都有其特殊历史背景、地理环境、民族性格及文化形态。因此政党发展亦有其独特性。由于世上没有两个国家具有相同的宪政经验，为作客观的比较分析，我们必须同时列举六国宪政发展作为研究对象，据以提出各国宪政发展的特色。此外，政治体制是随着时空发展逐渐累积而成的，为了解各国宪政特色，我们以宪政发展过程和宪政内容特点作为分析的焦点。

第二节　英　国

■ 宪政发展过程

英国宪法属于不成文的柔性宪法。它的宪政发展过程是持续的变革和演化，经由长期的累积方有今日的英国宪法。其整个宪政发展过程，大致可由下列六个时期加以探讨（张金鉴，1996：510；张佐华，1990：1～28）。

一、撒克逊时期（Saxon）

撒克逊人殖民英国时间始于公元5世纪到公元11世纪，将近七百年。这段期间的政治制度具有三大特色：

（1）建立地方组织〔村（township）→镇（hundred）→县（shire）→中央政府〕。

（2）贤人会议（witan）的成立。其组成分子是王族、主教、方丈、县长及地方的重要人士。

（3）国王制度的建立。

上述这些政治制度对日后英国宪政发展显示出两大特点：

（1）组织呈现由下而上的逐级隶属关系，较易维持国家的团结统一。

（2）在各级组织中，人民都有参与国事的机会，培养民主政治基础。

二、诺曼时期（Norman）

公元1066年诺曼人征服撒克逊人，由威廉一世统治英国。诺曼王朝期间与英国宪政发展有较重大关联者是：

（一）中央集权制度的建立

对于英国的民主宪政发展而言，中央集权制度的建立并未阻碍其发展，反而因为它的建立使贵族势力遭致削弱而人民的力量得以提升。

（二）大会议的成立

威廉一世将撒克逊时期的贤人会议改为大会议（the Great Council）。大会议是由王族、教士及贵族组成的，由国王召集和主持会议，是国王的辅佐机关。

（三）宗教法庭的成立

威廉一世命令主教应退出地方法院，另成立宗教法庭专门处理宗教案件，与普通法院分离。

三、金崔花王朝时期（Plantagenet）

亨利二世（Henry Ⅱ，1154～1189）于1154年成为英国国王，并进入金崔花王朝。该时期有三项事绩对于日后英国的宪政影响甚远：

1. 亨利二世改革司法制度、设置巡回法院及陪审制度。巡回法院的判决经过整理后成为判例法并成为日后普通法（the Common Law）的中心，而陪审制度更是日后英国司法体系的一大特色。

2. 英王约翰（John，1199～1216）1215 年发布的《大宪章》（Magna Carta），本质上是国王与特权阶级间利害关系的一种协议，而非人民与国王间的契约。虽然如此，《大宪章》的内容对于英国宪政基础仍有深远影响。

3. 亨利三世的巴力门改革，除了将参与者的资格限制放宽之外，并扩大"大会议"的参与人数，从而奠定了英国平民院的基础。

四、都铎及斯图亚特时期（Tudor and Stuart）

爱德华三世（Edward Ⅲ，1327～1377）即位后，为争取王位先后发动了英法两国的百年战争（the Hundred Years War，1337～1453），以及玫瑰战争（the War of Roses，1455～1485）。战争的结果是由亨利·都铎即位，称为亨利七世（Henry Ⅶ，1485～1509），其朝代为都铎王朝。综观英国在都铎王朝统治时期，国王的权力由极盛而逐渐成为专制统治，其权力不仅影响立法、司法且及于宗教和工商界。对于平民院更是经常的威胁及解散。伊丽莎白为都铎王朝的最后一位国王，其后是詹姆士一世（James Ⅰ，1603～1625）继位，称为斯图亚特王朝。

然而，斯图亚特王朝的国王也大多主张绝对王权，实行专制统治，尤其是查理一世（Charles Ⅰ，1625～1649）变本加厉，任意加税，终于导致 1628 年被迫签署《权利请愿书》（the Petition of Rights）。然而，查理一世并不遵守规定，且下令解散国会，由个人行独裁统治。1642 年克伦威尔（Olives Cromwell）推翻暴权，查理一世经法院判决处死，史称"清教徒革命"（the Puritan Revo lution）。

五、共和国时期（Commonwealth）

1649 年查理一世被处死刑后，英国的议会改由 250 多位议员所组成的残缺议会（the Rump Parliament）执政。残缺议会为英国创立了一个新政体——共和政体。在共和政体之下，残缺议会为立法机关，国务会议（Council of State）为行政机关，而将国王制度及上议院取消。自 1650 年开始，英国由残缺议会统治。虽然享有极高的权力，但是因缺乏民意基础最后也走上了被解散的命运。

六、汉诺威时期（Hanover）

共和政体被解散后，斯图亚特王朝又试图再次执政。查理二世（Charles Ⅱ，1661～1685）在口头保证不施行专制以及遵守《大宪章》和《权利请愿

书》的条件下，于 1660 年登上王位。然而，查理二世及其继任者詹姆士二世
（James Ⅱ，1685～1688）却也是极端的专制主义者，因而辉格党人在 1688 年
6 月发起 "光荣革命" （the Glorious Revolution），并迎立威廉三世（William
Ⅲ，1689～1702）为其国王。

英国经光荣革命后，汉诺威王朝的宪政体制有两点影响日后的英国民主
体制建立：

1. 1689 年所颁布的《权利法案》（Bill of Rights）。

2. 建立内阁制度。英国的内阁组织虽然早已存在，但都为国王的辅助机
关，听命于国王行事。真正成为宪法中的制度则是由汉诺威王朝所建立。

乔治一世更进一步的在 1714 年命令辉格党人单独组成内阁，为英国建立
一党内阁制奠定基础。

■ 宪政内容特点

英国以不成文宪法（unwritten constitution）为基础，宪政内容最主要可分
以下四方面加以叙述：

一、历史文献

历史文献是指前国王所发布或承诺之宣言与契约之类的文书。在这些文
书里面，宣示出了很多影响深远的重要宪法原则。其中较重要的历史文献有
下列三部：

（一）《大宪章》

《大宪章》是由英王约翰（John）于 1215 年所签署。其主要内容包括：
①未经大会同意国王不得课征新税；②非经法院判决国王不得逮捕或处罚
人民。

《大宪章》的内容为英国宪政奠定了三项重要原则：①征税必须获得纳税
义务人的同意，引导出后来国家预算须经议会同意的原则；②处罚人民必须
经过法院的判决，启发了后来罪刑法定主义的原则；③国王行使权力必须有
法律的依据，确定了后来法律至尊的原则。

（二）《权利请愿书》

《权利请愿书》是由查理一世（Charles I）于 1628 年所签署。其内容仍
是依照《大宪章》精神，规定国王未得议会同意不得征收新税，非经法院判

决不得处罚人民，另外增加了军队不得以任何借口占住人民住宅的规定。

（三）《权利法案》

《权利法案》是由威廉三世和玛丽（Mary）在 1689 年所签署。其内容包括下列七项：①英国国王必须为清教徒；②国王不得停止法律的效力；③国王不得任意赦释违法的罪犯；④国王非得议会同意不能征兵课税；⑤国王不得限制议员的政治活动，尤其不得剥夺议员在议会中的言论及表决等权利；⑥国王不得任意设置法庭，对犯罪者必须以公正的陪审制度审判；⑦国王须承认人民有请愿的权利。

二、议会法律

议会法律是指议会制定的法律当中，凡关系于国家根本组织或人民权利者，便被视为宪法的一部分。英国较重要的议会法律案有下述两者：

1. 1911 年的《国会法》（the Parliament Act）。

（1）关于财政法案：凡平民院通过的财政法案，贵族院须于 30 天内通过，否则平民院可径呈国王公布为法律。详言之，贵族院对财政法案无否决权，只有一个月的延搁权（delay power），期满，法律自然生效。

（2）何种法案属财政法案，由平民院（议长）决定。

（3）贵族院对公法案有两年之延搁权。

2. 1949 年的国会法大大提高了平民院的地位，而贵族院对公法案的延搁权由两年改为一年。因此贵族院除了司法权及宗教方面的职权外，几乎成为平民院的一个附属机关。

三、司法判例

英国有关宪政运行的判例法很多，如确定议会主权、限制国三特权及控制行政官吏，固然多为司法判例所确立，但即使是司法制度本身，如陪审制度、独立审判制度，也须经由司法判例来确定。

四、宪政传统

1. 国会为最高权力机关。

2. 反对党有其地位，是英王陛下忠贞的反对党（反对党只是反对执政党依赖的行为，并非反对国家）。

3. 内阁集体连带责任制仅对国会负责。

4. 内阁以获得国会（平民院）的支持为执政的先决条件。

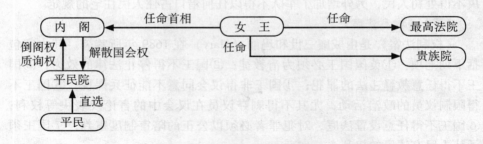

图 2-1   英国宪政组织运作图

第三节　法　国

■ 宪政发展过程

自 1789 年法国大革命后至今两百多年间，法国的政治体制经历了多次的转变，才发展成今日的《第五共和国宪法》：宪政发展的复杂混乱情形，实为他国历史所罕见。兹就法国宪政的发展情形作一概述（张金鉴，1976：141～176；张佐华，1990：213～296）。

一、第一共和国时期（1792～1804）

1791 年 9 月国民议会制定第一部宪法，采英国式的君主立宪政治。但是，1792 年法军击败普奥联军，执政的"国民公会"（the Convention）政府宣告将废除王权，改君主国体为共和体制。同年 9 月 25 日成立第一共和国（the First Republic）。第一共和国自 1792 年 9 月至 1804 年 4 月，这 12 年之中因为政治人物对宪政体制缺乏共识，导致宪法经过三次改革。

1800 年拿破仑一世（Napoleon Ⅰ）取得执政权，但其不以此为满足，于 1802 年经由选举当选为终身行政首长（the First Consul of Life）。1804 年 11 月拿破仑先经参议院提议，再由人民同意而被选为皇帝，将共和体制改为第一帝国（the First Empire，1804～1814），并建立新宪法。

1814 年拿破仑的战争失利导致帝国瓦解，并退位给路易十八世（Louis ⅩⅧ，1814～1824）。同年由参议院制定君主立宪宪法。然而路易十八世旋即制颁一部钦定宪法取代原有的君主立宪宪法。大体上，钦定宪法是仿效英国的责任内阁制，采两院制国会。

1824 年路易十八世去世，由查理十世（Charles X，1824～1830）继任。由于查理十世的专横行为，导致 1830 年 7 月革命成功，查理十世被迫让位，改由奥尔良公爵路易·菲利普（Louis Philippe，1830～1848）继任。

二、第二共和国时期（1848～1852）

1848 年 2 月发生革命，路易·菲利普被推翻，由中产阶级与劳工阶级组成临时政府，并于 4 月召开制宪会议，制定第二共和国宪法。第二共和国宪法最大特色是将过去英国式的内阁制改为美国式的总统制。因此宪法中规定行政权由直选产生的总统来行使，任期 4 年，不得连任。立法权则由单一国会来行使。

1848 年 12 月，路易·拿破仑（Louis Napoleon）当选为第二共和国的总统，但他马上宣布解散国会，并提出由公民投票来决定新的宪法。1852 年 12 月第二帝国成立，路易·拿破仑登上皇位并自称拿破仑第三（1852～1870）。路易·拿破仑称帝后，仍沿用第二共和国宪法，只是将 10 年一任（1851 年发动政变成功，旋即修改宪法，延长总统任期为 10 年）的民选总统改为终身的皇帝。1870年普法战争中，法军惨败，拿破仑三世成为阶下囚，结束了第二帝国。

三、第三共和国时期（1875～1940）

共和党取得优势并于 1875 年 2 月及 7 月通过三项党政法，是为新的宪法。其中明定法国为"民主共和政体"，第三共和国也就是根据这部宪法成立的。

法国第三共和国宪法形式上并不是一部完整宪法，其政治制度是模仿英国式的内阁制。宪法中规定，总统任期 7 年，由国会两院议员选举产生，连选得连任。此外，总统及部长皆须对国会两院负责。一般而论，第三共和国结束之前的将近 70 年间，法国的宪政体制开始趋于稳定。

四、第四共和国时期（1945～1958）

1940 年 7 月第三次普法战争发生，德国攻占法国，贝当（Marshal Petain）在德军扶持下于非占领区成立维希政权（Vichy Regime）。本质上，维希政权抛弃第三共和国宪法成为极权政府。1945 年 8 月第二次世界大战结束。11 月法国人民经由公民投票决定新的宪法，成立第四共和国。大体而言，第四共和国的宪政运作与第三共和国时期的"内阁制"大同小异。宪法前言除冠以详尽的序言（preamdle）之外，对于人民的一般自由如人身、言论、出版、集会及结社等均有翔实的规定，同时对人民的工作权、集体雇用权、工人参加企业管理与劳工组织权利等，亦作了概括性的规定。

五、第五共和国时期（1958 年至今）

第四共和国因为受到国内经济问题及海外殖民地独立自决问题的严重困扰，加以多党林立，对重大问题缺乏共识，导致政府更迭不断而终告瓦解。1958 年 6 月，戴高乐（Charles de Gaulle）将军受命组阁。戴氏上台后立即着手制宪的工作，并以强化行政权、提高总统地位、稳定内阁地位、削减立法权、降低国会地位、设置宪政机关、修改选举制度为主要改革方向。

1958 年 9 月，新的宪法经由公民投票表决通过，同年 10 月 8 日法国正式公布实施，自此进入第五共和国时代。

法国的两轮制投票之介绍：

1. 由于法国小党林立，为确保其总统与国民议会议员职位的正当性，遂透过制度的设计，希望当选者能够获得过半绝对多数的选票，其目的即在避免"少数代"，发生代表性不足的问题。

2. 共和国总统的选举，第一轮投票后若有候选人取得过半的票数，则该名候选人获得胜选，无须进行第二轮投票。惟若所有的参选人无人取得过半的票数，则在第一轮投票之中，获得最高票的两位候选人，将要进行第二回合的决选。由于只有两位候选人参选，所以获胜者必然取得过半数的选票。

3. 在法国国民议会的选举，也是采取"两轮投票制"，但与总统选举有些许的差异，从 1976 年以后，国民议会的选举若第一轮无人过半，则凡是于第一回合取得 12.5% 的候选人皆有资格参加一周之后的第二轮选举。因此，有资格参加第二回合的候选人可能不只两人，所以法国国民议会选举，事实上属于相对多数决，得票最多者不一定会过半数。

4. 赞成两轮投票制的理由：①1962 年直选后的总统具有实权，实权总统应具有较高的民意基础；②如果采取"相对多数决"，在参选人众多的情形之下，总统当选者得票可能偏低，因而造成"少数总统"的情形；③"相对多数决"有利于激情的候选人竞选，容易造成政治、社会的极化发展；④"相对多数决"隐含着投机性与个人化的倾向，"绝对多数决"则可将政党之间的整合及主流民意的整合诉诸选举机制。

5. 反对二轮制投票的理由：①容易造成社会的对立；②增加选务负担。

6. 根据"迪维尔热定律"："相对多数决"容易造成两党对决，"比例代表制"容易导致许多相互独立政党的形成，而"两轮决选制"容易形成多党联盟。在两轮决选制的第一回合，除非有人有实力取得过半的选票，否则此时主要候选人的主要目标是希望挤入前两名的决选名单中；而次要的候选人则希望取得一定比例的选票，以作为政治交易的筹码，而第二轮投票的结果，往往只是反映出多党联盟利益交换后的政治现实而已。

7. 在"两轮制决选"下，如果多数选民预期会有第二回合的投票机会，则选民在第一回合的投票行为将异于"相对多数决"的投票行为。许多选民的投票行为是"第一轮表达理念，第二轮才真正作决定"。

8. 法国总统选举目前一共举行过 8 次，由于选举战况激烈，所以每次皆进入第二回合的选战。过去的 8 次，最少有 6 人参选，最多为 2002 年这一次，共有 16 人参选，此次的选举也最为诡异，左派社会党的若斯潘，因为左派阵营严重分裂，使得若斯潘第一轮仅仅获得 16% 的选票，7 年前（1995 年）他以第一轮获得 23% 的选票进入第二轮。2002 年进入第二轮的皆为右派的候选人，打破了第五共和国以来第二回合"左右对决"的传统。且 2002 年第二轮的选举结果是希拉克连任成功，而且获得超过 80% 以上的选票，也是历年来奇特的选举结果（王业立，2009）。

■ 宪政内容特点

法国自 1789 年大革命到第二帝国结束，其间因为政治纷乱以及野心政客之间缺乏共识，所以不能为民主政治奠定稳定的基础。有较完整的宪法内容应该自第三共和国宪法开始。

一、第三共和国宪法

第三共和国宪法全部内容包括三个部分：

1.《参议院组织法》共计 11 条，规定参议员的选举、名额及其职权。

2.《公权组织法》共计 9 条，规定立法权由参议院、众议院两院共同行使，总统由两院组成之国民议会选出，可以连选连任。

3.《公权关系法》共计 13 条，规定参议院、众议院两院每年集会的期间以及休会、闭会与特别会议的召开等。

整体而言，第三共和国宪法并没有规定司法权与人民的自由权利。内阁同时要对参议院、众议院负责，加上内部不甚稳定，故无效率、无秩序，因此要取得众人的共识并不容易。

二、第四共和国宪法

第四共和国宪法与第三共和国宪法有三大不同点：

（一）新增人民之自由权利

例如，人身、言论、出版、集会、结社、工作权等。

（二）加强内阁稳定

有鉴于第三共和的不稳定，内阁只需对国民议会负责，亦即政府的施政方针是由阁揆决定，再由阁揆就阁员名单提请国民议会同意。

（三）规定宪法制度

举凡主权、国会、总统、内阁行政责任、地方政府以及宪法修改都有详细规定。

第四共和国宪法特色为因革损益，惩前戒后，宪法内容完整、丰富且有逻辑，相当完美，但最大缺点是难与实际政治的运作配合；且因政党意见分歧，国会中缺乏强而有力的大党控制局面，对于内阁与国会间的关系并无改进。

三、第五共和国宪法

第五共和国宪法全部内容共有十五章 92 条，其最大特色为总统制和内阁制的混合，但偏重于总统制，称为双首长制。

（一）加强总统权力

总统权力的加强包括以下几点：①任命总理不需国民议会的同意（第 8 条）；②解散国民议会权不需总理的副署（第 12 条）；③紧急命令权（第 16 条）；④提交公民复决（第 11 条）。

（二）稳定内阁地位

宪法规定议员不能兼任阁员，两者只可任择其一，乃是为了避免第四共和国时议员为取得阁员之职而策动倒阁的历史再度重演。故有两种补救措施：

①内阁由总统单独任命；②对国会不信任案投票权的限制，并加强总统解散国会的权力。

（三）缩小国会权力

国会监督对抗行政权的运作往往受到以下七点限制：①国会缩短会期；②立法权范围的限制；③内阁可参与并介入国会的立法程序；④国会预算权的限制；⑤禁止政府阁员兼任国会议员（第23条）；⑥常设委员会最多6个（第43条）；⑦政府得以整案表决方式阻止国会将草案修正（第44条）。

（四）强化宪法委员会的功能

强化宪法委员会的功能包括：审理选举诉讼（第58、59条），审理公民复决争议（第60条），违宪立法审查（第61条），法律事项与命令事项确定权（第37条）。

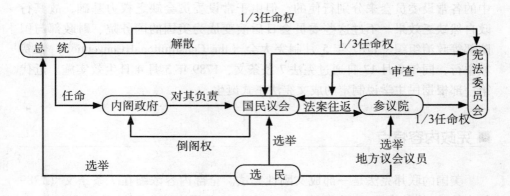

图 2-2　法国宪政组织运作图

第四节　美　国

■ 宪政发展过程

英王乔治三世（George Ⅲ）于 1760 年即位，对于美洲殖民地采取高压政策，以致引起反抗情绪。其间虽有多次协商，但终归无效，因而爆发 1776 年美国独立战争。美国十三州在 1776 年所召开的大陆会议（the Continental Congress）通过《独立宣言》（Declaration of Independence）并宣布脱离英国独立，成为一个政治实体。在《独立宣言》中明白指出：

1. 人类生而平等，均由上帝赋予不可侵犯的图生存、求自由、谋幸福之权利。

2. 政府的权利实渊源于被统治者的同意。

3. 任何政府若是破坏上述天赋人权，人民可以用武力将其推翻而另建新政府。

虽有上述宣言，但由于缺乏宪法保障，又无统一的政府，所以呈现出无政府状态。因此，在 1777 年 11 月第四次大陆会议通过《邦联条款》（Articles of Confederation），1781 年十三州组成邦联。由邦联条款的内容可看出十三州仍保有主权、自由权及独立权。所以，邦联组织充其量只是"州的联合"，并非真正的"联合国家"。此外，邦联条款规定邦联所具有的权力是由邦联会议中的各常设委员会来分别行使的。但由于常设委员会缺乏权力基础，故其行政自然缺乏效果。不过这些委员会日后演变成为美国的国务院、财政部与国防部等政治组织。1787 年 5 月制宪大会（the Constitutional Convention）在费城举行，同年 9 月 17 日通过宪法 7 条条文，1789 年 3 月 4 日生效实施。近代第一部根据民主学说制定的成文宪法正式诞生。

■ 宪政内容特点

美国的联邦宪法是一部成文刚性宪法。全部内容浓缩在 7 条条文（1789 年生效）。增修条文已至 27 条（1992 年）。美国宪法之所以采取成文宪法，除了是新创国家之外，对于不成文宪法下的君主体制感到疑惧亦是主因。至于采取刚性宪法的原因无非是使宪法的效力高于普通法，宪法的修改程序难于普通法律。唯有如此各州及人民的权利方可得到确切保障。美国宪法内容特点含有下列四大主义（张金鉴，1987：13 ~ 19）。

一、自由主义

美国不仅是将政府的组织和权力规定在宪法内，就是人民的自由权利亦由宪法加以保障。宪法所保障的自由权利，法律和命令是不能变更或停止的；亦即美国采取直接保障主义，与英国采取法律间接保障的制度不同。英国国会立法机关随时可以制定法律来限制人民的自由权利；美国则是在增修条文第 1 ~ 10 条将人权加以保障，行政机关固不得侵犯，立法机关亦不能以法律来加以限制。

二、民主主义

美国以民主主义为其立国基础，而民主一词的具体涵义即林肯总统的"民有、民治、民享"的政治理念，亦即著名的《葛底斯堡（Gettysburg）演说》。由序言中"美国人民制定并确立此一宪法"，可见美国人民乃国家的主权者，并不只是被统治的百姓。其具体的精神乃是以联邦权赋诸国会，而且规定众议院议员由民选产生，参议院议员由州议会选举，总统由各州的选举人投票。

三、联邦主义

美国的联邦制度是本着国家的构成分子间有着"合而不并"与"分而不离"的关系。详言之，联邦宪法对联邦政府的权限采列举式的规定，有些为联邦所独有，也有些为联邦与各州所共有。增修条文第 10 条又规定"凡宪法未授予联邦政府行使，亦未禁止州政府行使的权力，均保留给州或人民行使之"。这就是美国宪法中的剩余权（residue power），剩余权属州政府的权力。

四、分权主义

美国宪法另一特色是建立在三权分立的基础上。早在 1748 年，法国哲学家孟德斯鸠（Baron de Montesquieu）出版《法意》一书，说明他研究分权论的目的在求于宪政条件中保障人民自由，其认为没有分权制度就没有自由。他首先肯定司法权应与行政权、立法权分离而独立，主张立法、行政、司法三权应该由三个独立的机关行使，才可以保障人民的自由。此观点对美国制宪者影响深远，当时的宪政思想主流强调合理的政府必定是三权分立、以权制权，才能使各种权力正当运用，然后人民自由才有保障。宪法第 1～3 条分别将立法权归属于国会，行政权归属于总统，而司法权则归属于法院。三权分立的目的在于避免政治权力过分集中于一个机关，而发生专制与独裁现象，将这三种政治权力分属于三个不同机关，彼此间有着牵制与制衡的作用。如此，人民的自由权利才能得到保障。

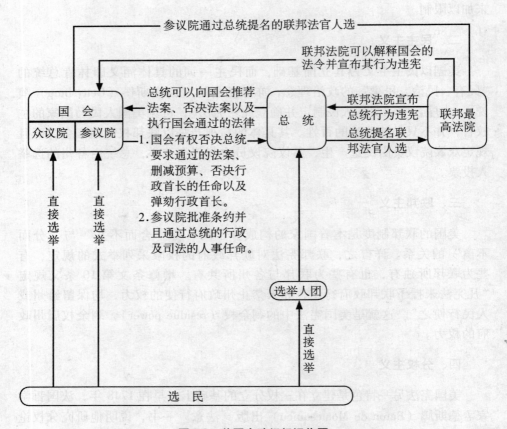

图 2-3　美国宪政组织运作图

资料来源：Wasserman，1991：71.

第五节　日　本

■ 宪政发展过程

日本成立历史虽甚久远，但是直到 1889 年（明治 22 年）《大日本帝国宪法》制定以前，并不存在成文宪法。这部宪法执行至第二次世界大战，后因日本战败签订投降文书，根据投降文书的条款，《大日本帝国宪法》必须修正，日本才在 1946 年 11 月实施现行宪法（新宪法）。本节拟针对《大日本帝国宪法》以及日本国宪法的发展过程、特色及影响作一分析（陈水逢，1984：169～186）。

（一）《大日本帝国宪法》

明治维新时代，日本努力于现代化运动。由于深受世界各国立宪主义之影响，社会舆论一致认为日本有必要制定一部成文宪法。1867年明治天皇下诏由元老院起草宪法。该草案主要是对各国成文宪法参酌损益之后所编纂而成。然而，该草案却被主张绝对主义之宪法思想者强力反对，而未能实行。

是否需要制定宪法及开设国会，政府内部本身也有两派的主张。一派主张"急进论"，另一派则主张"渐进论"。急进论者由大隈重信领导，主张日本应立即采取英国制的议会内阁制。可是，此种主张并未在政府内部获得多数支持，相对的渐进论者的主张则获得多数人支持。

因此，天皇于1881年10月12日颁布"敕谕"，决定在1890年（明治23年）开设国会并公布宪法。其间为参考外国宪政经验，派遣伊藤博文（该宪法的起草者）到欧洲学习。宪法草案于1888年制定完成，同年4月经过枢密院的咨询协议。1889年天皇以《大日本帝国宪法》制定公布。来年经帝国议会之审议通过，此即所谓的《大日本帝国宪法》（亦称《明治宪法》）。

《大日本帝国宪法》内容是由"上谕"及该宪法7章76条所构成。从内容观之，不难明白是以天皇为主，天皇总揽了行政、立法、司法、军制军令、宣战媾和以及戒严与修宪的大权。对于人权的保护，《明治宪法》之权利宣言认为，人权是出自于天皇的恩惠赐予，并非天赋人权。基于此，明治时代的帝国议会并非民主组织。在组织结构上帝国议会是由贵族院与众议院两院组成。贵族院是由皇室、敕任议员等特权阶级人士所组成。众议院虽采选举方式，但是因为受限于选举方式，所以能够当选者亦是权贵人士。在如此的组织结构下，帝国议会很难发挥民主功能。

相对的，军阀、财阀及官僚常利用天皇的统治大权，黩武侵略。学者常认为此宪法为军国主义的护身符，而军国主义又是迷信天皇神权及国会不能发挥功能的副产品。一言以蔽之，日本人并未从明治维新中得到新的启示，不但没有设法阻止"三阀"所决定的错误政策，反而愿意服从、效忠天皇，终于导致第二次世界大战并自食恶果。

（二）《日本国宪法》

第二次世界大战日军战败接受《波茨坦宣言》，并宣布无条件投降。依照《波茨坦宣言》，日本不得不放弃主张集权体制下的《大日本帝国宪法》，重新建立一个以和平和民主主义为立国基础的国家。1945年8月日本签订投降书，投降书中规定日本领土暂由同盟国军队占领，其统治权暂时服从于同盟国占领军最高统帅之下。并指出将来日本的政治形态，应以民主主义、和平主义、责任政治为基础，并得尊重言论、宗教思想的自由及其他基本人权。

1945年10月，盟军统帅麦克阿瑟（Mac Arthur）授意日本政府修改宪法。于是日本以松元烝治国务大臣为首，设置宪法调查委员会。经过多次临时会议确定日本政府修改宪法的原则，亦即所谓的"松元四原则"。其要旨是把《明治宪法》第1～4条做如下修改：①天皇万世一系；②男子继承皇位；③天皇神圣不可侵犯；④天皇总揽统治权，除了将"神圣"二字改为"最高地位"外，一切照旧。第5条以下，则于适当处加上"民主"二字。总的来说，《明治宪法》内容几乎没有更改。

依此四原则，宪法调查委员会草拟草案，并于1946年2月向盟军提出并征求其意见。可想而知，该草案并未获得麦克阿瑟的同意，于是盟军指定民政局另外起草宪法。民政局乃依据麦克阿瑟所指导的原则，在短短十天内起草宪法完成，此即《麦克阿瑟宪法草案》。日本政府乃以该草案为指导原则，完成《宪法改正草案要纲》，并于1946年3月6日向国民公布。经过两院之审议、修正及议决和枢密院咨询及议决通过。日本天皇以《日本国宪法》之名，并附"上谕"而公布，《日本国宪法》因而取代《明治宪法》成为日本的国家大法。

■ 宪政内容特点

《日本国宪法》是日本在第二次世界大战战败后于同盟国的占领下所制定。虽然与德国战败制定基本法的处境一样，可是两者间的最大不同点是日本新宪法是在麦克阿瑟将军强力指导下完成的，与德国的《波恩基本法》是由德国人自己所制定的不同。

因此，《日本国宪法》深深受到欧美各国宪法理论影响，其中尤以美国与英国最大。进一步言，在宪法规范方面，日本受英国宪法的影响似乎较大，但是在宪法理论方面或宪法解释方面，日本受美国宪政的影响远大过英国。以下就针对《日本国宪法》的内容如何受英国与美国的影响作一说明：

1. 从宪法前文所提示的三大基本原则，即可看出新宪法维护民主的精神。

（1）国民主权原则：与《明治宪法》以天皇为中心、全权属于天皇的国家政治体制迥然不同，新宪法确认了主权在民的政治体制，使国家主权归于日本国民。此种主权在民的思想，从日本的宪政历史看实属创新，无疑是深受西方民主思想影响。

（2）和平止战原则：除了前文宣言中提及"和平"二字外，在条文内容中有关军备及战争的规定也很多。《日本国宪法》关于放弃战争并且不维持作战能力的规定，对于穷兵黩武的国家显然是由于战败接受《波茨坦宣言》的结果。

（3）免于恐怖与匮乏之基本人权：虽然《明治宪法》也有保障人民权利的规定。但鉴于军阀并不确实尊重人权，新宪法觉得有必要强调基本人权，以符合主权在民的原则。这种观点，固然与《明治宪法》对于人权保障不足有关，但主要的原因乃是受到《美国联邦宪法》中有关人权保障规定甚详影响所致。

2. 天皇为象征之表现：依新宪法规定，天皇为日本国之象征，亦为日本国民统合之象征。日本天皇制的存废问题最主要考虑是与国民主权原则并存而不冲突。英国虚位君主制所主张的"君临而不统治"（reigns but does not govern）正是解决此项难题的最佳方式。

3. 国民权利的保障：《日本国宪法》规定："国民享有之一切基本人权，不受妨碍。本宪法所保障之国民基本人权，应赋予现在及将来之国民，作为永久不侵犯之权利。"由此可见，日本重视基本人权不可侵犯的精神。其具体表现是在所有103条宪法中有31条条文详细规定人民所享有的各种权利。其完备详尽的程度超过其他国家。尽管《日本国宪法》条文内容与《美国宪法》的原文有些许的差异，但是在人权这一章可以说是把美国的判例以及其他宪法发展的精神包括在内。

4. 国会至上原则：日本国新宪法规定，"国会为国权之最高机关，并为国家之唯一立法机关"。因为国会是主权所有者国民意思之直接代表机关，所以宪法对国会比其他国家机关给予相对的优越地位。这种精神可以说是承袭了英国的国会主权观念。

5. 内阁制之实行：日本新宪法采取内阁制而非总统制，并规定内阁对国会负集体连带责任。为对抗众议院所采取的对内阁不信任决议案，内阁可以解散众议院，这种内阁制与英国内阁制精神相符，可以说是将英国的以惯例为中心的议院内阁制成文化而已。对于内阁总理大臣的产生，依据新宪法第67条规定，内阁总理必须具有国会议员的身份，其产生方式是由参议院、众议院个别选出，若两院提名为相异之议决时，应依法召开两院的协调会；如意见仍不一致时，则将以众议院的议决为国会的议决。此外，对阁员的产生，依新宪法第 66 条规定阁员必须由文人担任。而内阁总理任命国务大臣，依新宪法第 68 条规定半数以上人员应由国会议员中选任。上述的宪法内容都与《大日本帝国宪法》不同。

6. 司法制度实行"规则制定权"：日本宪法第 6 章"司法"的规定乃是受到英美司法制度特别是美国司法制度的影响。最明显的例子乃是宪法第 81 条规定最高裁判所之法令审查权以防止立法机关之专制，以及宪法第 78 条法官除非依弹劾罢免身份受保障的规定，都与美国司法制度精神相符。

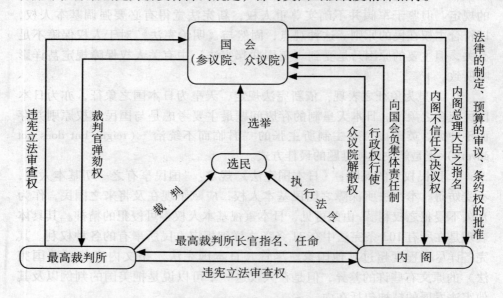

图 2-4　日本宪政组织运作图

资料来源：The Japan Times，1994：21.

第六节　德　国

■ 宪政发展过程

德国的宪政发展大致上是经过 7 个时期，才成为今日统一民主的德国。兹将各时期的发展略述如下（张金鉴，1976：249～296）。

一、神圣罗马帝国时期（962～1806）

神圣罗马帝国（the Holy Roman Empire），亦称第一帝国（the Empire of the 1st Reich）。其在 17 世纪末并不是一个完整的国家，而是由三百多个小邦组成。皇帝在名义上是由一些政治上和宗教上的精英选举产生。除皇帝制度的建立外，神圣罗马帝国亦设有类似国会的立法机关，但权力所及范围是有限的，所以神圣罗马帝国在本质上只是一些主权王国所组成的邦联。

1806 年普法战争，普军失败，拿破仑军队占领德意志帝国，将三百多个邦合并为三十多个邦，为日耳曼民族统一奠定基础。拿破仑建立莱茵邦联（Confederation of Rhine），试图执行藩属德国的计划，以将其作为法国的屏障。虽然此计划日后未能实施，但此计划却也刺激了德意志民族意识的觉醒与团结。

1815 年普法战争，拿破仑败于滑铁卢（Waterloo）。维也纳会议决定于 1815 年成立德意志邦联（German Confederation），包括 38 个邦，以奥地利为首。在邦联体制下设有议会，由各邦推派代表组成。邦联的目的主要是对外抵抗侵略，对内则维持秩序。议会的决议事项须得到全体代表一致通过方属有效。但这全体一致同意的原则是难以获得的，尤其是普鲁士与奥地利常持相反观念，从而造成僵局无法采取行动。

二、德意志帝国时期（1871～1918）

1862 年俾斯麦（Otto Von Bismarck）成为普鲁士国王威廉一世（William Ⅰ）时期的首相。俾斯麦以"铁和血"的精神，成功地运用军队力量建设德国，相继发动了三次与日耳曼统一有关的战争（丹麦战争、普奥战争及普法战争）。终于在 1872 年打败法国，威廉一世在凡尔赛宫即位，为德意志帝国的皇帝，并统一日尔曼民族。德意志帝国亦即第二帝国（the Empire of the 2nd Reich）的宪法是依据 1867 年俾斯麦为北德意志邦联所施行的宪法加以修改而成。宪法中明定了政府重要机构的地位与职权，各邦与帝国的关系以及帝国对于关税、财政、军队等事项拥有最高的统制权力。可是唯独在宪法中并未列举人权的保障。

三、魏玛共和时期（1919～1933）

第一次世界大战德国战败，德皇于 1918 年 11 月被迫退位。虽然人民希望经由实行改革建立一个新帝国，但是在盟国的外力之下，德只得废弃帝国建立民主共和国。民主共和时期所执行的宪法称为《魏玛宪法》（Weimar Constitution）。其政治制度具有三项特质：

1. 魏玛共和国是采联邦政府体制，与前述的美国联邦制有所不同。魏玛时期所实行的联邦制，其中各邦（lander）的疆界是可以经由宪法修改的，且在特殊情形下可经由普通法律变更。

2. 联邦政府具有最大的立法权，而各邦政府的立法权范围所剩不多。联邦政府对于职权范围内的事项不采取立法行动时，各邦可以管理，但以不抵触国家立法为原则。

3. 对人民自由权利详细列举。与《德意志帝国宪法》最大不同点是，《魏玛宪法》将人民的自由与义务视为同等重要。虽然《魏玛宪法》规定得巨细靡遗，但是《魏玛宪法》也包括了许多缺点，因而影响了政治稳定。例如：①内阁总理不仅受制于国会，也被民选的总统所控制或解职；②宪法虽有保障人民权利及自由的规定，但却没有提供相关的司法保障；③采用比例代表制的选举制度，造成了多党组成的联合政府；④政党大多缺乏人民的信任，因此在人民心目中并不具有很高的合法性。

综合上述，《魏玛宪法》的制定者似乎设计了一套稳定的政治制度。但事实证明不然，魏玛共和国时代的历任内阁都是短命的，而且引起多次政治动荡。

四、纳粹德国时期（1933～1945）

由于魏玛时期体制上的缺陷，加上 1929 年的经济萧条使得国家社会主义工人党（简称国社党，即纳粹党，Nazi）的党魁希特勒（Adolf Hitler）在 1933 年 1 月被任命为总理。同年 3 月的选举，国社党获胜更巩固了希特勒的地位，遂开始推行独裁措施，颁布法律禁止其他政党存在，使得国社党成为德国唯一合法政党。1934 年兴登堡（Hindenburg）总统死后，希特勒便自兼总统及总理二职。

在希特勒统治下，并没有真正的宪法产生，而仅颁行了若干法律以建立纳粹式政权。虽有选举但是与民主体制不同，选民只是依名单表示支持，失去原有选贤与能的意义。至于国会的立法权也是在纳粹党控制下，只徒具其形式。

五、占领时期（1945～1949）

如同第二帝国因败于第一次世界大战而终，第三帝国也同样因第二次世界大战的参战失败而亡。德国战败成为盟军军事占领区。经过 1945 年的雅尔塔（Yalta）会议及波茨坦（Potsdam）会议，同盟国对德政策有初步决定（即《波茨坦宣言》）：①全面消灭纳粹及军国主义的任何残余势力；②全面解除德国武装；③惩罚战犯；④强迫德国对被侵略国家赔偿；⑤阻止军事工业的复活。

同盟国计划在占领区内实行民主化政策，作为重建德国政治秩序的起步。但是，由于西方三国与前苏联的意见相反，英美法三国乃于 1949 年决定将占领区加以联合称为"德意志联邦共和国"（BRD，简称西德），而前苏联在其占领区内设立政府称为"德意志民主共和国"（DDR，简称东德）。

同盟国对德国的占领政策是主张未来德国政府必须是联邦制，以及施行民主宪政体制，因此盟军对占领区实施下列计划：①解除军备；②反纳粹运动；③经济改组与重建；④民主化运动。德国领袖基本上接受上述原则，同时为避免重蹈《魏玛宪法》体制下政府的缺陷，乃于 1948 年召开由基督教及社会民主党人士组成的宪法会议（the Parliament Council），在取得西方国家同意后，自行起草一部新宪法《波恩基本法》（the Bonn Basic Law）。西德之所以不称宪法，而称之为基本法，乃是"暂行"的宪法。基本法于 1949 年 5 月得到 2/3 以上邦的邦议会批准生效。

六、西德民主时期（1949～1990）

在基本法前文中明示西德政府将民主政治及联邦体制视为永不改变的原则。基本法第 79 条即所谓的"永久条款"（eternity）更清楚具体地规定任何可能侵犯民主或影响联邦各邦的修宪案均不得通过。西德联邦政府依此条款发展出以下内容：①实行中央与地方均权的原则；②中央与地方都实行立法与行政的汇一制，使其在议会制与内阁制之间能够密切合作；③实行美国式的司法审查。详言之，西德政府体制包括下列五大特质：①建立政党民主政治，并在宪法中禁止"以损害或废止自由民主的基本秩序"为目的的政党活动（第 21 条）；②选举对国会负责的总理；③依建设性不信任投票的规定，在国会以多数选出新总理前，原任总理得继续在位；④为了防止出现分裂的政党制度及促进国家稳定，任何政党必须在选举中获得至少 5% 的选票，才能分配到国会议席；⑤国会制度采两院制，一方面可发挥权力制衡的功用，另一方面则可均衡联邦与各邦的权力分配。由结构与功能而言，其国会的组成乃是分别由公民直选产生，主导立法权的众议院以及由邦政府选派的政府官员所组成类似行政机关的参议院所共同组成。如此不但使得德国众议院拥有传统国会的功能，同时也有一个行政经验丰富的参议院。

七、德国统一（1990 年至今）

1990 年 5 月，东西德签署团结货币、经济暨社会同盟的《国家条约》，同年 7 月 1 日条约生效。东德国会同意依据西德基本法第 23 条加入德意志联邦共和国。8 月 31 日两德政府签署统一条约。1990 年 10 月 3 日东德加入德意志联邦共和国，德国因而正式统一。

统一后，基本法因应情势作了些许修正。例如，基本法之适用范围、各邦参议员之应选名额等。参议院为各邦政府在中央的代议机关，依基本法第 51 条规定选出，目前德国有 16 个邦（德西 10 邦，德东 5 邦，另加柏林市），目前共计有 68 个席次。而众议院总席数基于东德地区五个新邦的加入，而由原先的 518 名（含西柏林的 22 席）增至 656 名，再加上 6 名超额当选人，1990 年共有 662 名众议员，采"参考选区候选人士的比例代表制"选出。

■ 宪法内容特点

德国联邦政府自 1949 年成立，除了在经济上成为欧洲巨人之外，在政治体制上亦有令人深刻的表现。列举五点特色加以略述：

一、总统权力的缩小

德国宪法与法国第五共和国宪政发展相较，最大不同点乃是法国逐渐加强总统的权限，而德国是增加总理的权限。相较之下，德国总统的权限只是限于任命及解除各种公职官员的职务。一般性的命令则必须由联邦总理或相关职务的部长副署才能生效。

二、总理权限的提高

在基本法中，联邦总理的职权大为增加，除了规定总理控制联邦政府，也规定只有总理才向国会负责。至于他所任命的内阁阁员只须向他负责，如表现不佳总理方可将其解职。由于联邦总理的表现决定了整个内阁，甚至整个政府的执政，因而有学者称德国为"总理式民主"的政体（chancellor democracy）。

三、联邦制的建立

德国政治权力分别由中央联邦政府及地方政府（邦）所分享。依据基本法第 30 条规定，中央有权作决定并由地方执行，但是在教育、文化、法律的执行和区域的规划上是属于邦的管辖范围。其他政策领域方面，则由联邦与各邦共同分享，如有冲突则联邦居于优先地位。此外，基本法也明确规定联邦政府的专属政策领域，各邦有剩余立法权。

四、联邦宪法法院的建立

1951 年依《波恩基本法》规定而设立联邦宪法法院。其处理掌管事项包括：①解释联邦法是否违宪；②判决联邦或邦的行为是否逾越宪法的范围；③人民基本权利受侵害时，可提请宪法法院解释；④检定政党组织及活动是否符合民主精神，将违背民主精神的政党活动宣判为违宪。

五、联邦最高法院的成立

联邦最高法院是普通法院系统的最高机关，审理各邦上诉法院所提诉的民事上诉案件及审理各邦巡回法院及上诉法院所提诉的刑事案件。因此，凡下级普通法院的民刑诉讼案件，均可上诉于联邦最高法院。

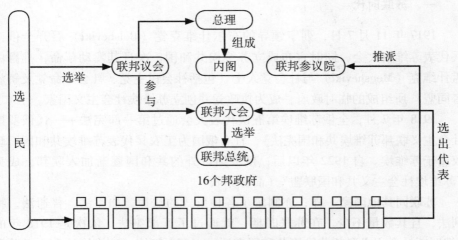

图 2-5　德国宪政组织运作图

资料来源：Kesselaman, et al, 1996：194.

第七节　俄　国

■ 宪政发展过程

1991 年 12 月苏联解体，俄罗斯宣布独立成为新国家。然而，俄罗斯的政治发展并非十分顺利。在发展过程中，不难发现其中掺杂了旧苏联部分的国家体制和机能，同时又试图恢复沙皇时代的部分国家体制和象征。因此，从宣布独立开始，俄罗斯就经历多次的政变。在经济方面，为挽救衰退的经济，叶利钦开始实施"震撼治疗式"的经济改革。可是却造成国家的经济不进反退，因而引起中间保守势力的反扑。在政治方面，叶利钦的政治民主改革更引起激烈的府会之争，终至发生"'白宫'流血政变"。直到 1993 年俄罗斯宣布新宪法，始奠定政治民主化的基础。本节就针对俄罗斯独立前后的宪政发展作一简略叙述，并对 1993 年的新宪法内容特点作一分析。

俄罗斯的宪政发展过程大致可分为四个时期加以分析（王承宗，1995；李玉珍，1992；毕英贤，1994）。

一、苏联时代

1917 年 11 月 7 日，列宁领导的布尔什维克党（Bolsheviki）召开全俄工兵代表苏维埃大会，同时宣布成立苏维埃共和国。次日其发动革命，推翻由孟什维克（Mensheviki）与社会党人士（包括社会民主党、社会革命党及解放者同盟）所组成的临时政府，成为执政党并创立苏维埃社会主义国家。

1918 年 7 月，全俄苏维埃第五次代表大会通过第一部宪法——《俄罗斯社会主义联邦苏维埃共和国宪法》，宣布俄国为工农兵代表苏维埃共和国，政权属于苏维埃。自 1922 年以后，俄罗斯以外的共和国逐渐加入联邦，成为"苏维埃社会主义共和国联盟"（简称苏联）。

苏联同其他国家一样，亦制定了各种形式的法律，如宪法、普通法、特别法，且其数量不少。在苏联时期，就通过了五部宪法，依次是 1918 年的《俄罗斯社会主义联邦苏维埃共和国宪法》，1924 年的《苏维埃社会主义共和国联盟根本法》，1936 年的《苏维埃社会主义共和国联盟宪法》，1977 年的《苏维埃社会主义共和国联盟宪法》（根本法），以及 1988 年的《苏联宪法》。

从表面观之，苏联应是法治国家，但其实不然。在苏联，政府所颁布的行政命令和规程较宪法处于优越地位。其行政命令和规程不但可以变更法律，而且可以抵触宪法。在此情形下，上述五部宪法的修改，虽然宣称苏联为全民国家，极力扩大人民参与国家和社会事务的机会。然而，最终的结果却是扩大了苏维埃的权限。

在苏联时代，"俄罗斯苏维埃联邦社会主义共和国"虽然是苏联十五个加盟共和国之一，但是在中央集权统治下，只是一个区域性政体，并不具有实质的国家主权。因此，自1922年苏联成立之后，"俄罗斯苏维埃联邦社会主义共和国"的宪法与政治制度几乎是追随苏联宪法的修订而做相应的改变。其修宪的年代分别是1918年、1925年、1937年、1978年及1989年。

二、俄罗斯独立

1988年11月苏联修宪，设立"全国人民代表大会"并选出"最高苏维埃"作为"全国人民代表大会"的常设立法、管理和监察机关。"俄罗斯苏维埃联邦社会主义共和国"亦遵循苏联做法修宪，并于1990年6月选出第一届全俄罗斯人民代表，同时举行第一次人民代表大会。1990年初，苏联进行政治改革，将原来的最高苏维埃主席（President of Supreme Soviet）改为议会议长，另设立总统制。戈尔巴乔夫（Mikhail Gorbachev）经苏联人民代表大会选为第一任总统。如同往例，"俄罗斯苏维埃联邦社会主义共和国"亦修宪并设置总统一职，并于1991年6月经由人民直接选出叶利钦（Boris Yeltsin）担任总统。

俄罗斯总统的设立，不仅大幅削减了苏联总统戈尔巴乔夫的权力，而且使苏联及俄罗斯的权力结构发生了重大变化。尤其是戈尔巴乔夫的改革致使苏联内部激起民族主义浪潮之后，叶利钦试图与戈尔巴乔夫相互争权。其首要任务便是削弱部长会议主席（总理）的权力，另设立国务会议、联邦会议、部长会议及安全会议。这些新机构的设置无疑提升了叶利钦的权力，相对的使苏联政府的权力日益萎缩。1991年8月发生政变，叶利钦相继解散苏联共产党组织，苏共与俄共因而瓦解；1991年12月，因各加盟共和国相继退出联盟成为独立的主权国，苏联因而解体；1991年12月26日，"俄罗斯苏维埃联邦社会主义共和国"正式改名为"俄罗斯联邦"（Russian Federation），简称俄国。

三、俄罗斯独立初期的发展

1992年1月，叶利钦推动"震撼治疗式"的激烈经济改革。然而，却使已衰退的俄罗斯经济更加恶化，因而导致保守派势力集结，成为反叶利钦的最大势力。叶利钦的政治改革更激发了权力之争和府会冲突。

1993 年 4 月,叶利钦因府会冲突日益严重,遂宣布进行"紧急统治"。然而,因各方强烈反对,紧急统治措施并未施行。但在叶利钦的坚持下,府会达成妥协,并于 4 月 25 日举行全民投票,进行对叶利钦及其政策的信任投票。投票结果显示,大多数的公民均支持叶利钦。

保守派人士对公投结果自然感到不满,府会之间的斗争日益激烈,1993 年 9 月 21 日叶利钦宣布解散国会。反叶民众开始示威,群集在俄罗斯国会大厦。叶利钦宣布莫斯科进入紧急状态,动用军队收复市政府,并以鼓动群众暴动罪名逮捕国会议长及副总统,此即"'白宫'流血事件"。在血腥镇压下,结束了长达两年的俄罗斯府会政争。

四、新宪法的公布

叶利钦在解散旧国会、逮捕政敌后,全面解散地方苏维埃。1993 年 12 月 12 日举行新国会选举和新宪法的人民公投。新的《俄罗斯联邦宪法》获得 58.4% 投票选民的赞成,于 1993 年 12 月 12 日生效。同日选出第一届国家杜马(下议院),由芮布金担任主席(议长)。按照新宪法过渡条款的规定,第一届杜马代表任期只有两年,到 1995 年 12 月止。

1995 年 12 月 17 日举行第二届国会改选,反叶利钦派的俄罗斯联邦共产党(Communist Party of the Russian Federation)获得席次大增,而亲叶利钦派的俄罗斯自由民主党(Russian Liberal Democratic Party)却落居第三。在此情况下,共产党赢得第二届国家杜马议长,两个副议长及 16 个委员会的席位。

1996 年 6 月 16 日,俄罗斯联邦举行第二次总统普选。在国内经济情势恶劣的情况下,声望极低的叶利钦在 7 月 3 日第二轮的投票中非常艰辛地打败共产党候选人朱冈诺夫获得连任。为顺应时势,协调府会关系,叶利钦就职后,随即改组内阁并扩大延揽共产党人士入阁。虽然此举有助于政治稳定,但是在共产党与大斯拉夫民族主义结合以及大俄罗斯国家主义抬头的大环境下,对俄罗斯政局的发展构成深远影响(许湘涛,1996:29~58)。

■ 宪政内容特点

1993 年 12 月通过的新宪法与昔日中央集权、苏共执政下的宪法有显著的不同。除了对国家体制的性质、人民权利与自由详加规定外，新宪法共九章137条包含过渡条款在内，对于总统权力、国会结构性质、行政与立法关系、中央与地方关系以及司法体系均有专章规定。兹将重要的宪法内容特点作一探讨（叶自成，1997：第二章）。

一、明定国家的特质

俄罗斯新宪法第1条明文规定，俄罗斯联邦是民主联邦法治国家，具有共和国政体形式。

二、扩大并保障人民与公民之权利及自由

在新宪法第二章中共有48条涉及人民与公民之权利及自由保障。与苏联旧宪法之较大不同点有下列三项：

1. 保障经济活动、企业活动及贸易的自由。

2. 公民及其社团有权拥有私有土地。土地所有者可依法自由处置其土地及其他天然资源。

3. 可拥有双重国籍，承认政治多元化、意识形态多元化及多党制。

三、确定联邦主体及其主权

新宪法第5条明确指出，俄罗斯联邦由共和国、边区、省、联邦直辖市、自治省及自治区所组成。共和国（国家）有其宪法与法律，而边区、省、联邦直辖市、自治省及自治区有其宪章与法律。联邦主权则扩及各主体之领土。

四、详定联邦总统之权力

宪法第四章明确指出总统的权限，较重要者有下述10项：

1. 总统是国家元首。

2. 总统是由公民直选、秘密投票选出。总统任期4年，只能连任一次。

3. 总统是俄罗斯联邦武装力量的最高统帅，有权宣布戒严或紧急状态，并将此举立即通知联邦院与国家杜马。

4. 总统经国家杜马之同意，任命联邦政府主席。

5. 总统组成总统之行政机关（即联邦政府）。

6. 总统组成并领导联邦安全会议。

7. 总统向国家杜马提名任免中央银行主席。

8. 总统向联邦院提名宪法法院、最高法院、最高仲裁法院之法官及联邦

总检察长之人。

9. 总统有权指定国家杜马之选举，解散国家杜马，指定全民投票，向国家杜马提出法律案。

10. 联邦总统不能履行职责时，由联邦政府主席暂代。

宪法第 91 条更指出联邦总统享有不可侵犯之权利。由此可知，新宪法在相当的程度范围内扩大了总统个人权力。探讨其原因，乃由于这部宪法是叶利钦与宪法委员会双方妥协下的产物。

五、确定国会的新结构组织、职权及立法程序

新宪法第五章指出俄罗斯联邦国会的名称为联邦会议（Federal Assembly）。而联邦会议是由两院组成，上议院亦称联邦院（Federal Council），下议院亦称国家杜马（National Duma）。关于两院的组成参选资格及职权在宪法中均有详细规定，本书列有专章（第四章）讨论，在此不予详论。

关于联邦法律的立法程序，宪法第 105 条及第 107 条均有规定。由此可知，联邦法律的立法程序可分为两个阶段：第一个阶段是国家杜马与联邦院之间的互动；第二个阶段是国会与总统之间的互动。

六、总统解散国家杜马的权力及国会罢免总统的程序亦有明文规定

新宪法的精神似乎是赋予总统极大的权力，而有凌驾国会之趋势。此种情形下由总统解散下议院较为容易，而国会罢免总统的程序规定则较为困难。

1. 如果国家杜马 3 次否定总统提名的联邦政府主席人选，总统有权径自任命联邦政府主席，解散国家杜马并重新改选。

2. 国家杜马对联邦政府通过不信任案后，总统有权宣布政府总辞，也有权不同意国家杜马之决定。如果国家杜马在 3 个月期限内再度对联邦政府表示不信任，总统得宣布政府总辞或解散国家杜马。

3. 联邦政府主席可向国家杜马提出对政府的不信任案。如果国家杜马拒绝接受，总统须于 7 日内作出政府总辞或解散国家杜马之决定。

4. 联邦院就国家杜马对总统所指控的叛国罪或其他重大犯罪，经最高法院及宪法法院确定后，方可提案罢免总统。而指控与罢免总统的决议，须经由两院各院代表总人数不少于 2/3 的多数，以及由国家杜马代表 1/3 的动议和国家杜马特别委员会提出结论，方能通过。最后，联邦院关于罢免总统的决议应在国家杜马对总统提出指控后 3 个月内通过。如果在 3 个月期限内未通过该决议，则对总统之指控视为否决。

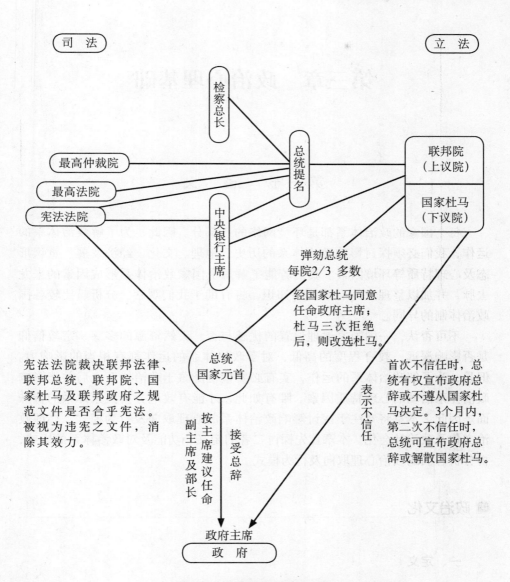

图 2-6　俄国宪政组织运作图

资料来源：毕英贤，俄罗斯，1994：121。

第三章　政治心理基础

第一节　涵　义

每个国家的政治体系都是环境网络的一部分。因此，为了解政治体系的运作，我们必须探讨影响政治体系的历史、地理、文化、经济发展、意识形态及心理特质等环境因素。我们若能了解每个国家政治体系形成因素的来龙去脉，并加以整理成为有系统的知识，将有助于我们观察、分析、比较各国政治体制的异同。

不可否认，一国国家地理位置的优越与否、天然资源的多寡、宗教信仰是否影响深远、教育程度的高低，对于政治体系的运作都有相当的影响力。但是，为了解政治体系的运作，实有必要检视隐藏于政治体系之后并能影响政治体系活动的心理特质因素。唯有如此，才能有效地分析国家体系的特殊面。因此，本章将专注于探讨影响政治体系的心理取向及行为模式，亦即政治文化及政治社会化。本章首先探讨二者的定义、功能及对政治体系的影响，再分析各国的政治心理取向及行为模式。

■ 政治文化

一、定义

政治文化是政治行为的基础，它是政治整体、政治社会成员对政治所采取的态度和行为。由于政治文化能预测一国人民政治行为的趋势，以及分析不同意识形态的形成，因而是比较政府的重要研究途径之一，对于其涵义虽然多数学者已逐渐获得一致的认知，但由于政治文化指涉的层面甚广，欲对其概念加以明确厘定仍有其困难。我们列举三项政治文化的定义加以探讨：

1. 阿尔蒙德（G. A. Almond, 1956：391~409）认为政治文化系指政治行为与政治评价的主观取向。

2. 维巴（S. Verba）认为政治文化是由经验的信仰、表达的符号（expressive symbols）及价值观（values）三者交织而成的体系（1965：513）。因为政治文化界定了政治行为发生的背景乃是政治活动的主观取向，除了包括崇高的政治理想之外，亦包括对于一般政治行为规范的看法。

3. 阿尔蒙德和鲍威尔（G. A. Almond and G. B. Powell, 1978）认为政治文化是指政治体系的成员对于政治所持有的态度与取向之模式（pattern of attitude and orientation）（模式系指固定的行为反映模式）。故政治文化包括认知取向、情感取向、评价取向三个层次。

二、构成要素

一般而言，政治文化的构成要素包括下列三项：

（一）认知取向（cognitive orientation）

认知取向是指政治体系的成员对于政治现象的观察，是透过主观认知看待政治情势，会影响体系成员的政治态度和政治行为。

（二）价值偏好（evaluative orientation）

价值偏好是政治体系的成员对政治现象及政治事务的看法乃是经由理性的判断获得，所以亦包括对总统政府官员的施政方向或结果评估，不只是个人偏好，还包括数据处理分析后的理性判断。

（三）情感取向（affective orientation）

情感取向系政治体系的成员对于政治事务现象的反应，并非一定经过理性的判断，往往只是情感上的反映。

三、政治文化与政治体系之关系

政治文化乃是人们对政治事件采取上述三种取向的形式分配。依据此一取向的方法，阿尔蒙德又进一步说明三种关于政治文化的理念型式：①原始性（parochial）政治文化；②臣属性（subject）政治文化；③参与性（participant）政治文化。原始性政治文化的最大特征是政治体系成员并没有明确的政治角色观念，故对于政治体系不抱任何期望，亦不感到政治体系顾及他们的需求；臣属性的政治文化其特征是对政治体系本身及其输出过程具有高度的行动取向，然而对输入过程及个人所扮演的角色则较无明显取向；参与性政治文化的特征是对政治体系的任何方面均有明确的取向，虽然成员对体系的情感与评价可能彻底接受，也可能排斥，但是并非完全冷淡或疏离。

政治文化与政治体系两者之间有着密切关系。政治文化对政治体系所提供的输入（包括需求与支持）将影响政治体系的运作，而政治体系对社会所做的输出亦影响该国政治文化的形成。详言之，政治体系所表现的功能是人民政治取向资源，而人民政治取向、感情取向及价值取向正是政治体系运作的推动力。我们将上述文字用表3-1加以表达。

表 3-1　政治文化与政治体系关系表

	政治体系	输入	输出	政治能力
原始性	× 成员无国家认同感，效忠对象是地区性的	× 认为自身意见不会被政府采纳	× 感受不到中央政策的影响力	× 无所谓的自我政治能力
臣属性	○ 为封建专制社会，顺民消极接受	× 不积极参与政治事务	○ 可感受到政策的影响力	× 认为自身力量单薄，故不积极参与
参与性	○ 为民主社会的典型	○ 内部效能感高，积极参与政治事务	○ 完全遵行政策的执行	○ 政治能力感高，且积极参与政治

以上三种形式的政治文化是有所重叠存在的；亦即旧的取向不可能完全为新的取向所取代，可是却有逐渐被削弱或改变的情形。此外，在不同的政治体制下，其政治文化的性质也各不相同。概略而言，原始性和臣属性的混合型为中央集权建立初，而封建制度尚未完全丧失影响力时期；臣属性与参与性的混合为专制威权社会转型至民主社会，部分民众消极接受政令，部分民众则开始参与政治活动；原始性与参与性的混合为第二次世界大战后的新兴国家，国家认同危机为部分地区仍效忠地区领袖，但亦积极参与中央政治活动。

四、政治文化的重要性

1. 国家认同感的强弱，对于国家能否继续存在是相当重要的。高强度的国家认同感下，国家不论贫富强弱，国民均愿意予以精神上的支持。许多发展中国家并未有相当程度的国家认同，系因人民并未将地方的认同转为对国家的认同。

2. 政府权威合法性，包括权威的取得方式、使用方式及使用范围。人民对政府权威合法性的信任度愈高，则政府政策愈易推行，政治稳定度也相对提高。

3. 政策过程的支持亦会影响到政治行为，大体上包括两方面：①决策过程是否合法；②决策者能力的认知。

4. 国民的同胞感，即不同的种族、宗教之间彼此是否能够和平相处生活在一起，具有生命共同体的感觉。此种同胞感会深深影响人民的政治态度及政治稳定。

5. 政治参与义务感，是指政体的成员是否认为其具有义务参与公共事务的决策过程。当人民的政治参与感极低时，容易造成寡头或少数人垄断政治参与管道。

6. 政治效能感，即政治体系成员本身认为具有能力去影响政府决策。当政治效能感愈高，人民对政治事务愈关心，对政治事务的信息取得也愈积极。

五、政治文化与冲突的解决能力

虽然一个国家的政治文化主要内容可以被描述出来，但是若因此认为它是均等的遍布于一国之中，将是错误的想法。在相当的程度上，一国之内的政治次级文化仍是有所差别的。政治文化是一国之内普遍存在的价值及态度，因此没有任何一个人能完全符合该国的政治文化特质。基于此，政治文化的研究目的，就是要探讨主要的次级团体所持的价值观及信念，并找出其政治文化特质。

我们试以图3-1三种政治文化类型来解释国家处理政治冲突的能力。A图中由于政治次级文化在政治价值观和信念上较有共识，因此政治上的敌对双方都持有较多相同的政治理念，政治冲突也可以和平解决。此外，由于政治理念的差别只是程度上的不同，并非基本原则不同，因此不会有零和赛局的情形。换言之，失败的一方下次仍有赢的机会。

B图所显示的情形则与A图完全相反。其所表示的是一国之内，因为一股不和谐力量导致该国政治文化一分为二，而且相互排斥。由于敌对双方持有强烈潜在性的敌意，所以发生政治分裂的可能性很高。

C图则表示国家整体性的政治文化并不存在。原因是一国之内因不同的政治次级文化而呈分裂状态。此时政治领导者必须要有高超的领导技巧来建立政治联盟以便政策的推行。如果未能顺利地建立政治联盟，整个政治系统将会出现僵局，因而导致人民对政治冷淡和疏离（Rasmussen and Moses，1995：1922）。

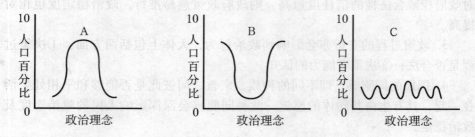

图3-1　政治文化与冲突解决能力图

资料来源：Rasmussen and Moses，1995：210.

■ 政治社会化

　　学者常把政治文化与政治社会化一并讨论，盖政治社会化的最大功能乃是延续或改变政治文化。一个人生存于不同的社会就必须学习他所处社会中的规范、价值体系及行为模式，唯有如此，个人方能成为社会一分子。因此，政治社会化本身就是一种政治文化的学习与传达过程。

一、政治社会化的特质

　　1. 政治社会化是一种持续学习的过程，然而不论传递者与学习者是否知道政治社会化的过程，都不影响政治文化的进行。

　　2. 政治社会化的过程是随时随地在进行的，因此政治社会化的方向及过程并非是固定的。

　　3. 政治社会化所涵盖的层面较政治训练或教育范围为广，因此不局限于特定的场所或方式。政治社会化的机构甚多，包括家庭、学校、各种社会团体、同侪团体、宗教团体、政党及大众传播媒体。

　　4. 政治文化在民主国家中较缺乏意识形态的训练，因为不同的团体有不同的意见和意识形态传递。在非民主体制国家中，政治社会化和政治训练教育相配合，皆由国家主导控制，因此只存在一种意识形态。

二、政治社会化的功能

（一）培养国家认同感

国民对国家的认同感必须来自长期持续的培养，不论是家庭、宗教、大众传播媒介都足以发挥此项功能。但是，不同的政治社会化机构对于国家认同的培养有不一致的做法，彼此会产生相当大的矛盾与动荡，造成国家认同危机；若能一致，则国民透过长期培养对国家具有高度认同感，从而使国家安定。

（二）维系政府权威合法性

在社会中，政府的决策及其执行不可能完全事前征得全民的同意，如何能够让大多数民众认同于政府的正常运作，最根本的方法即是透过政治社会化使人民心悦诚服地同意并支持政府决策。

（三）建立公民责任感

在现代民主社会中，公民责任感是建立在参与式的政治文化上的；也就是说，公民不仅是消极被动地接受政令或纳税，而是更进一步地积极主动参与政府决策过程；即公民责任感系建立在参与公共事务上，参与不仅是一种权利亦是一种责任。

（四）提升公民政治效能

透过政治社会的过程，包括正式的政治教育及各种团体、大众传播媒介的倡导，可以灌输人民正确的政治知识，提供政治讯息，让民众了解政府运作的过程，藉此可以提升公民的政治能力，增加对政府决策的影响力。

（五）调解政治冲突

政治冲突的来源与前四项有相当关系。在政治社会化的过程中，各机构对政治有不同见解时，会因缺少基本共识而加深政治冲突。解决政治冲突必须要靠共识的形成，因而需要透过潜移默化的方式加以解决。宪法虽然应反映政治现实，但政治权力的运作不能靠条文的修改就想达到立即的效果，而须靠政治人物彼此协调进而达成共识，才能使政治运作完善。

第二节　英　国

一般而言，英国人民所具有的政治文化特质是：①对政府政策表现出高度的顺从（deference）行为；②认为领导者的统治具有合法性（legitimacy）；

③对事务的处理采取务实（pragmatism）主义；④对于传统惯例及政治符号十分地重视（Roskin，1989：42～51）。分述如下：

一、对政府政策表现出高度顺从行为

大多数的英国人对于自己国家的政治制度表现充满信心，认为政府的施政将为他们的生活带来更美好的明天。由于此种信任政府政策的态度，大多数的英国人都承认政府权威的合法性，并且也愿意接受政府的管制，即使政府的政策在某种程度是被认为不合理的。日积月累，人民对于提出偏激改革主张或耸动言论的政党大多予以排斥或不支持的态度。

二、认为政府权威具有合法性

不像一般的美国人，英国人民不太相信"新的"政策即是"好的"政策，在英国获得支持的政策往往都是经过长期渐进改革而成的。由于习惯接受传统价值及权威，英国对于阶级（hierarchy）的观念仍然十分浓厚。对于社会的上层阶级，出身世家的子弟或由于社会地位而被认为是理想的政治领导者，往往十分敬重，其中以对于政治领导者权威的顺从行为较为明显。

英国的政治文化属于参与性文化与臣属性文化的混合体，故表现出中庸文化的特质。参与性政治文化表现为人民认为本身有能力且有意愿去从事政治活动，并且进而影响政府的决策。但是，敬畏权威的特质也反映出部分英国人民不愿意参与政治活动，反而愿意接受并信赖政府的权威分配，表现出臣属型政治文化的特质。这种混合参与和臣属的政治文化特质，使得政府既有权力独立制定政策，且能适当的响应人民需求，并应用人民顺服权威的态度来统治国家，维持政治体系的运作。

三、对于事务的处理采取理性务实的态度

英国人行事作风不讲求理论或讨论观念性的问题，但十分讲求实际。事情的处理是否符合逻辑并不重要，能解决问题才是重要的。因此，即使是反对党所提的政策，如果具有可行性，执政党亦愿仿效实行。在英国，不同的政策领域及议题都是政党之间经由妥协及磋商的态度加以处理。因此，政治体系都能维持正常运作，很少发生政治僵局的情形，对于争论的议题，政党是依照竞赛规则来达成协议。对于团体之间的权力冲突都以协商的方式来达成共识。例如，北爱尔兰的独立问题，最后采用公民投票方式解决，是政党达成共识之后所执行的方式。

四、对于传统惯例及政治符号十分地重视

保守思想在英国是习以为常的事，维持现状的想法便成了英国的传统精神。英国人素来尊重传统，最显著的例子是英国宪法属于不成文宪法，它没有单一的宪法文献，所有的宪政变迁也未形诸特别的法律条文。所以传统惯例构成其宪政内容之一。虽然如此，传统惯例仍可以当做法律判断的依据标准，"国会至上"原则即是一例。政治符号与传统惯例一样具有政治稳定的作用。政党及其支持的民众都会使用共同符号来进行沟通。政党选举时运用熟悉及被接受的符号来争取选票，由于政治符号具有激发人们感情的作用，对支持的选民具有相当的影响力，对于选举结果具有重大的意义。

虽然多数人对于英国政治文化的特质都持有相类似的看法，但如同英国由昔日的"日不落帝国"转而成为"西欧的病夫"，英国的政治文化特质内容也有逐渐改变的情形。然而这种改变并非因为外患或外来影响而中断。主要原因是，前首相撒切尔夫人（Margaret Thatcher）长期执政（1979～1990）以及往日的旧传统已逐渐褪色，对于英国的政治文化造成深远影响。改变的情形大致可从下列四点加以探讨（Kesselman, et al. , 1996：83～85）：

（一）对于权威的态度已有改变

众所周知，撒切尔夫人的辞职下台，一大主因是其不愿意英国加入欧洲共同市场，致使其得不到保守党足够选票的支持，改由梅杰（John Major）担任首相。这事实说明英国旧有历史传统中良好的政党纪律及政党的效忠都有改变的情形。

（二）集体责任内阁制精神受到考验

撒切尔夫人的强势领导作风使她独排众议，不愿意接受内阁阁员的建议加入欧洲市场。对于经济政策的制定她也不愿意听取财经官员及企业家的建议，致使集体责任内阁制（collective responsible of the cabinet）的精神（即政府的政策须得到整个内阁支持）受到考验，也导致她所推行的经济政策无法挽救衰退中的经济。

（三）妥协共识精神的减退

英国政治文化特质之一是重视协调、沟通达成政策共识以维持政治稳定。然而，近十年来新社会运动的兴起（new social movement）（如女性运动、反核运动、环保运动），这些活动或多或少都影响了人民的价值及信念，因而对于国家政策的合法性构成威胁。

（四）国家认同感的降低

除了上述增加的社会运动之外，少数种族、族群的暴动也急剧增加。撒切尔夫人执政时代，苏格兰及威尔士的国家主义抬头，因而动摇了政党政治，国家认同感也显著地降低。种族及宗教及族群之间的隔阂加深造成社会暴动事件逐年增加。这些情形加上恶化的国家经济状况，使得英国政治分裂的情形日益严重，也促使人民转而支持右派所提出的政策议程的情形有显著增加趋势。

在上述分析中我们列举了英国政治文化的变迁趋势。但是，就整体而言，大多数英国人仍保留着崇尚务实的精神、谦虚有礼的态度、尊重权威、重视合法性以及讲求和平的美德。

第三节　法　国

法国是一个历史悠久的文明古国。如同其他的古文明国家一样，法兰西民族带给世界文明丰富的资产。然而，这些资产，对法国而言既是一种财富也是一种负担。其政治文化的发展过程正是受限于历史传统以及法国人的民族性格。

在第二章中，我们了解在整个 19 世纪，因为特殊的历史条件使得法国一直在寻求建立一个为法国所有人民接受的政体。经过一连串的实验，代议制的共和政体才逐渐成为一个被接受的架构。同样的，法国也因为历史传统和国家屡次遭受外来冲击的影响，政治文化独树一帜。法国的政治文化特质大致具有下列九项：①二元极端化的性格；②人际关系的不信任感；③处于理想与现实的两难困境；④对政府及政治的信任感极低；⑤自我依赖的个人主义；⑥低度的政党认同感；⑦社会阶级的自我认同瓦解；⑧历史的负担；⑨宗教与反宗教的传统。兹就九点政治文化特点说明如下（Almond and Powell, 1978：Chap. 11；Roskin, 1989：98 ~ 111）：

一、二元极端化的性格

法国人的性格极为特殊，几乎可以同时接受喜好两种极端的事物。例如，人民对于保守作风的戴高乐总统（Charles de Gaulle）和主张社会主义的密特朗总统（Francois Mitterrand），几乎是同样地爱戴。法国人的矛盾性格表现在投票行为是"依理想而言，应投票给左派；但就自利行为而言，则应投给右派"（the heart is on the left, but the billford is on the right）。此外，在公众场合人民表现出赞成政府的权力能够予以削减，但是在私底下却又希望拥有一个强而有力的政府。个人的行为特征如此，整个国家的政策体制也是如此。例如，法国第五共和国 1962 年以来，其最大的特征便是处于敌对的两派从事政治联盟竞选，其中一个属于右派，另一个属于左派。此种情形在 1969 年总统选举时曾一度中断，此后又恢复。对于此种政治现象，学者称之为"两极化"（polarization）。但是最近几年来，左派与右派人士皆企图向中间靠拢，逐渐走向温和与现实主义。

二、人际关系的不信任感

法国人的人际关系极为保守，对于家庭成员以外的人都采取不信任的态度且保持相当的距离。如同其他西方民主国家一样，法国人对于隐私权极端重视，传统上并不在家里招待朋友。对于他人的政治信仰及态度亦认为不可侵犯而不加以过问，也从不与他人讨论政治。依他们的想法，讨论政治最终只会引起无谓的争端，何况政治事务与他们的私生活毫不相干。在此种情形之下，人际间交往避免冲突产生的最佳方法便是不涉入他人的私生活，保持适当的距离。

三、处于理想与现实的两难困境

前已提及，英国政治文化特质为做事务实讲求效率，而法国人并非如此，反而时常陷入现实与理想环境两难之中。虽然许多法国哲人曾提出许多影响后世深远的伟大思想，例如，卢梭（Rousseau）的社会契约论，孟德斯鸠（Baron de Montesquieu）的三权分立说，伏尔泰（Voltaire）的自由平等思想以及法国大革命时代所提出的自由、平等、博爱（liberty, equality, fraternity）的口号，这些思想为日后的民主制度奠定了理论基础。然而，法国并没有如美国、英国一样建立一个自由民主的政治制度，哲人所遗留下来的思想对法国而言只是崇高的思想及空洞的口号。

四、对政府及政治的信任感极低

过去的历史带给法国的经验是一方面人民希望强而有力的政府能够领导法国结束无政府的混乱，另一方面又必须提防强而有力的政府沦为专制政府。因此人民又主张增加人权来减少政府的权力。这种既期望拥有强而有力的政府但又不予以信任态度的例子，在法国宪政发展过程中俯拾皆是。例如，法国政府自 1789 年大革命以后即处于动荡不安的局面。第一共和国到第三共和国虽然都是由具有远见的君主创立，但最后皆为军人领导的专制政府所取代。从 1784 年到 1958 年这一段时期，法国经历了十余次政治体制改变，平均的寿命是一年五个多月。此外，由于政党制度尚未建立，党派斗争非常尖锐，政府更迭频繁，也是法国政治信任度很低所造成的。以第四共和国为例，在成立的十多年间，内阁的更换就有二十余次之多，在位最长的内阁也只有一年多，最短的也只有两天，平均时间是六个多月。由此可见，法国人对政府及政治的信任感极低是造成政治体制脆弱的主因，也导致了政治的不稳定（Almond and Powell，1996：216~218）。

五、自我依赖的个人主义

由于法国人对于政府信赖感极低，所以对于权威的看法并不像英国人那么的重要。法国人强调的是自我依赖（self-reliant）的个人主义及拥有追求自由平等的热情。这种特质是造成日后法国政党数目极多，及政治主张分歧的原因。然而，因为受限于整个国家的大环境，法国人的个人主义不能像美国人的个人主义可以充分发挥。此外，美国人比较合作容易妥协而服从团体的最后决定，法国人则较坚持己见，视政治为斗争。在政争中完全依赖个人的奋斗而非政党。

六、低度的政党认同感

虽然法国学校公民教育一直教导学生热爱国家，但是真实世界中的国家却是一个充满贪污腐败和无效率的政府。因而学生只能热爱理想中的国家，但对于现实中的政府有相当的疏离感。一项由两位美国学者（Converse and Dupeux）针对美法两国人民的政党认同调查显示，美国人民能够不假思索地指出他们所偏爱的政党，而大部分的法国人却不能如此。造成如此结果是由于法国一般家庭里政治并不是一个经常讨论的议题，由于缺乏长辈的经验传说，致使年轻一辈的法国人对于政治并未有非常清楚具体的概念。对于自己周遭的人其政治态度也一知半解。例如，76% 的美国人可以说出父亲所属的政党，然而只有 25% 的法国人可以说出。由于大部分的法国人对于政治是处于摸索之中，政党转换比例因而相当高（1986）。

七、社会阶级的自我认同瓦解

一般法国人在传统上都依赖他们在社会中所处的地位而认定自己的阶级。在某种程度上，法国与英国都是重视阶级的社会，由于教育制度因素和社会流动性（social mobility）很小，造成了法国工人阶级与中产阶级之间有着相当显著的差异。法国人所得分配不均的现象也比英国更为明显。然而，最近一项调查显示，法国人的社会阶级认定有下降的趋势，尤其是工人阶级的自我认同感下降得更为明显。社会阶级的认同改变使得原有的社会网络（social network）以及社会凝聚力（social cohesion）遭到破坏，社会秩序因而不稳定，屡有社会暴动发生（Kesselman, et al., 1996: 150～151）。

八、历史的负担

历史思想可以说是一种结合力，但也是达成共识的障碍。法国人对自己的历史如此着迷，以至于新仇常常添加旧恨。这样带有强烈情感色彩地运用历史记忆，使得抱负、戒律和禁忌都似乎坚不可摧，这就使得决策更加复杂。用戴高乐的话说，法国是"被历史压垮"的。

九、宗教与反宗教的传统

法国一度是天主教国家，但是到目前为止，信教和不信教者之间的相互敌视一直是法国政治文化的主要特点之一。自大革命以来，这种相互敌视一直在所有层面造成社会与政治生活的分裂。即使是现在，虔诚的天主教徒与不信教者的政治行为仍存在重要分歧（秦俊鹰和潘安顺，2000）。

第四节 美 国

美国是一个文化大熔炉的国家，言下之意，表示美国虽然有种族、肤色、宗教的差异，但是它的文化却是一个混合物（amalgamate）。在此种情形下美国的政治文化显示出三大特性：①各种社会、种族、宗教团体之间能够和平相存，彼此存在高度信任感；②对于国家的体制有着强烈的认同感，政治信任度与支持度都很高；③对于政治体制的运作存有共识。

伊拉扎（D. J. Elazar）在《美国联邦主义》（American Federalism）一书中，对于美国政治文化有很详细地剖析。他认为美国政治文化是由两种相互矛盾的概念所混合而成：一种是主张个人主义（individualism）的市场观点（marketplace），另一种是主张小区观点的国家主义（commonwealth）。市场观点认为公共关系的存在是个人之间或团体间基于自利的动机经由议价（bargaining）行为所产生的结果。因此，主张除了必要的干预行为之外，政府的管理应该是愈少愈好。由此种观点引导出个人自由主义、自由竞争市场的观念以及国家最少干预原则。相对的，小区观点强调个人虽然有个别的利益追求，但是为了实现共同的利益以及追求更崇高的道德原则，我们必须设立及维护一个更佳的政府。本质上这是一个小区主义（communitarianism），强调互相合作、集体行为以及公共干预的重要性（1996）。

■ 美国的政治文化

上述两种混合的观念引导出大部分学者认为美国所具有的政治文化特质（Almond & Powell，1996：792~796；1978：Chap. 9）：

一、崇尚法治主义

美国实行民主政治极为成功，一大部分的原因得归因于美国依法而治的精神（rule of law）。人不分富贵贫贱，也不分男女老少，个人的尊严、人权及财产权在法律之前一律受到尊重，并且得到相同、平等的保护。这种观念在美国宪法的具体表现便是宪法主义、分权与制衡以及联邦制。

林肯（Abraham Lincoln）总统有名的《葛底斯堡宣言》（the Gettysburg Address）中明确指出美国政府是民有、民治、民享的政府（government of the people, by the people, and for the people）。这种精神的发扬光大便是"人民主权"（popular sovery）的主张，亦即人民是政府的权力来源。基于此，政府官员在执行公权力时宣称对于政策的执行具有合法性。这里的"法"应该是人民主权的授予。

二、反权威的个人主义

与英国政治文化特质一大不同点是，英国人尊重权威，顺从领导者的统治，而美国人对于"权威"二字素来反感。因为它意味着统治者高高在上，享有无上的权力来管制人民。因此，英国民众赞成政府的干预行为，而美国人对于权威所表现出来的政治观念是"管理愈少的政府乃是最好的政府"。具体而言，亦是主张个人主义。什么是个人主义？简言之，就是"自我"和"唯我"主义，亦就是当个人利益和他人利益相互冲突抵触时，会将个人利益摆在最前，积极争取自我的权益。这种观念与我国的儒家思想所主张的"牺牲小我，完成大我"的观念极为不同。

三、着重实质的平等

与个人主义较有关联的观念是主张人生而平等。美国是一个十分讲求法治的国家，所以对于平等的观念也非常重视。具体表现有下列三种：

（一）政治平等

主张每一个人都可参与政治而每人所享有的权利都是一样的，即所谓"一人一票，每票等值"。

（二）法律平等

法律面前人人平等，"天子犯法与庶民同罪"，在美国著名的例子便是尼克松（Richard Nixon）因"水门事件"而辞职下台。如果没有福特（Gerald Ford）的赦免，尼克松可能定罪入狱，人民对于尼克松的判决并没有感到同情或不满。

（三）机会平等

人人都享有一切机会的平等，没有阶级之分，也就是所谓的"立足点平等"。

四、注意民意取向

美国人民在日常生活做决定时，除了养成服从多数决原则之外，对于少数人的意见也十分的尊重，使其权益有公平的诉求机会。这种精神便是植基于"真理是越辩越明"。在美国，日常政治事务的处理也是先经过公开辩论而逐渐形成一股民意。政府非常重视民意，不敢忽略，并且在公共政策的制定下予以具体反应。例如，克林顿（Bill Clinton）总统试图扩大政府职权，推行健保，但不为民众支持，因而造成1994年的中期选举失利，国会沦为共和党统治。这说明了疏忽民意的总统往往得不到人民的拥戴支持。

五、积极的政治参与

依据人民主权的观念，政治参与不仅是人民的权利，而且是人民的义务。政治参与对于美国人民是相当重要的，尤其是在大政府（big government）的时代，人民无法直接参与沟通。何谓政治参与？政治参与我们可将它视为一种意图以各种方法来影响政府政策的行动，亦即人民有权利去参与国家公共事务的活动。学者亨廷顿（S. P. Huntington）与尼尔逊（J. Nelson）则进一步明确指出，只要是冀图影响政府的决策行动，不论其行动是否会产生实际结果皆是政治参与（1976）。此外，政治参与并不局限于依照自身的意志行动而采取的自主参与，即使是被他人动员才参加的活动亦属政治参与。学者维巴和尼（Verba and Nie）曾针对美国人民做过政治参与的活动种类及强度的调查，研究结果（见表3-2）显示参与选举投票是最普遍的政治参与行为，而积极介入政治活动如为候选人募捐成立后援会的政治参与行为则较为罕见（1972：131）。

六、共识型的政治文化

美国的政治文化发展与法国迥然不同。二百多年来美国的政治文化发展表现极为稳定，并未有重大的改变。套用统计学的术语，大多数美国人的价值分配都在常态曲线上的中间地带，而趋于两个极端的比例却相当少（见图3-1A图），显示出美国人对价值行为体系存有很大的基本共识。

从另一个角度而言，大多数的美国人民的意识形态并未有显著的差异，即使执政党的轮替政策取向有所不同（例如，20世纪60年代的激进改革路线，70年代的保守路线，80年代的新保守路线，以及90年代的自由改革路线）。大部分的美国人尤其是中产阶级的政治文化始终能够维持政治稳定的发展，而保存既有政治文化的特质。

表3-2　美国政治参与活动的种类以及强度表

政治参与类型	强度百分比（%）
经常谈论总统选举情况	72
经常谈论地方选举情况	47
积极参与与社区问题有关的某一组织	32
曾与他人合作商讨解决社区问题	30
曾试图动员他人投某方面的票	28
在选举期间曾为某一政党或候选人工作	26
曾经就某一社会问题而与当地政府联系	20
在过去三年内至少参加一次政治会议和群众集会	19
曾经就特殊问题与州政府和联邦政府联系	18
曾经组成团体以解决当地社区问题	14
在选举期间曾为政党和候选人募捐	13
目前正是某一政治俱乐部或组织的成员	8

资料来源：Verba and Nie，1972：131.

在这种政治文化的影响下，各政党候选人为赢取选票所提出的政见都不至于太偏激，以免招致挫败。正因为如此，两大党的党纲非常接近，本质上差异并不大，选民几乎无法明确予以辨别。因果循环之下，选民的选举取向逐渐地以候选人为中心（candidate-center）来替代以往的政党取向。

■ 各州的政治文化特质

由于美国是联邦体制，我们有必要了解不同州的人民因为受到不同的政治文化熏陶而有不同的信仰与态度行为。这些因素将影响人民对于政府的期望与需求，也影响到人民对于政府政策的评估，连带地对于政府可供选择的备选方案发生限制作用。简言之，对于政治体系的运作过程有相当的影响力。

美国有50个州，每一个州都有独立的行政体系，因此所产生的次级政治文化不同。依照伊拉扎（Elazar）的分析，美国国内存在三种类型的次级政治文化：①个人主义型的政治文化（individualistic P. C.）；②道德型的政治文化（moralistic P. C.）；③传统型的政治文化（traditionalistic P. C.）。分述如下：

一、个人主义型的政治文化

个人主义型的政治文化分布于美国的西南部、中西部以及东北部，其中以印第安纳州、伊利诺伊州和宾夕法尼亚州较为明显。其特质是：

1. 主张自由市场观点，认为政府对于经济发展应该减少干预，除了刺激经济景气采取必要措施之外，政府应该充当消极被动的角色。因而对于政治制度主张中央分权，给予地方相当的权限。

2. 对于政党政治的看法，主张应该有竞争性的政党体系，并加强政党的党纪，依此论功行赏分配政府职位。所以对于政治体系主张恩惠制（favor system）。

3. 对于政治参与的态度并不热衷，其认为参与政治只是谋求改善个人的经济状况和提高社会地位，并非真正的图谋众人之福。因此主张由专业化的官僚体系来处理一切政治事务。

二、道德型的政治文化

道德型的政治文化特质主要是分布在美国西部沿岸、中西部、东北部，其中以马萨诸塞州、威斯康星州及俄勒冈三州较为明显。其特质是：

1. 主张国家干预，认为政府应该要扮演积极的角色，关心大众事务，并以集体的行动来改善社区环境。

2. 对于政府的清廉非常重视，所以主张以功绩制（merit system）来晋升用人。

3. 对于政党政治的看法，认为其最大功能只是用来谋求公共福利，除此之外，对于政党政治的活动并不热衷。

4. 对于政治参与，认为具有能力且能提供大众福利的贤能之士都应该采取积极的态度热心参与。

三、传统型的政治文化

传统型的政治文化主要分布在美国南部、西南部以及中西部。其中以亚拉巴马州、密西西比州最为明显。该类型的政治文化综合了上述个人主义型与道德型政治文化的特质。其特质是：

1. 对于社会的阶级观念非常重视，对于政治主张采取精英制，由精英来统筹一切的政治事务，人民并采取高度顺从行为配合政府的政策。

2. 对于政党政治活动，其认为破坏了精英取向的原则，所以认为政党对于日常生活并不是很重要，对政党体制主张一党制。

3. 对政治活动有疏离感并不热衷，主张维持政治现状，非常重视家庭及社会的关系。

4. 对于政治参与的态度是，只鼓励拥有相当能力的人才参与政治，为众人服务。

上述三种次级政治文化遍布于美国 50 个州，因而各州的政治文化不同，美国从而形成了阿尔蒙德及维巴所称的公民文化（civic culture），即社会中的参与政治文化与褊狭、臣属两种政治文化平衡发展，兼容并存。

第五节　日　本

日本在第二次世界大战结束后失去了独立地位。在同盟国的占领下，开始执行一连串的社会政治经济改革措施。同盟国认为，除非日本社会能够予以彻底地改造，否则民主体制将无法生根苗壮。基于此，同盟国执行一些大型的再社会化活动，例如，将天皇虚位化，停止灌输人民崇拜天皇的措施。在学校教育方面，不仅将教育体制予以重新改革，遵循美国模式，并将旧有的教材课本予以重新改写。

这些措施使得日本的政治经济制度有很大改变（如妇女的社会地位提高、工人的工会成立、实施土地改革），其中以实施落实民主政治的《日本国宪法》最显著。日本社会在同盟军占领期间（1945～1952），才有了较高的民主化。

在第六节中，我们将会提及德国政治文化内涵改变得很成功，从20世纪60年代的臣属型文化，70年代的参与型文化，到80年代已是公民文化。经过四十余年的努力，德国人民的政治价值态度已日趋稳定，民主体制深得德国人的支持。反观日本，虽然也建立了民主制度，但是其政治文化变迁过程并不像德国那样顺利。日本已是经济大国，可是它的人民却对其政治体制仍存悲观。日本是个重视团结和谐的社会，何以人民常觉得有不公平竞争的感觉？在本节我们将从下列六项日本政治文化特质来探讨上述问题（Kesselman，et al.，1996：272～276）。

一、崇尚儒家文化及神道

日本亦是深受中国儒家文化影响的国家之一，所以其所具有的行为特质与我国十分相像。其整个社会有阶级之分，人民重视和谐，避免冲突产生，尊重权威，服从法纪。日本在第3世纪封建时代即凭借儒家文化的教义来维持政治秩序和社会关系。

明治维新时代（Meiji Restoration），领导者更运用儒家文化来塑造以天皇为中心的新国家主义。其要旨是强调在天皇的统治之下，整个国家如同一个家庭。因此，人民须勤奋工作，对国家效忠并服从领导。这种观念经由学校及军队两个系统灌输给学生及士兵来巩固天皇地位。

儒家文化的精神也经由神道（Shinto）而发扬光大。经由这两种意识形态的灌输，大部分的日本政治精英及人民都真心崇拜天皇并服从国家主义。战后天皇制虽然已成为虚位制，但是此种家长政治（paternalistic）仍存在于整个日本社会。例如，在企业界，整个公司就好比是国家，是所有员工的认同对象，因此极重视员工的忠诚及奉献精神。这种认同公司目标及员工采取终身制（lifetime employment），是战后日本经济复苏的一大要素。

二、强调共识的社会

日本无论战前或是战后，其政治社会化机构（如家庭、学校、大众媒体）的最大目标是经由集体主义和顺从行为来培养人民的共识精神。学校教育在文部省（the Ministry of Education）管辖之下，对课程内容及教师的资格条件都有详细的规定。制式的课本内容都与国家意识形态相符合，因此教材内寻找不到批判政府政策的内容。在工作场所，企业机关更将学校施行的方式予以扩大或浓缩，主要在学习企业标准知识及体验团体行为。此外，日本虽然信息发达，但是报纸发行量却只有美国的 1/10，德国的 1/2。而且日本报社的立场并非十分客观，其批判的精神就远不如西方国家。探究原因，记者俱乐部的保守作风是一大主因。平时都是将政府的官方说法照单全收，再依政府选定的时机刊载于报上。如果不遵守规定，该报将立即被排除于俱乐部之外，不再允许采访类似新闻。

上述社会化机构所采取的方式，虽然维持了政治稳定及社会和谐，可是也阻止了人民的政治觉醒并扩大了人民的政治疏离感。

三、相互矛盾的二元文化规范

日本人到今日仍如同往昔对于国家的政治体制采取悲观看法。主要是起源于日本两种相互矛盾的文化规范：一是讲求特殊关系（particularistic strain），二是注重团体取向（group centered）规范。

特殊关系顾名思义即是注重人际关系的网络（network），对于熟识的人，在处理事务时额外给予方便、特权或施以恩惠；相反地，团体取向则是强调团体的团结与合作，要求做决策时所有参与者都能依照规范运作达成最后决定。

在小团体里上述两种规范具有互补作用，因而日本存有政党、财阀及官僚体系所形成的三角政治。然而，在大团体里，这两种规范却是互相冲突而引起人们不公平竞争感觉的（Almond and Powell, 1996：340～346）。

四、不公平的竞争

日本虽然极端重视社会共识，然而既讲求特殊关系又重视团体和谐的文化规范却造成人民心里觉得不公平。我们可经由比较美日政治文化不同来加以分析：

1. 日本讲求特殊关系，因此竞争本身就是不公平的。这种特质与美国人所讲求的机会平等具有不同意义。美国是注重立足点的平等和遵守公平竞争的规则，因此每一个人都有赢的机会。相反的，日本即使是讲求公平竞争精神，然而因为立足点的不平等，所以最终结果都是少数既得利益者获胜。

2. 美国人做决定时，大都依循"服从多数尊重少数"的民主精神。然而在日本大多只做到服从多数，而少数人的权益却往往被忽视。由于做决定时过分讲求共识精神，因此"多数决"在日本常给人"多数暴力"的感觉。

3. 在美国形成政策共识的过程中，都鼓励参与者畅所欲言，并允许其动员其他人支持己见。但在日本往往为了形成共识，参与决策的人都克制己见来迎合大众期望。因此，形成了日本社会在表面上显示出团体和谐，然而在深层内部却是充满冲突与竞争。

4. 在美国决策过程大都尽量做到公开透明化，因此决策制定后参与者认为政策具有合法性而愿意接受其结果。在日本由于不公平的竞争且其过程并未透明化，日本人时常质疑决策的合法性，加上日本的政治丑闻不断，所以大部分的日本人对于政治体系都持悲观看法。

五、政治参与高但是情感投入度低

战后的日本，其政治文化已由臣属型转变为参与型。分析其原因有三：

1. 中产阶级人口数目增加

日本现今之劳力人口分布，已由战前 50% 的从事农业人口降低到 10%，中产阶级（包括专业人口及白领阶级）数目相对增加。

2. 教育十分普及

日本的教育制度已由 6 年的国民义务教育延长到 12 年，高中毕业后有 40% 的学生继续升大学接受高等教育。日本人民受教育的程度在世界各国中是相当高的。

3. 大众媒体的广布

日本人喜好阅读，平均每个人阅读书籍、杂志或收看电视节目的时间都位居世界前茅。

这些特质使得日本人在全国性的投票率都接近 70%，远比美、英两国为高。此外，日本人对于政治性质的会议，尤其是与选举有关的集会都热衷参与。然而，一项不可否认的事实是，日本人投票率虽然很高，但是在心里或情感的投入度仍是很低。主要原因是大部分人民觉得政府领导者并未真正体察民意，了解人民需要的是什么，而政府对于财阀所提出的需求总是有求必应。因而一般人民对于政治领导者或政治人物大都持有负面看法。"政治"往往被视为"必要之恶"（necessary evil），更是一个"肮脏的事业"（dirty business），所以小孩长大立志当政治人物的比例非常之低（Almond and Powell，1996：345）。

六、国家在发展过程中扮演重要角色

日本人对于本国的政治体系虽然表示失望甚至悲观态度，然而其政治却也表现得十分稳定。大抵上有两项原因（赖郁君译，1994：第四章）：

1. 人民用选票代替子弹来表达不满。当自民党发生贪污、政治献金丑闻时，人民即用选票予以否决。1993 年自民党失去众议院多数席位即是一例。

2. 人民即使对政党表现不佳失望，但是对民主体制仍具信心。同样的，政府是如何达成经济发展目标的？

（1）由于人民对于政府部门的输入功能不强，所以很少向政府部门提出需求，政府藉此机会将所有的资源应用于发展经济，而不用费心处理人民不同的需求。

（2）政府透过向民间部门提供情报，并长期说服使它采取配合政府的行动（经由许可证的发给或财政补助），如此便可达到诱导民间部门的目的。

由上述可了解，日本经济虽然经历多次急剧变动，但是如果除去外在刺激的过度反应，以及随之而来的国内变动因素，日本的政治经济体系都是可以维持稳定。

第六节　德　国

阿尔蒙德和维巴（Almond and Verba）在《公民文化》（*The Civic Culture*，1965）一书中曾提及西德人民对于政治极端冷漠，有疏离感，所以认为西德文化属于臣属型文化。但是，在不到 30 年间，西德不仅创造了经济奇迹，而且民主政治稳定发展，更重要的是其政治文化已由臣属型转而成为公民文化。对于一个长久深受权威体制影响而没有经历过民主经验的国家而言，我们不禁要探讨西德是如何将其政治文化予以改变的？德国统一后政治文化是否会遭遇困难？如何克服？这些在本节都将予以探讨。一般而言，德国政治文化具有下列七项特质：

一、国民的国家认同感强

西德建立之初，多数的人民均认为它只是一个短暂过渡时期的国家，因此其宪法以《波恩基本法》称之。至于是否应建立新的政治认同，则引起人民激烈的辩论。然而，时日一久，西德人民及政治精英已体认到全德国的统

一将是长久之计。因此,逐渐接受西德的联邦共和国才是他们的国家,而东德的民主共和国则被视为外国。

政府的首要任务便是从事革除纳粹的余毒(denazify)。由于执行彻底,成效显著,人民对于国家分裂前的政治符号(如国旗、国号)已逐渐淡忘。政府另一方面则努力灌输人民对新的政治制度及领导人物的支持与培养新的民族情感。其中成效最显著的是西德人民逐渐感受目前的德国正是历史上最好的时刻,人民以身为德国人为荣。以往对于希特勒或帝国的盲目效忠及民族情感已日渐减低。

二、自由民主观念的灌输

在第二章中,我们提及第一次世界大战后,德国皇帝退位,并建立了德国的第一个民主政体(亦即魏玛共和国)。然而,魏玛共和国时期(1919~1933)所实行的宪法本身存有许多结构上的缺陷,致使德国人民对民主共和政体缺乏信心和好感。为了避免西德人民对日耳曼民族有过分的迷惘,西德政府对于民主观念的工作积极进行。西德政府利用德国传统文化中人民对法律原则的顺从行为,明文规定了权威关系及政治规范。除了在新宪法中将民主政治及联邦体制定为永远不可改变的原则,亦加强民主程序为人民必须遵守的制度,权利与义务也遵循法律规定。20世纪60年代,西德人民对于民主政治的政府是最好的政府已有了共识。直到今天德国统一,几乎所有的德国人都满意于民主政治的表现,对于遵守民主程序的观念已养成习惯。

三、政治社会化的彻底实行

西德加强国家观念认同及灌输民主观念的目标都是经由政治社会化过程完成的,它不仅使西德突破了过去的社会形态,而且在社会化的内涵上有戏剧性的改变,使它最终能从权威体制顺利转型为民主政体。与美国、法国家庭教育最大的不同点是,在西德家庭,父母及子女几乎是同时学习新的政治规范,而且父母亦将他们终身所获得的政治态度价值传递给子女,因此西德子女在家庭里深受父母的政治影响。

学校的教育制度在西德政治文化的再塑造过程亦扮演了重要角色。在公民教育课程中,特别加强了在民主过程中冲突解决方式、尊重少数权利以及如何评估民主政治的优劣。这些再教育使得学生在初入社会之前已具备民主程序的素养。

德国政治社会化实行得如此彻底,另一项因素是报纸发行量及电视频道甚多。几乎每份报纸都提供版面作为民众对政府政策看法的园地，而各电视频道亦有节目使民众有机会与政府官员一起面对面讨论政策议题。这些新闻媒体最大的特色是不受限于政党意识形态的影响，只要合乎民主原则、保持客观中立，任何政党均可藉由媒体宣扬它的政见。

四、积极的政治参与

德国人民的积极政治参与使人印象深刻，令人觉得德国人参与政治不仅是一种义务，更是一种对民主的承诺。德国除了历年的投票率都相当高之外，人民的积极参与亦值得讨论。在观念上，德国人民表现出对民主政治的信心与支持。在行动上，一般民众与政府精英都具有遵守民主程序的共识。一般人民除了积极参与政策意见表达之外，亦运用各种正式及非正式的管道与政府精英随时进行对话互动。德国绿党（the Greens）更强调"草根性的民主"（grassroots democracy），即一般人民的民主参与。统一后的政党，如共和党（Republikaner）及民主社会主义党（PDS）亦具有与绿党相似的性质。在1989 年柏林议会选举中，这些党的诉求都以人民的利益为出发点，因此选举中得到不少选票，这使得其他传统政党亦开始改变策略，注重与一般选民有关的生活问题解决，政治精英的态度也与以往不同。魏玛共和时期，虽然制定了民主宪法，但由于无法得到精英支持，终致无疾而终，也引导了希特勒帝国的产生。西德政府有鉴于此，领导阶层从一开始就设法改变精英取向，将原有极端的政党予以解散重组。此外，也积极培养精英对政府政策的共识（Conradt，1993：54～57）。

五、价值观的改变

学者英格莱哈特（R. Inglehart）在《文化变迁》（The Culture Shift）一书中提出，德国战后出生的人民其价值观念与老一辈的德国人有明显的不同。老一辈的人因长期接受威权统治及处于经济匮乏状态，极为重视国家安全、法律与秩序和物质生活的满足。年轻的一代则由于生活在国家安定、经济富裕的时代，且在民主政治环境下长成，并非极端重视物质生活。相反的，他们认为自我表达、社会平等及自我追求才是重要的。年轻人持有的价值观念，英格莱哈特以"后物质主义"（postmateriaterialism）来加以形容。研究显示，持有后物质主义的人大部分是年轻人且受过高等教育（1990）。

随着后物质主义的兴起，人们的价值观及行为亦有所改变。最显著的是人们开始批评政府的政策及提倡新主义。他们认为政府不应该一味追求经济成长，而忽略了生活质量改善及环境生态保护。这股力量的学者以"新政治"（new politics）称之，最有代表性的便是绿党。

六、排外情绪高涨

德国对于外籍劳工，在开始引进时都抱持欢迎的态度，不称"外籍劳工"（foreign worker）而以"劳工客人"（guest worker）称之。然而，当外籍劳工数目一多，经济不景气时造成德国人失业率升高、生活负担增加，排斥外劳的现象日益显著。20 世纪 90 年代极右翼纳粹势力兴起，反种族及反移民的暴力事件也层出不穷，对于合法移民而欲取得国籍者亦是百般刁难。不仅如此，对于寻求政治庇护者亦都加以排斥拒绝，这些行为使得德国的民主国家形象遭到质疑（Roskin，1989：192～193）。

七、统一后政治文化的差异仍然很大

东西德在 1990 年统一，虽然德东人及德西人都有共同的语言、历史背景以及向往民主的生活方式。然而，经过 40 年的分隔，他们的政治文化差异仍是很明显的（Almond and Powell，1996：286～287）：

1. 支持政治的基础不同

两者虽然支持民主政治，然而其支持的基础不同；德西人在政治社会化过程中已学会并体认到民主政治是最好的政治，而德东人较强调经济表现，并以此作为评判民主政治好坏的依据。

2. 政治认同有差异

两者时常在言语行为之间互相轻视对方。德西人视德东人为来自经济落后的地区，将其视为次等国民不齿为伍。而德东人视德西人过于本位主义，并讥笑其为物质的奴隶。这种心态上的不协调，以至于两者间的互动情形甚少，而部分德东人仍未将地区性的认同发展成国家认同。

3. 两者对于国家功能看法不同

德东人虽然支持德西人的资本主义，但在遇到失业及工作竞争压力过大时，仍不免怀念东德时期的共产主义，由国家来统筹一切提供服务并指导国家发展。

4. 政治理念实现方式不同

两者对于民主政治理念最大的差异是如何将其具体化。德东人选出的议员虽然口中支持人民的政治权利，然而在遇到人民抗争或示威时，其处理的方式似乎不是本着人民主权至上的观点。

5. 价值观的差异

德东人与德西人的另一项冲突是物质主义与后物质主义的差异。德东人的价值观仍是在追求物质生活的满足，德西人是在追求生活质量的改善。两者对于经济发展与环境保护孰轻孰重上即有很大的争论。德国政府是否能够顺利地将两种不同价值观的德国人融合在一个国家，将影响未来德国的命运及发展的路线。

第七节　俄　国

俄国在 20 世纪共经历了两次革命大暴动：一次是在 20 年代俄国人民推翻了沙皇（Tsarist）专制建立了苏维埃政权。然而，在共产主义统治之下，整个社会经济制度都被摧毁，传统的宗教被禁止，特权阶级制度被破坏，地主的土地以及资本家的资产都被没收，并没带来人们预想的结果。另一场革命是发生在 90 年代，信仰共产主义的旧苏维埃政权被主张民主主义及尊重市场力量的新俄罗斯所瓦解。

前已提及，政治文化有一个特质便是有持续性，即使是国家遭遇了政治、社会剧变。在本节探讨俄国的政治文化，发现沙皇时代的保守传统思想对于现今的俄罗斯仍有显著的影响。例如，在经济、政治以及意识形态上处处可见到国家的影响，而自由主义、个人主义、私有化的市场观念仍是非常的单薄。严格来讲，因俄罗斯的国家体质仍在形成中，所以其政治文化也是处在转型过程中，并未明确的具备民主国家的政治文化特质。虽然如此，我们仍可从下列六点来探讨俄罗斯的政治文化特质：

一、重视个人权威的统治

俄国仿效美国实行三权分立制度：行政由"俄罗斯联邦政府"负责执行，司法则由联邦法院负责，立法则由联邦会议负责。然而，俄国的政治传承向来就有个人权威统治的情形（如沙皇与苏共），因而新宪法给予了总统极大的权力。例如：

1. 总统不曾因为决策的错误而遭到国会的罢免或宪法法院的指控。

2. 总统拥有广泛的行政权、人事权、军事权、立法权，特别是总统可以不须经过国会的同意就可以透过安全会议发布紧急状态和动员令。

3. 总统对于联邦法院的人选拥有具有影响力的人事建议权。

总统权力的增加，似乎与民主政治所主张的"多数统治原则"、"政治自由"以及"尊重反对者权利"的精神相违背（许湘涛，1996）。

二、民主观念尚未建立

俄国经过70年的共产党统治，深受马克思-列宁主义的影响。即使俄国在成为独立国家之后，旧有的思想尚未褪色，而人民对于新的政治制度尚未完全认知以及接受，因此民主的观念尚未完全建立。一项研究调查（Richard Rose）显示，大部分的俄国人都支持民主体制，然而对于俄罗斯政府所推行的民主改革措施极端不满，且对于叶利钦政府是否有能力建立民主体制并不具有很高的信心（1994年）。

就俄罗斯人民及政治精英而言，由于与外界隔离太久，对于西方的民主国家思想及理论都必须从头学习了解。民众与政治领导者对于国家的认知要求存在不同的看法和意见，这也是导致国家政争不断的原因之一。最明显的是俄罗斯政府仍受分离主义的纷扰，不仅来自各共和国，各省及边区也都纷纷提出独立要求（王承宗，1995）。

三、政治社会化的重新开始

政治社会化过程对于一国人民的政治取向和行为模式均具有相当的影响力。由于担心社会产生反政府的运动，俄罗斯沿袭苏联时代的控制意识形态手段，由国家来主导一切政治社会化工作。威权统治国家有一个传统，每一位新领导者上任后，首先做的便是抬出马列教条以便使自己的政策合法化。事后也证明了马列教条对于政党领导人提倡自己的喜好及意识形态很有帮助。然而，这也是造成俄罗斯人民民主观念无法建立的一大障碍。在苏联时代大众媒体教育制度以及其他的社会化机构的主要功能是宣传政党的政治价值。戈尔巴乔夫执政的晚期，虽然实行了开放改革措施（glasnost campaign），这些机构都被赋予相当的自主权，不再只是扮演官方意识形态的代言人，然而与西方的政治社会化仍有一段距离。

家庭教育在苏共时代都是由父母来灌输子女共产主义，培养他们对政党及领导者效忠，坚持信仰社会主义。然而，由于家庭在实际生活里仍培养子女一些异于官方意识形态的价值体系，加之独立之后所推行的民主改革措施，家庭的民主化教育正在重建中，学校的课程安排亦是政党加强政治教条的场所。苏联解体后，学校开始教导学生认识民主制度。随着学校的教育课程改革，时日一久，人民的教育程度愈高，也将愈能接受自由民主的价值及原则。

大众媒体也受到严格的控制。例如，出版业可以出版不同于政党意见的书籍，然而一些人为的限制使其功能未能完全发挥。例如，①财务上的困扰使其生存受到威胁。由于一般俄国人并未有额外的预算购买大量的书籍报纸，因此市场有限，是否有足够的经费维持经营仍是问题。②公平竞争的环境并不存在。一些倡议反动思想的杂志社时常被列为侦查的对象，影响其经营空间。③政府施加压力。政府时常要求他们报道有利于政府政策的新闻。由于主要的媒体都接受政府的补助，所以他们照章行事。对于其他未受补助者，则用税金政策加以施压（Kesselman，1996：348～350）。

此外，对于新闻报道也采取干预的态度。电视台播送的新闻必须符合国家的意识形态，凡是与国家立场相冲突的行为皆被严格控制。这些措施虽然使国家有效控制整个社会，然而人民的政治觉醒也相对地较其他民主国家落后（叶自成，1997：42～50）。

四、缺少三权分立的实质精神

俄罗斯联邦虽然实行联邦制，然而并未具有美国、德国的联邦分权精神。依宪法规定来看，地方一切的权力都集中在中央行政部门手中，各联邦主体的行政首长都由中央所指派。例如，省和边区的行政首长都由总统派任，并非由选民直接选举，尽管省和边区的议会代表是由人民选举所产生。

另一方面，为了避免地方分离主义高涨，俄国也采取了怀柔高压政策给予各共和国相当的自主权，包括：①采用双重国语；②各共和国拥有自己的宪法和国格，享有充分的经济自主权；③上缴联邦的税赋比地方行政区域少；④准许各共和国与外国签订条约。

五、新宪法同时具有资本主义与社会主义的精神

新宪法中的内容主要是参考美国和英国的宪政精神制定而成，主张多党政治，人民有充分的自由与人权，尊重私有财产的隐私权。试图将旧有的国家意识形态予以改变，采取西方的资本主义观念。但是，在宪法中却又保存了一些社会主义的传统，如免费的教育、医疗等权利。依照俄罗斯政府的观念，国家只是提供有限且必要的医疗服务，不再是苏联时代的全民健保。由于俄罗斯政府改变了社会政策，但却又无力承当社会的负担，引起了人民的不满，而用选票加以表示。1993年国会选举左派政党的票数远多于亲叶利钦的右派政党票数，同样的，叶利钦在1996年总统大选时也是经过第二轮投票之后才得以连任，这些都代表人民对于国家政策以及社会生活的不满。

六、族群之间的不和谐

俄罗斯自从实施经济重建（perestroikal）和开放改革措施之后，社会之中产生了许多冲突。例如，雅库特族人人口仅占共和国总人口不到 5%，但是占全国公职人员的比例高达 10%。俄罗斯族人口虽多，但其公职人口比例不高，深觉其权益受损。为了维护他们本身的利益，这些族群时常发生冲突，排斥外族的情形日益严重。此外，其他共和国如车臣（Checheno）和鞑靼（Tatarstan），因为民族主义的兴起也要求独立。此种情形下俄国不仅在其共和国内而且在其他共和国都随时有发生暴动的可能（王承宗，1995）。

由上述分析可知，俄国人民都普遍支持民主体制及价值。俄罗斯政府虽然也建立了民主体制，然而在实际的政治运作中却维持威权统治的方式，和西方的民主政治与规范不相符合，因此对于民主政治文化的建立仍有困难存在。然而，正如托克维尔（Alexis de Tocqueville）所言，"对于一个坏政府而言，最危险的时机便是在它开始改革的时候"（1954：46）。从俄罗斯 1993 年、1995 年、1996 年、1999 年、2000 年五次全国性大选投票结果观察到，左右两翼在后苏联时期突起、民族主义及大俄罗斯主义抬头，凸显俄罗斯传统政治文化的矛盾特质、传统俄罗斯民族精神仍深植人心。虽然俄国的民主改革过程充满困难，但是随着人民教育程度的提高、国民所得的增加和都市化程度的加深，俄国民主改革成功之日仍指日可待。

第四章　国会制度

第一节　涵　义

多数国家均设有国会（即立法部门），它是由民选的议员所组成的，其主要任务是反映民意和监督行政机关。各国因为政治体制不同，其国会运作也受到政治环境影响，因而其表现不同。从"政策"的观点言，国会是民意机关，要像一面镜子，忠实地反映民意，让政策的制定遵循民意，受到民意的监督控制，并满足民意需求。美国耶鲁大学教授林德布洛姆（Charles E. Lindblom）认为国会就是在表达民意："让政府有所遵循，以解决民众所要解决的问题，并符合民意所要解决的情形。"

各国的国会在此方面不尽相同，英国、日本、俄国的国会是"国家最高权力机关"，英国甚至标榜"国会至上"，美国、法国的国会则是"最高立法机关"，而日本又标榜"唯一立法机关"。然而，在复杂的社会里，如何确实反映民意？由一个机关（一院制）？两个机关（两院制）？三个机关（多院制）？哪一种较能反映民意呢？英、德、美、法、日、俄六国均属两院制，国会分为上、下议院分别开会。双方决议一致时方成为整个议会的决议。事实上，两院制与一院制各有其优缺点。

一、主张两院制的理由

1. 在两院制中，法案须经两个机关讨论，故可减少立法的草率与武断，而能够慎重审议出决定。

2. 上议院代表社会的保守势力，下议院则代表社会的革新势力，如此可调和社会紧张形势而收渐进改革之效。

二、主张一院制的理由

1. 理论上，议会代表国民，国民对于同一问题不能同时存有两种不同意见，所以代表国民的议会亦只能有一个。

2. 实际上，在两院制通过法案必定浪费时间，一旦两院对法案发生歧见，则一切立法过程必定延搁。

两院制因各有代表所以较能反映民意，尽到监督政府的职责，故其功能较一院制为佳。多数国家亦多采两院制，例如，英国贵族院代表保守势力，平民院代表新生势力，犹如袋鼠之前后脚，保守和革新力量相互均衡配合；法国参议院代表各省，国民议会代表全国；德国参议院代表各邦，联邦议会代表联邦；日本参议院代表大的选区，众议院代表小的选区；俄国联邦院代表联邦各主体，国家杜马代表联邦。然而，他们的成员如何产生以表现其特色？任期多久？人数多少？是否全部改选，或分期分批改选？为什么？议长如何产生？是否有委员会的设立以求专业分工？各国国会有何职权？如何立法？如何审查预算？如何要求政府向国会负责，要政府的政策制定遵循国会的意见？如何兼顾民主与效能？是否有质询权？是否有倒阁权？各国有何不同？在立法过程中，各国立法过程有何差异？为什么？以上均是本章探讨国会制度最重要的比较项。

第二节　国会组成

■英国

国会（Parliament，音译巴力门）由两院组成：贵族院（上议院）与平民院（下议院）。

一、贵族院（House of Lords）

（一）构成分子

1. 神职贵族（Lords Spiritual）：26 人，包括 2 位总主教（archbishops）以及 24 位英格兰教会主教，负责宗教、礼俗、仪式等事宜，如英王登基要由总主教主持加冕仪式等。

2. 世袭贵族（Hereditary Peers）：92 人，依 1999 年《贵族院法》（the House of Lords Act 1999）分三类：第一类由世袭贵族选出 75 人；第二类由贵族院全体贵族选出担任行政职务之贵族 15 人；第三类皇室贵族 2 人。

3. **终身贵族**（Life Peers）：645 人，依 1958 年及 1963 年《终身贵族法》（Act of Life Peerage），部分原世袭贵族名位及身而止，不再世袭，截至 2001 年 1 月的资料，一共 645 人（The Stateman's Yearbook，2002：1616）。

4. **法学贵族**（Lords of Appeal；Law Lords）：在职者 9 人，英国之贵族院为国家最高司法机关，掌理上诉法院所提送之上诉审判案件，因此须有法学权威之法学贵族。法官为终身职，截至 2001 年 1 月的资料，含 9 位在职者及 19 位优遇者（The Stateman's Yearbook，2002：1616）。

（二）议长

上议院以大法官（Lord High Chancellor）为议长。大法官依首相（总理大臣）的推荐，由国王任命之。其人必为法律专家，惟不以出身于贵族者为限。但依常例，一旦就任，均由国王封为贵族。名义上，大法官为议长，但其实权甚小，如讨论的顺序或议员发言的允许均由议院决定，并非议长决定。

上议院每星期开会 4 次，即于星期一到星期四下午 4：30 开会，6：30 散会，每次开会，出席人数均寥寥无几，除非讨论重要问题，近千人议员中，经常出席的人数不及三四十人。据《议事细则》规定，凡有议员 3 人出席就可开会，而有 30 人出席就可议决一切法案。

（三）委员会

一般国家（如美、法）之各委员会是依法案性质来区分的。如外交、国防、财政等委员会；英国国会委员会非依照议案性质区分，只是分成数个委员会，每个委员会都负责审查各种议案。

1. **特别委员会**：因应特别议案而成立之委员会。议案完成审查，委员会即撤除。

2. **会期委员会**：于每会期成立，专门处理固定、专有之事务的委员会。

3. **全院委员会**（The Committee of the Whole）：由本院之所有议员为其委员，其议程较不严谨，仅探讨宪法及审议有关财政预算。

二、平民院（House of Commons）

（一）人数

平民院议员的人数并非固定，以每 10 年人口审查重新调整选区为原则，目前为 646（2005 年）位议员。因苏格兰选区减少 13 人，由上届 659 人减为 646 人。

（二）候选人资格

候选人须为英国人民，年龄满 21 岁，且在编制选举人名册（每年 10 月）以前继续 3 个月以上住在同一选区之内。

（三）方式

英国平民院议员之选举采"单一（小）选区制"，将全国对分为 659 个选区，每一选区选举议员一人（单一选区最高得票者当选制）。

（四）任期

平民院议员任期 5 年，但得随时解散、改选。2005 年 5 月 5 日选举结果见表 4-1。

（五）议长

下议院的议长（Speaker）由下议院议员选举，经英王批准后就职。其人系属于多数党，惟当选为议长之后必须脱离党派关系，以示其公平无私的立场，符合中立议长制。倘遇国会解散，其人可以在无竞争情形下在其选区当选为议员。若愿再为议长，院内各党必共同推举之。议长主持会议，决定议员发言的次序，并得拒绝议员的提案及维持院内秩序。议长为保持公平的立场，不参加讨论，而除正反同数之外，亦不参加表决。下议院没有副议长，议长因故缺席，由院内之筹款委员会委员长代理。

表 4-1　英国 2005 年 5 月 5 日平民院选举结果表

政党	选前席次	选后席次	增减
保守党	165	198	+33
工党	403	356	-47
自由民主党	51	62	+11
其他	40	30	-3
总结	659	646	-13

资料来源：http：//en. wikipedia, org/wiki/united_ kingdom_ general_ election, _ 2005.

下议院每星期开会 5 次，星期一到星期四下午 2：45 开会，11：30 散会，星期五上午 11：00 开会，下午 4：30 散会。但有特别必要者，星期六及星期日亦加开院会。议员总数 659 人，凡有 48 人出席，就可开会，议决一切法案。

国会两院每年于 10 月底 11 月初开会，至圣诞节停会，翌年 1 月底 2 月初又开会，至 7 月底 8 月初闭会。两院须同时开会，同时闭会，凡遇下议院解散，上议院亦须停会。上议院常为司法机关，执行最高审判权，此时诉讼手续若未完结而下议院又值解散或闭会者，上议院可由英王下令单独开会，惟上议院只能行使审判权。

（六）委员会有下列六种

1. 常设委员会（Standing Committee）：系一混合性组织，包括各党派之议员，其工作则在审查议长所交议的案件，并无特定的范围，自有平民院以来即有常设委员会的设置。目前有四个委员会负责事务，各委员会之主席是由议长指派，一旦成立直到国会改选为止。

政府有许多重要议案均由院会交付委员会加以审查，委员会不得予以搁置（美国则例外）。此一委员会为贵族院中所没有。

2. 特别委员会：因应特别议案而成立之委员会。议案完成审查，委员会即撤除，如决算委员会及支出委员会与临时特别委员会。

3. 会期委员会：于每会期成立，专门处理会议期间固定、专有事务的委员会，如审查请愿书者。

4. 选任委员会：各委员会之干部人选（担任常设委员会之召集人）均由选任委员会来决定、安排。

5. 联合委员会：当平民院与贵族院有争议时，各推派代表组成委员会，担任排解纠纷、协调及沟通的工作。

6. 全院委员会（the Committee of the Whole）：平民院所有议员均为全院委员会之委员；议程较不严谨，仅探讨宪法及审议有关财政预算案。依英国国会之惯例，议院大会因审查财政法案或其他重要议案得随时改开全院委员会。

表4-2　英国全院委员会与平民院院会特质之比较表

全院委员会	平民院院会
委员会性质（在二读会后举行）	大会性质（在大会举行一读会、二读会、三读会）
由筹款委员会主席（chairman）担任主席，且就书记长席及将权标放置桌底，以示院会停止	由议长（Speaker）担任主席
发言次数不受限制，讨论不得以"即付表决"（the previous question）的动议方式终止，任何事项经表决者易于复议等	议程较为严谨、刻板、形式化，有一定规程限制，属大会性质，议长严格执行议程规则
将议案审查完结时，应结束且立即向院会提出报告	议长重开院会听取报告，且接受委员会建议之决议

■法国

一、参议院

（一）参议员人数

法国参议员人数为 321 人。候选资格年龄至少 35 岁。法国有 100 个省，每省至少产生议员 1 名，人口在 154 000 人以上者，每增加 250 000 人则增加 1 名。

（二）选举方式

以各选区中的民意代表间接选举产生（Elgie，2003：154）。应确保共和国所属各行政区域之代表性；居住本国境外之本国人民，得选出代表参加之（《法国宪法》第 24 条），本土 304 人，海外属地 5 人，侨居国外国民 12 人。

（三）任期

参议院议员任期 9 年。每 3 年改选 1/3 人数。

（四）议长

议长每 3 年改选之。在 1/3 议员改选后改选之。议长于政治与行政职务上具有举足轻重的分量，且在总统出缺时，其职务由参议院议长代理。

（五）秘书处

秘书处为国会所有组织与运作之核心。其职责为安排国会议程、讨论事项与方式以及一般重要之行政工作。其成员包括三类：

1. 会计主任：设 3 位会计主任（即是由国会议员兼任），负责院内之财务、经费收支之业务。

2. 秘书：设 8 名，以负责投票、验票、计票工作。

3. 政团：根据国会两院组织法规定，参议院各党须有 15 席以上方能正式组成政团（political group），自 1989 年 9 月改选后，参议院有 6 个政团，分别为右派共和联盟、中间联盟、社会党、独立共和联盟、民主联盟、共产党。

（六）常设委员会

常设委员会有经济与建设委员会、文化委员会、社会委员会、军事国防与外交委员会、财政与预算委员会以及行政与法制委员会。宪法规定常设委员会数目不得超过六个（《法国宪法》第 43 条）。

国会委员会的最主要工作就是在法案尚未提交国会公开讨论之前加以审议或提出修正意见，在必要时方可举行听证会。不过，不论委员会是如何审议或提出意见，最重要的是任何法案皆须经由国会讨论表决后始可成立，这也是法国国会两院所拥有的两项基本职权（立法与监督权）之一。

二、国民议会

（一）议员人数：577 人。

（二）选举方式

国民议会依两轮制先后选举出。其方式是将全国分为 577 个小选区，依两轮多数决之选举制度选出。第一回于周日举行，各区候选人须获总投票数过半数者方为当选，如无人当选，其获总选民数之 12.5% 可参加下个周日所举行之第二回投票，以各选区中候选人最高票者当选。

（三）任期

国民议会任期 5 年；但得随时解散改选。最近一次改选在 2007 年 6 月 9 日举行第一轮，6 月 16 日举行第二轮投票。其结果见表 4-3。

表 4-3　法国 2007 年 6 月国民议会选举结果表

人民运动联盟（UMP）	313 席
欧洲社会自由党（NC）	22 席
其他右派政党	10 席
社会党	186 席
共产党	15 席
绿党	4 席
其他左派政党	22 席
其他	5 席

资料来源：http：//en. wikipedia. org/wiki/National_ Assembly_ of_ France.

（四）议长

议长由议员相互选之，其任期与国民议会议员任期相同。

议长在政治及行政职务上占有举足轻重之分量。总统在解散国民议会或宣布紧急处分时期（《法国宪法》第 16 条）之前必须先征询议长之意见。再者，和总统一样，议长亦可任命 3 位宪法委员会委员（《法国宪法》第 56 条）。同时两院议长有权将通过之法案提请宪法委员会就其合宪性加以解释（《法国宪法》第 61 条）。

（五）国会秘书处

为国会所有组织与运作的核心。它负责安排国会的议程、讨论事项与方式以及一般重要的行政工作。大体上，秘书处包括三类人员：

1. 副议长：国民议会设副议长 6 名。为增加其功能性及代表性，通常副议长皆为来自各重要政团之代表。其主要任务为代理议长主持会议。

2. 会计主任：设有 3 位会计主任（即国会议员兼任），负责国民议会之财务、经费收支之业务。

3. 秘书：国民议会设有 12 名秘书，主要负责投票、验票、计票工作。

（六）政团

政团就是将政治色彩相同的议员组成一个单位团体，一方面反映民意与代表性，另一方面亦有利于国会事务之推行。根据国会两院组织法之规定，国民议会各党须有 27 人方能正式成为政团，原规定为 30 人。1988 年 6 月后改为 27 人。目前国民议会共有 4 个政团，分别是右派执政联盟、极右派、左派在野联盟及独立人士。

（七）委员会

《第五共和国宪法》第 43 条特别规定国会常设委员会不得超过 6 个。目前国民议会中之六个常设委员会为：社会家庭及文化委员会、外交委员会、军事与国防委员会、财经与建设委员会、行政与法制委员会以及交流与生产委员会。其成员依委员会所有名额、政团之比例及议员意愿组合而成。

三、主席会议（the Conference of Presidents）

（一）组成分子

1. 议长。

2. 6 位副议长。

3. 6 位常设委员会主席。

4. 政团之领袖：在国民议会拥有 27 席议员（1988 年以前为 30 席）之政党或政党联盟方能成为"被承认的政团"，其领袖方能成为主席会议之成员。

（二）该项会议早在第三共和国初期就已成立

会议是每周召开一次，其主要任务为协调各方意见、安排审议法案之优先级别及讨论方式。

四、两院联席会议

第五共和国宪法为避免国会两院因缺乏共识导致穿梭立法耗费时日，因而规定，在两院皆完成二读而仍无共识的情况下（或是经由两院一读后由政府宣告为紧急事件），总理可以召集成立两院联席委员会，对于争议条文提出对案，联席委员会系由 7 位国民议会议员与 7 位参议员依政党比例产生而组成。联席委员会在提出对案之后，必须送交对案给两院认可，如果联席委员会无法达成协议且无法提出对案，则政府得要求国民议会做最后的决定。（刘淑惠，1994，《法国宪法》第 45 条）

■ 美国

一、参议院

（一）参议员人数

美国参议院人数为 100 人。每州 2 人，50 州共 100 人。

（二）资格限制

（1）年龄至少为 30 岁。

（2）须具有美国公民 9 年之资格。

（三）选举方式

以州为选区，每州每次改选 1 人。

（四）任期

参议员任期固定为 6 年。每 2 年改选 1/3。参议员出缺得依该州法律规定，由州长指派。最近一次改选是在 2009 年 11 月，由共和党掌握参议院，见表 4-4。

表 4-4　美国参议院控制权及席次表（1953～2009）

届数	年　份	民主党席次	共和党席次	其　他	总统政党
83	1953～1955	47	48	1	共和党
84	1955～1957	48	47	1	共和党
85	1957～1959	49	47		共和党
86	1959～1961	64	34		共和党
87	1961～1963	65	35		民主党
88	1963～1965	67	33		民主党
89	1965～1967	68	32		民主党

届数	年　份	民主党席次	共和党席次	其　他	总统政党
90	1967～1969	64	36		民主党
91	1969～1971	57	43		共和党
92	1971～1973	54	44	2	共和党
93	1973～1975	59	72	2	共和党
94	1975～1977	60	37	2	共和党
95	1977～1979	61	38	1	民主党
96	1979～1981	58	41	1	民主党
97	1981～1983	46	53	1	共和党
98	1983～1985	46	54		共和党
99	1985～1987	47	53		共和党
100	1987～1989	55	45		共和党
101	1989～1991	55	45		共和党
102	1991～1993	56	44		共和党
103	1993～1995	57	46		民主党
104	1995～1997	47	53		民主党
105	1997～1999	45	55		民主党
106	1999～2001	46	54		民主党
107	2001～2003	49	50	1	共和党
108	2003～2005	46	51	3	共和党
109	2005～2007	44	55	1	共和党
110	2007～2009	49	49	2	共和党
111	2009～2011	55	41	2	民主党

资料来源：http：//www.senate.gov.

（五）议长

　　美国副总统依宪法规定兼任国会参议院院长。他是院会的主席，以公正超然的地位主持院会及院务，并不完全代表政党立场，只有在正反票数相同时，院长才参加表决。院长的用人权力是有限的。院长出缺时，由政党党团会议提名，院会选举临时院长。如总统、副总统、众议院议长因死亡或他故不能行使总统职权时，由临时院长继任为总统。

（六）委员会大致可分为两大类

1. 常设委员会

参议院设置有 16 个委员会。委员会委员由院会选举之。院会系依政党提名举行选举。委员会的主席均由参议院中多数党的资深议员担任。委员会主席的选任在参议院亦同样地注重年资或年龄。在近届的国会中，有 9 个委员会系由南方参议员担任主席。主席年龄有高至 70 岁和 80 岁以上者。委员会的人数多寡不等，少者 10 人，多者 23 人。每一参议员限定参加两个委员会。参议院中重要的委员会是拨款委员会（Appropriations Committee）、国防委员会（Armed Services Committee）、银行住宅都市委员会（Banking, Housing, and Urban Affairs）、预算委员会（Budget Committee）、财政委员会（Finance Committee）、外交委员会（Foreign Relations Committee）及司法委员会（Judiciary Committee）。

国会两院的委员会为了审议议案得设置小组委员会（subcommittee）。参议院中经提出的议案由院长分别交付有关委员会审查。委员会审查议案有权邀约有关人员列席备询或提出报告。委员会审查的议案有的通过或修正提报院会，有的则搁置不予审议。各委员会集会皆有定期，不过拨款委员会的集会则由主席依需要召开，并不定期。

2. 特别委员会

参议院亦同众议院一样，依决议得设置选任委员会或特别委员会。特别委员会的委员不由院会选举，而由院长指派。参议院的调查委员会较众议院更为重要与著名。参议院的调查委员会所主持的著名调查，有杜鲁门主持的战时利润调查，吉发文（Kefauven）主持的犯罪调查、茶壶大厦（Tea-pot Dome）调查及军人调查等。

二、众议院

（一）人数

众议院议员人数为 435 人（1929 年议席分配法定额为 435 人）。众议员人数依每十年一次人口普查分配之。

（二）资格限制

（1）年龄为 25 岁。

（2）须具有美国公民身份 7 年以上之资格。

（三）选举方式

将全国划分为 435 个选区，每一选区以获最高票者当选。

（四）任期

众议院议员任期为 2 年。众议员出缺由该州举行特别选举递补之。2004年的改选由共和党掌握众议院，见表4-5。

表 4-5　美国众议院控制权及席次表（1953～2009）

届数	年　份	民主党席次	共和党席次	其　他	总统政党
83	1953～1955	211	221		共和党
84	1955～1957	232	203		共和党
85	1957～1959	233	200		共和党
86	1959～1961	283	153		共和党
87	1961～1963	263	174		民主党
88	1963～1965	258	177		民主党
89	1965～1967	295	140		民主党
90	1967～1969	247	187		民主党
91	1969～1971	243	192		共和党
92	1971～1973	254	180		共和党
93	1973～1975	239	192	1	共和党
94	1975～1977	291	144		共和党
95	1977～1979	292	143		民主党
96	1979～1981	276	157		民主党
97	1981～1983	243	192		共和党
98	1983～1985	269	166		共和党
99	1985～1987	253	182		共和党
100	1987～1989	258	177		共和党
101	1989～1991	260	175		共和党
102	1991～1993	276	167		共和党
103	1993～1995	259	175		民主党

续表

届数	年　份	民主党席次	共和党席次	其　他	总统政党
104	1995～1997	198	236	1	民主党
105	1997～1999	207	227	1	民主党
106	1999～2001	210	223	2	民主党
107	2001～2003	212	221	2	共和党
108	2003～2005	204	226	5	共和党
109	2005～2007	200	231	4	共和党
110	2007～2009	233	202	0	共和党
111	2009～2011	256	178	1	民主党

资料来源：http：//www. house. gov.

（五）议长

每届国会成立之初，众议院议员自行选举其议长（Speaker）。两党各自提出其议长候选人，提交院会选举之。宪法虽无规定，但事实上，议长必须是议员。议长所需要的条件是年资深、声望高、背景强、势力雄厚。如果议长所属的政党仍能维持其多数的地位，连选连任是不成问题的。假使美国的总统、副总统因故死亡或不能视事时，众议院议长得代行总统职务。

20世纪以来，众议院中多数党及少数党各有其议场领袖，这是议会中的正式职位。议场领袖是各党议场事务的总经理或指挥人，与议长取得联络与工作，控制议事的进行。如果多数党的议场领袖与总统系同一党，他同时是政府行政的发言人，其权限为：维持院内秩序、主持会议进行、任命临时委员会和协议委员会的委员、签名法案及决议案、表决时若正反同数票时参加投票。

（六）委员会

1. 常设委员会

常设委员会在法案的审议上有极重要的地位。众议院计有23个委员会。委员会的委员人数，最少者9人，最多者54人，平均约27人。众议院限定一人只参加一个委员会。较重要的委员会是：程序委员会（Committee on Rules）、筹款委员会（Committee on Ways and Means）、拨款委员会（Committee on Appropriations）、能源与商业委员会（Committee on Energy and Commerce）、农业委员会（Committee on Agriculture）、国防委员会（Committee on

Armed Services）及外交委员会（Committee on International Relations）等，各委员会委员由选举产生。各常设委员会的人数以各党在全院中实力比例分配之。常设委员会的主席由委员中年资最深者担任。资深的参议员和众议员控制重要的委员会，因而对立法具有重大的影响力。当民主党议员占多数时，主要委员会的主席多由南方议员担任之；当共和党控制国会时，这些位置率由"山肋州"（reek-ribbed states）的共和党议员充任。

程序委员会对于议事程序具有控制的大权，法案审查的安排，甚至法案的命运皆操纵在这一委员会的手中。每届国会所提出的法案汗牛充栋（约计10 000件至15 000 件），事实上自难逐一加以审议。有许多案件被搁置在委员会中，并不提报于院会；有些案件是有力的领袖所反对的。因此，程序委员会有提案审查或选择之责，往往先将重要者及较易为院会所通过者先交付审议。

程序委员会的名义主席由议长担任。提案由程序委员会交付审议者始能列入议事日程，获得讨论机会；否则，提案就被搁置。程序委员会是议事进行的"交通指挥警察"，未获得它的许可，法案是不能向前推进的。重要的法案，程序委员会得依特别规则提前处理之。一般而言，租税案及拨款案较具重要性，通常予以优先审议。

程序委员会无权自行提案，但对其他委员会的提案有搁置之权；实际上，它具有提案的否决权。各委员会所提的提案若不加修正符合程序委员会的意愿，它不会依特别规则提前处理。控制程序委员会的政党领袖如果是总统的支持者，他们可以尽量搁置对政府不利的提案，而总统的立法计划能提早获得讨论。反之，程序委员会的委员若多数不同情总统，总统的立法计划将受到阻碍。

自1949 年起程序委员会的权力受到限制与裁减。众议院于当年设定新的规定，程序委员会对一个提案搁置在21 日以上而不采取行动，原提案委员会得径提交院会讨论。1950 年众议院院会曾有人提议恢复程序委员会的原有权力，但未获得通过。次年，在共和党领袖的活动及南方民主党议员的支持下，程序委员会的原有权力被予以恢复。现时，程序委员会在众议院中仍是权力最大的委员会。程序委员会的决定完全采合议制，集体负责，委员个人并不对外或院会负责。各党所提出的人选，院会总是无异议通过的。两党对委员会委员的遴选则极注意其在国会的年资，资深者较易入选。

2. 特别委员会

特别委员会为讨论决议特别事项而成立之委员会。依院会决议，众议院得设"选任委员会"（Selecting Committee），即特别委员会。这种委员会系临时设置的,其任务系安排在一定期间内研讨某一问题的解决。特别委员会委员人选由议长指派之。最著名的特别委员会是调查委员会 (Investigating Committee),它有权传讯人员及调阅文卷。

3. 党团

政党在国会中的集会称党团会议。民主党者称"干部会议"(Caucus),共和党者则称"会议"(Conference)。凡持某党名义竞选成功者则加入该党的党团会议为会员。在国会开会前夕,党团会议举行集会,推选其主席及秘书,并提名该党在国会两院中职位的候选人。民主党规定凡在党团会议中 2/3 票数通过的决议,在院会中均应予以支持。但近 20 年,此项规定应用于立法上,并未能严格遵守。关于宪法问题议员可以不受党的拘束。党的决定如与议员向选区所提的保证相冲突者,议员方可以不予遵守。共和党对党员的约束无正式或固定的规定,一切依多数议决的方式行之。参议院的党团会议不若在众议院的重要。但党团会议亦如同众议院,提名院中各职位的候选人。

党干部会议 (Caucus) 系指党内少数领导人物依据党的规章,为考虑党的组织及政策等问题成立的集会或小团体(过去政党强盛时代,许多候选人由政党来决定,目前美国只有对某些不重要的职位由党干部会议决定)。

党鞭 (Whips) 专门负责沟通、协调、提醒、安排开会等事宜;在议会举行表决时,由党鞭紧急通知议员出席,并告知其党所处的地位及应采取的立场为何。党鞭由众议员担任,非由职员挂名,为党的工作人员。

共和党党团会议设有一个委员会专负各委员会委员人选遴选之责。这一遴选委员会由众议院共和党议员各州各推选一人组织之。各州议员所推选的人选经党团会议通过派定。遴选委员会除提名各常设委员会的委员外,并提名指导委员会委员。民主党的党团会议同指导委员会决定各委员会的人选。各党决定各委员会人选后,提报院会通过。通常这只是一种形式或手续,实际上总是照案通过的。

参议院各委员会委员人选的遴选类似众议院。委员会委员由院会选举之,但各党的提名竞争则甚为剧烈。共和党设有遴选委员会 (Committee on Committees) 专司其事。民主党则由指导委员会担任各委员会委员提名之责。遴选委员会委员由党团会议主席指派。民主党的议场领袖则负责指派候选人。

两大党在国会的两院中均各设有竞选委员会 (Campaign Committee) 规划各党议员在选区的竞选事宜。众议院的竞选委员会由各州的国会两院议员各选举一人代表各该党组织。参议院竞选委员会委员由两党的党团会议主席指定。近年来,竞选委员会的工作亦颇为活跃。参议院的政党组织与众议院者相类似,不过院长或议长一席依宪法规定由副总统担任。多数党及少数党的议场领袖由各该党的党团会议选举产生。两党在参议院中均设有政策委员会。民主党并设有指导委员会。指导委员会随时向议场领袖提供有关政策与策略的建议。

■ 日本

日本国会由两院组成（《日本国宪法》第 42 条），为国家之最高权力机关及唯一立法机关（《日本国宪法》第 41 条）。

一、参议院

（一）人数

日本参议院由 242 人组成，分为全国不分区（96 人）及地方选区（146人）。

（二）任期与选举方式

参议院任期 6 年。每 3 年改选 1/2（即全国不分区 48 人，地方选区 73人）。参议员地方选区分都（东京都）、道（北海道）、府（大阪、京都）、县（43），人数 1 至 4 名。其常会为期 150 天。每年必须召集一次（《日本国宪法》第 52 条）。全国不分区申报提名候选人的条件：①现有国会议员 5 名以上之政党；②最近一次众议员选举或前参议员选举获得 2% 以上选票之政党，按政党比例分配，采最高商数法。（详见表 4-6）

表 4-6　日本 2009 年参议院各政党席次表

政党	2009 年席次	2010 年届满	2013 年届满
民主党、新绿风会、国民新党、新党日本	121	55	66
自民党、改革俱乐部	82	46	36
公明党	21	11	10
共产党	7	4	3
社民党、护党联合	5	3	2
无党籍	6	2	4
总计	242	121	121

资料来源：日本参议院网站 http：//www.sangiin.go.jp.

（三）议长

由院内议员个别选举之，其任期与院议员任期相同。负责维持院内之秩序、处理议事、监督议院之事务及代表议院。各院干部包括了议长、副议长、临时议长、常任委员会长、秘书长5人。议长不像英国议长中立，较有党派取向。

二、众议院

（一）人数

众议院由480人组成（1996年10月21日之选举为500人）。采"小选举区与比例代表并立制"，其特点为：

1. 一方面，由小选举区得票数较多的候选人取得代表席次；另一方面，经由比例代表选举，以各党得票数多寡为基础分配议席（采最高商数法），以决定各党名簿上之当选者，各党申报候选人名单之资格如同参议院。采两票制，在小选举区投给候选人，在政党比例代表选区投给政党。

2. 固定名额分配：

（1）小选举区产生300个席次（全国分为300个选区，每一选区选出1名）。

（2）比例代表产生180个席次〔全国分为11个选区（区域），依各政党得票之多寡，按比例分配最高商数法议席〕。

（3）在政党比例代表中并采"惜败率制度"，在使政党比例代表选区的同一顺序候选人间相互竞争，增加政治活力及公平性。竞争的依据在比例代表选区的候选人在同一顺位有数人时，必须各自投入小选举区的竞选。如在小选举区获得最高票，则算在小选举区当选；否则，便计算其"惜败率"——其得票数与当选者票数之比例。惜败率高者，优先获得在比例代表选区当选的机会（张世贤，1997：143～189）。

（二）任期

众议院任期4年。但众议院解散时其任期也随之终了（任期应于届满前终了）（《日本国宪法》第45条）。

（三）议长

议长由院内议员个别选举之，其任期与院议员任期相同。负责维持院内之秩序、处理议事、监督议院之事务及代表议院。

各院委员会可分两种：

1. 常设委员会：依各党派所属议员人数比例配额之（《日本国会法》第41条）。两院各有16个常设委员会（《日本国会法》第41条）。

表 4-7　日本 2009 年 8 月 30 日众议院选举席次表

党派	席次	小选区	比例代表制
民主党	308	221	87
自民党	119	64	55
公明党	21	0	21
共产党	9	0	9
社民党	7	3	4
其他	16	12	4
总计	480	300	180

资料来源：总务省自治行政局选举课，http://www.soumugo.jp.

2. 特别委员会：其人选与常任委员会一样选任之（《日本国会法》第 46 条）。各议院认为有特别必要之案件，或基于审查非该院常任委员会所管辖案件之必要者，得设立特别委员会（《日本国会法》第 46 条），与英国情形一样。而其委员会长系由委员们互选之，其职权为处理委员会之议事，维持秩序（《日本国会法》第 48 条），且为召集人。

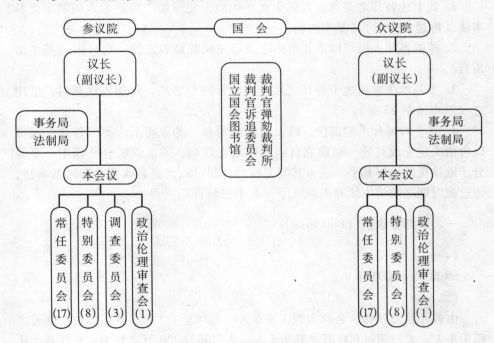

图 4-1　日本国会机构图

资料来源：情报、知识 imidas，2005：301.

说明：（　）内系委员会数目。

除常任委员会和特别委员会外，国会法和两院议事规则皆规定，两院可以推代表合组"协商委员会"。但因过去执政的自民党多数时间控制两院的多数，因此亦可控制整个立法过程，根本用不着"协商委员会"来协调两院间不大可能存在的歧见。后来由于 2007 年参议院选举时民主党取得多数，所以形成参议院、众议院两院的多数党不同。但是，很快地 2009 年众议院选举时民主党又取得多数，所以民主党完全取代自民党控制两院。

■ 德国

1990 年 10 月 3 日为东、西德统一之大日子，以西德原先之国旗、国号为统一后之德意志联邦共和国之国旗、国号。

西德有何能耐统一东德（除经济外），其所根据为《德意志联邦共和国基本法》的内容：

1. 我上述各邦之德意志人民于此并代表未能参加之德意志人民制定此基本法（即过渡时期）（基本法前言）。

2. 德国各邦人民可以依其自由之决定完成德意志之统一与自由（基本法前言）。

3. 本基本法暂用之于各邦之领土，但未列举之邦，同加入联邦时，适用之（基本法第 23 条）。

4. 基于对神和人的责任，以及在自由与和平的原则下，德国各邦人民可以自由决定完成其统一和建立自由的德意志联邦，并愿以联合欧洲中一平等分子地位贡献世界和平。兹本其制宪权力，制定此德意志联邦共和国基本法，俾过渡时期之政治生活有一新秩序（基本法前言）。

一、联邦参议院（Bundesrat）

（一）人数

69 席次（2005 年）。

（二）方式

由各邦政府任命，各邦人数 3 至 6 人，每邦至少 3 人，人口超过 200 万之邦为 4 人，人口超过 600 万之邦为 5 人，人口超过 700 万之邦为 6 人（基本法第 51 条）。目前德国有 16 个邦（西德 10 个邦，东德 5 个邦，另加柏林市）。各邦之联邦参议员人数见"中央与地方之关系"一章。

（三）任期

参议院任期依其各邦所任命官员之任期为之。

（四）议长

议院自行选举议长，其任期为 1 年（基本法第 52 条）。

二、联邦议会（Bundestag）

（一）人数

2005 年 9 月 18 日选出联邦议会议员 614 人（标准人数为 598 人）。

（二）方式

须依普通、直接、自由、平等、秘密选举法选举之，且其候选人资格须年满 18 岁（基本法第 38 条）。

实行"政党比例代表选人制"（Personalized Proportional Representation）。德国人喜好政党比例代表制，由选民决定政党所获当选席次，并且亦要决定谁当选。以邦为单位，选民的选票有两个字段，一个字段选党，另一个字段选单一选区（299 个）的候选人。在政党的字段中，每一政党列有 5 位候选人。计票以政党比例代表最高余数法计算出各政党在各邦当选席次。然后再决定各政党当选席次，由谁当选。各政党在单一选区获得最高票数者，即为当选。如政党分配席次超过该政党在单一选区所选当选人数，则由政党字段所列候选人名单中依次补足。

表 4-8　德国 2009 年 9 月 27 日选举结果表

政党名称	改选后席次	改选前席次
基督教民主党/ 基督教社会党（CDU/CSU）	239	226
社会民主党（SPD）	146	122
自由民主党（FDP）	93	61
左派党（The Left, Die Linke）	76	54
联盟 90/ 绿党（Alliance '90/The Greens）	68	51
合计	622	514

资料来源：http：//en. wikipedia. org/wiki/Bundestag.

如果政党分配席次低于该政党在单一选区所当选人数，则单一选区当选人仍为当选，总数超过分配名额，即为超额当选。2005 年的选举，有 16 个名额为超额当选,总数 514 人。

为克服小党林立的弊病,参与政党比例代表席次分配的门槛是全国得票 5% 或获三个单一选区的最高票数。

（三）任期

联邦议会任期 4 年。

（四）议长

议会选举议长、副议长,且自行制定议事规则（基本法第 40 条）。

（五）委员会

自 1949 年迄今,联邦议会有 3 种主要的委员会,即常设委员会、特别委员会和院务协议会。

1. 常设委员会:皆以政府某一工作为对象,或是以公共事务之某一类为对象（如拨款委员会处理所有开支请求）。其主要责任是对所有法案之审查。例如国防委员会经基本法第 45 条特别规定,可以自己组成一个调查委员会俾对有关事件加以调查。因此,虽有 1/4 议员要求对国防事件成立调查委员会,国会仍然可以予以搁置,使国防常设委员会自行进行调查。这是一个很特殊的规定。又如内务委员会,技术、研究、邮政、电报委员会,运动委员会。

2. 特别委员会:其设立是为处理一特殊问题,俟该问题获得解决或消失,委员会也就解散。在形式和程序上,它与常设委员会并无多大差别,尤其是它常处理特殊立法问题。

3. 院务协议会（Council of Elders）:为能指导联邦议会议事的顺利进行,使议事效能提高,德国设有院务协议会,由议长、副议长、各党团（Fraction）代表 23 人组成。其功能类似法国之"主席会议"。联邦议会中的"党团",指在联邦议会至少获得 5% 席次之政党,以 2004 年 603 人计,要有 31 席。各党团出席院务协议会之名额,依比例分配原则。各政团并决定其分派各委员会之人选,并拘束其议员遵守议事规则与伦理。院务协议会是联邦议会与政府之间的桥梁。

■ 俄国

依据 1993 年 12 月 12 日生效之《俄罗斯联邦宪法》（the Constitution of the Russian Federation）,俄国联邦国会（Federal Assembly）组织如下:联邦国会

分为两院：联邦院（the Council of the Federation）；国家杜马（the State Duma）（《俄罗斯联邦宪法》第 95 条第 1 款）。

一、联邦院（上议院）

联邦院，即上议院，由俄罗斯联邦各主体（member of the Russian Federation）选出，每个主体选出各两名代表，一名来自立法机关，另一名则来自行政机关（《俄罗斯联邦宪法》第 95 条第 2 款）。

俄罗斯联邦共有 89 个主体，其中包括 21 个共和国（republic）、6 个边区（territory）、49 个省（province）、2 个联邦市（federalcity：Moscow 和 St. Petersburg）、1 个自治省（Jewish autonomous province）、10 个自治区（autonomous region）（《俄罗斯联邦宪法》第 65 条）。因此，联邦院议员共有 178 名。

2001 年 7 月 26 日修改通过联邦院组成程序法，改由专任的代表担任，2002 年 1 月 1 日前并改选完成。

联邦院设有主席、副主席、理事会、常设委员会、临时委员会和机关。在 2000 年普京当选总统后，提出三项重要的法案，其中之一为"关于俄罗斯联邦各主体政府立法（代表）及行政机构组成原则"规定现行由各联邦主体的最高行政首长以及立法首长组成联邦委员会（上院）的方式，改为：①行政机构代表改由最高行政首长提名后经立法机构同意后，出任联邦院代表；②立法机构代表则是由最高立法首长根据各党派协商后之意见提出人选，在经立法机关同意后出任。如果立法机构实行两院制，则人选由两院协商后提交联席会议审议。（刘向文，2002：207）

二、国家杜马（下议院）

国家杜马，即下议院，由小选举区选出，全联邦共划分为 225 个选区，各选区选出一名代表。另由政党全国提名，也选出 225 名代表，两者共计 450 名代表（《俄罗斯联邦宪法》第 95 条第 3 款）。候选人必须年满 21 岁（《俄罗斯联邦宪法》第 97 条）。当选后，必须为专职之代表，不得兼任其他带薪职务。一任 4 年（《俄罗斯联邦宪法》第 96 条第 1 款）。但是在 2007 年以后，改为全部由比例代表制选出，由得票率 7% 以上之政党来分配议席。

表 4-9　俄罗斯 1999 年国家杜马选举结果表

政治团体	领导人	得票比例（%）	比例代表席次	区域代表席次	总席次	备注
俄罗斯共产党	久加诺夫	24.29	67	47	114	1995 年获 157 席，在国会下院排名第一
国际团结运动	绍伊古	23.32	64	10	74	1999 年夏成立
祖国－全俄联盟会	普里马科夫 卢日科夫	13.33	37	29	66	1999 年夏成立
正义势力联盟	基里延科	8.52	24	5	29	1995 年获 51 席在国会下院排名第三
日里诺夫斯基政团	日里诺夫斯基	5.98	17	0	17	1995 年获 45 席在国会下院排名第四
苹果联盟	雅夫林斯基	5.93	16	6	22	1995 年获 55 席在国会下院排名第二
我们的家园俄罗斯	切尔诺梅尔金	1.22	0	7	7	－
俄罗斯社区大会	列别基	0.62	0	1	1	－
其他小党	－	13.81	0	14	14	－
无党籍	－	2.98	0	106	106	－
总计		100	225	225	450	－

资料来源：王定士，2000：294。

国家杜马设有主席、副主席、理事会、常设委员会、临时委员会与机关。机关包括：主席秘书处、9 位副主席的 9 个秘书处、32 个常设委员会的 32 个办公室、各议会党团和议员团的办公室、国家杜马秘书处、干部局，以及提供法律、信息、财政经济保障的分支机构（刘向文，2002：207）。

表 4-10　俄罗斯 2007 年 12 月 2 日国家杜马选举结果表

党派	席次	得票比例（%）
统一俄罗斯党（United Russia）	315	64.3
共产党（KPRF）	57	11.6
自由民主党（LDPR）	40	8.1
公正俄罗斯党（Fair Russia）	38	7.7
其他	0	8.3
合计	450	100

资料来源：http：//en.wikipedia.org/wiki/Elections_in_Russia.

表 4-11　各国上议院议员数额及产生方式比较表

国别（院名）	名额	产生方式
英国贵族院	不定额	由英王任命，其组成分子包括①贵族；②26 位国教主教；③9 位法学权威代表
法国参议院	不定额 321	间接选举产生，每 3 年改选 1/3，以省为选区，由省之选举团投票，选举团成员包括该省之国民议会议员、行政区之议会议员、省议员及市议会代表。各省名额分配：人口在 154 000 人以下者 1 名，以上者每增加人口 25 万者增 1 名
美国参议院	定额 100	每州 2 名，每两年改选 1/3，采直接选举，各州改选每次 1 名
日本参议院	定额 242	直接选举，分全国不分区政党比例代表 96 人，及区域选举 146 人。每 3 年改选 1/2
德国联邦参议院	不定额 69	由各邦政府任命，各邦人数 3 至 6 人。200 万人口以下之邦为 3 人，200 万至 600 万人口之邦为 4 人，600 万至 700 万人口之邦为 5 人，700 万人口以上之邦为 6 人
俄国联邦院	定额 178	由联邦各主体（89 个）之立法机关、行政机关各选派 1 人

表 4-12   各国下议院议员数额及产生方式比较表

国别（院名）	名额	产生方式
英国平民院	646 人	全国由中立划界委员会划分成 646 个单一选区，在各选区，候选人只要获得最高票即当选，不论其是否过半数
法国国民议会	577 人	全国划分成 577 个选区，每一选区只能 1 人当选。第一次投票必须获得半数票（投票数）方能当选。未有人当选之选区，于下一个星期日（法国投票在星期日）举行第二次投票，以获得最高票之候选人当选。在第一次投票中，候选人未获 12.5% 选区选民数之选票者，不得在第二次投票作为候选人
美国众议院	435 人	全国依各州人口多寡分配各州名额，但各州至少要有一名。其后，各州再依所分配名额，划分选区，每一选区只得有 1 人当选。候选人在该选区只要获得最高票即当选
日本众议院	480 人	其中 300 人选自 300 个小选举区（以各该小选举区得票最高者当选）。180 人选自 11 个政党比例代表选区。采两票制。候选人得同时在小选举区与政党比例代表选区列名，如在小选举区当选则算在小选举区当选，不算在政党比例代表选区当选。候选人在政党比例代表选区政党分配名额内，顺位在前者优先当选；同一顺位有数人时，以其在小选举区之"惜败率"高者为优先当选。惜败率指在小选举区，落选人得票数与当选人得票数之比。门槛限制（政党得票率 2% 或议员 5 席）
德国联邦议会	598 人	系采政党比例两票制，由选民决定各政党所获席次，并决定该席次给哪位候选人。一票投给政党，分配政党比例席次，门槛限制（5% 得票率或区域当选至少 3 席）；另一票投给单一选区的候选人，政党单一选区所当选人数如不足政党比例分配人数，则由政党推荐名单依次补足
俄国国家杜马	450 人	系采单一选区及政党比例代表制。议员由小选举区选出。全联邦共划分为 225 个选区，各选区选出 1 名代表。此外由政党全国提名，也选出 225 名，合计 450 名议员

第三节　国会职权

■ 英国

一、立法权

英国国会的地位在英国是"国会至上"（parliamentary supremacy）：

1. 国会是最高立法机关，在英国没有其他立法机关比它更高。
2. 国会立法权范围不受限制，它可以制定任何法律。
3. 它通过的法律，国王只得公布，不能拒绝，亦不能退回复议。
4. 英国法院没有司法评审权以评审国会所通过的法律是否违宪。
5. 英国没有"公民复决"来复决国会所通过的法律案。
6. 国会既是最高立法机关，又是制宪、修宪机关。

法案须经两院通过，再由英王公布。事实上，国会立法功能主要在平民院，贵族院只能消极地牵制而已。

二、预算议决权

凡有关财政法案审查，平民院有先议权，再送贵族院通过（此为两院制国会，下议院具有预算先议权之通例）。至于何法案属于财政法案，则由平民院决定之。

自 1911 年的国会法规定：凡下议院通过之财政法案，上议院须 30 天内通过，否则下议院径呈国王公布为法律。贵族院对于财政法案无否决权，顶多只有一个月的延搁权（delay power），时间期满，法律自然生效。1949 年的新国会法更限制贵族院的权力，将贵族院对公法案的延搁权由 2 年缩短为 1 年。至此，贵族院之职权除了司法权及宗教方面权力外，在立法权之作用只在消极的搁置一段时间而已。

三、司法权

贵族院原有极重要的司法功能。英国一向以贵族院为国家最高司法机关，此为"大会议"，系沿袭旧的传统，为他国之上议院所没有的职权。不过，近年为了贯彻三权分立原则，则又将之废除，将此权限移至新设的最高法院。

四、质询权

当内阁之政令国会有疑问或施行效果不良时，国会质询其政府官员或首长。若质询不满意，几经辩论后，如仍不满意，则可能造成不信任案之产生。

五、倒阁权

平民院得以多数决方式否决内阁提至平民院之"信任案"，亦得以多数决方式通过对内阁之"不信任案"，令内阁倒阁。

■ 法国

一、立法权

（一）宪法中明文列举立法之项目

列举立法权（《法国宪法》第 34 条），例如，自由权利保障、大赦、赋税及课税标准；未列举部分属于行政权（《法国宪法》第 37 条）。而列举之部分可再分为完整立法之事项与只具有原则之立法事项。凡通过之组织法法案（属强制审查）须交由宪法委员会审查其合宪性，方可公布（《法国宪法》第 61 条）。此外，"基于同一目的，法律在未公布前，得选出共和国总统、总理、国民议会议长、参议院议长、60 名国民议会议员或 60 名参议院议员，提请宪法委员会审议"（属于任意审查）（《法国宪法》第 61 条）。

（二）宪法中明示立法权不得侵犯行政权

由宪法委员会决定国会（立法机关）是否侵犯；若有侵犯，则由中央行政法院将法律改成行政命令而成为行政权的一部分（《法国宪法》第 37 条）。

（三）宪法规定之国会亦得授"立法权"给政府为"行政权"

政府为完成其施政计划，得向国会要求授权（原属于国会立法之事项）给予政府。且采以条例方式（一种行政命令）为之，但须征询中央行政法院意见，由部长会议颁布之，并须于授权期间内送交国会追认，否则失效（《法国宪法》第 38 条）。

（四）第五共和国会立法权的限制

1. 政府主导国会议程的排定：虽然政府与国会议员皆有法律的提案权，但《法国宪法》第 48 条明定，国会应优先审议政府的提案，国会无法拒绝讨论政府所希望通过的法案，所以政府享有议程的制定权。

2. 政府可以停止国会两院间的穿梭立法，而以其他方式进行：当总理召集成立两院联席会，就两院之争议来提出对案时，倘若联席委员会仍无法达成结论，则政府可要求国民议会径直做成最后决定。这一项机制往往可以缩短国会立法审议的时间，同时有效地解决两院之间的争议。

3. 政府得要求法案的"包裹表决"：《法国宪法》第 44 条规定，如政府请求，对于正辩论中的政府议案，进行全部或部分条文的一次表决，取代国会的逐条讨论和一再修正。

4. 以信任案的方式通过法案：依据《法国宪法》第 47 条之规定，总理得就某项法案质押其责任，使该项法案无须表决而通过，若国民议会在 24 小时之内没有不信任案的提出，或不信任案提出后无法通过，则此一法案视同通过。（刘淑惠，1994；刘嘉宁，1997）

二、预算权

（一）限制国会议员行使预算权的范围

国会议员在提出法案时，若此法案牵涉到减少国家收入、新设或增加国家支出，则此议案不被内阁接受，不予成立（《法国宪法》第 40 条）。

（二）对于国会预算通过之时间限制

国民议会接到财政法案后，审查预算不得超过 40 天；否则，内阁得将该法案移送参议院，参议院须于 15 天内议决该预算案。且审查预算案时间前后不得超过 70 天；若超过 70 天，政府（内阁）得直接以行政命令（条例）付诸实施（《法国宪法》第 47 条）。国会与内阁如产生争议（如究竟应增还是减国家财政的收支时），可提宪法委员会裁决解释之。

三、弹劾权

凡发现总统执行职务有叛国行为时，须经国会两院采公开、一致投票之方式，且两院绝对多数表决方成立，再由弹劾司法院审判之。除叛国之行为外，国会不得对总统提出弹劾案；对内阁阁员之弹劾，只要有危害国家安全之犯罪或违警行为，便可弹劾（《法国宪法》第 68 条）。

四、信任案与不信任案之表决

内阁总理得就其施政计划或重要决策，经部长会议（Council of Ministers）审议后，向国民议会提出对政府信任案，以决定内阁之去留（《法国宪法》第 49 条）。

（一）信任案

由政府（内阁总理）主动提出信任案。

1. 国会的反应为明示行动

（1）投票通过信任案，内阁则得以贯彻其政策。

（2）提出不信任案，以表示否决的态度。

2. 国会之默认反应

在内阁总理提出信任案后 24 小时内，国会没有明示投票通过，亦无成立不信任案之动议，则政府所提之法案视为通过。

（二）不信任案

由国会对政府（内阁）提出不信任案（《法国宪法》第 49 条）。其程序如下：

1. 动议：须有议员至少总额（577 人）的 1/10（即 58 人）以上之联署成立对内阁不信任案之动议。

2. 冷却时期：提案须经 48 小时的冷却时期，始得表决。

3. 表决：是以总额为准，过半数议员以上（即 289 人）同意即表通过，而内阁应总辞。

4. 倘不信任案未获通过，则提案联署之议员在同一会期不得再提不信任案。但总理所提的不信任案，则不在此限（《法国宪法》第 49 条、50 条）。

■ 美国

一、立法权

美国议会法案议决之权限，于宪法中列举出来（《美国宪法》第 1 条第 8 款之规定）。

（一）列举给联邦

1. 宪法赋予国会之权力。

2. 宪法赋予政府之权力。

3. 宪法赋予政府内机关之权力。

4. 宪法赋予政府官员之权力。

其所列举内容则包括了征税权（能够表现出联邦雄厚之基础）、全国一致性质者（如货币、度量衡、军队），以及其他规定。

（二）但对其人权等基本权利加以保障，避免国会侵犯人民的权利，故明文规定（《美国宪法》第 1 条第 10 款与《宪法修正案》第 1 条），以有所依据及公信力。其内容如下：

1. 对人权保障：

（1）不得剥夺"人身保护状"。

（2）不得"剥夺公权"。

（3）不得制定"溯及既往之法律"。

2. 课税公平：州际间贸易不可课税。

3. 不得有特权：包括贵族爵位。

（三）立法以制定宪法或增修条文来充实、补充原宪法之不足（即以明确表示出其公信力，增加其遵守之力量），若宪法中尚无明确规定或无法规所言者，则以联邦最高法院诉案的判例扩大解释之。同时，其任何法律（联邦法律、条约或州之法律）与宪法抵触者无效，以宪法为最高法律，且各州之法官应予以遵守（《美国宪法》第6条）。

二、财政权

财政权包括了征税、预算等。而征税案则应由众议院提之（《美国宪法》第1条第7款）。对于预算，众议院有"先议权"。国会不得增加政府之开支，亦不能减少政府之收入。

三、条约同意权

总统须经参议院之劝告及同意，且参议院之出席议员之2/3赞成，方能行使缔结条约之权（《美国宪法》第2条第2款）。

四、人事同意权

（一）选举产生（《美国宪法》第2条第1款）

1. 当总统无法顺利产生时（有1人以上获得过半数得票或无人获票过半数时），众议院议员投票选举，取代了选举总统的选举人团。

2. 当副总统无法顺利产生时（选出总统后，有2人以上获得相等票数时），由参议院议员投票选举产生。

（二）经参议院"同意"后才可任命（《美国宪法》第2条第2款）

总统提名国务卿、大使、联邦最高法院法官及联邦政府其他官员，须经参议院的劝告及同意才可任命之。同意权的行使，须先经参议院所举行的"听证会"及新闻媒体和大众舆论的评论，对总统仍具有相当的牵制作用。同意案的通过只须获得参议院过半数的同意。

五、调查权

国会对政府的行政有监督之权，而监督权实际应用则为对政府各种政治及行政设施的调查。政府官吏对调查事项须提供明确数据，并至国会负责作证。

表 4-13　美国参议院、众议院特质比较表

	众议院	参议院
人数	435	100
任期	2 年	6 年（每 2 年改选 1/3）
选区	小 （划分为 435 个选区）	大 （以州为选区，每州 2 人， 每次只能改选 1 人）
层级	多	少
组织	严	松
幕僚	依赖少	依赖多
议事规则	严	松
特权	小	大
声望地位	低	高
职权	小 地位低 预算财政权（先议权） 弹劾提案权	大 地位高 人事同意权 条约同意权 弹劾审判权
未来发展	竞选州长、参议员或出任部长	竞选总统、副总统或出任部长

六、弹劾权

国会唯一之司法权为弹劾权。对于总统、副总统或政府官员、议员之行为有违宪或叛乱罪时，众议院有提出弹劾案之权，而参议院有审判之权，且全体参议院议员须宣誓或做代誓之宣言，以示公正（《美国宪法》第 1 条 2、3 款）。

▊日本

一、立法权

法律案，依《日本国宪法》第 59 条规定，众议院通过的法案必须送参议院表决，参议院如果不同意，退回众议院，众议院必须有 2/3 多数票方能通过。

　　国会为国家权力之最高机关，并为国家唯一之立法机关（《日本国宪法》第 41 条）。但立法事项受限制，不包括：

　　（一）众议院、参议院之内部规则

　　宪法直接授权各议院自行讨论内部规则。"两议院应各订定关于会议、会议程序及内部纪律之规则，并得惩罚不守秩序之议员。但开除议员，须经出席议员 2/3 以上之议决。"（《日本国宪法》第 58 条）此与美国同（《美国宪法》第 1、5 条）。

　　（二）内阁政令

　　宪法直接授权内阁制定实施宪法之内阁政令。（内阁）为实施本宪法及法律之规定起见，制定内阁政令。但政令中除有法律授权者外，不得附有罚责。（《日本国宪法》第 73 条）

　　（三）司法规则

　　宪法直接授权最高法院（最高裁判所）制定司法规则。"最高法院就关于诉讼手续、施行办法、律师、法院内部纪律等细则及司法事务之处理，有订立规则之权限。"（《日本国宪法》第 77 条）

　　（四）特定公共团体之特别法

　　仅适用于某地方公共团体之特别法，非依法律规定，获该地方"公共团体选民投票过半数之同意，国会不得制定之"（《日本国宪法》第 95 条）。

　　日本宪法有一特色，其宪法有直接授权其他机关团体制定法规之权，与我国之法律位阶（宪法、法律、法规、规章）有所差别。

二、人事同意权

　　首相系由国会两院各别由议员推选，以表决通过选出内阁大臣。若两院所推选出之内阁大臣一样，则理所当然由天皇任命之（《日本国宪法》第 67 条）。若两院所选出之首相不同时，则召开两院联席委员会会议，未获协调或众议院之决案送交参议院而参议院于 10 天内未作决定时，则以众议院之决议为国会之决议（《日本国宪法》第 67 条）。日本第 84 任首相小渊惠三在 1998 年 7 月 30 日获得国会指名选举通过。

三、预算议决权

　　凡有关国家财政之处理、租税、新课税或使国家负担债务及支出者，须为国会议决之（《日本国宪法》第 83、84、85 条）。

　　1. 预算应先提出于众议院（众议员对财政法案有先议权，此为各国之通例）。

2. 关于预算参议院、众议院两院意见相左时：

（1）经召开两院联合委员会协调，若协调成功则法案通过；若仍无法获得一致意见时，则以众议院之决议为国会之决议。

（2）参议院接获众议院通过之预算案后（除国会休会期间外），30天内不做最后处理，则以众议院之决议为国会之决议（《日本国宪法》第60条）。

四、质询权

"内阁总理大臣及其他国务大臣，不论为议员与否……任何时间得出席两议院对有关议案发言，因被邀答辩或说明时，亦应出席之。"（《日本国宪法》第63条）。而且，各议院之议员对内阁有质询时，应经议长承认，且制作简明意旨书提交议长（《日本国会法》第74条）。内阁自接到质询主要意旨之日起，7日内提出答辩，若无法于期限内答辩时，应明示其理由及可答辩之期限（《日本国会法》第75条）。但若质询为紧急情事，一经议院议决，可以口头为之（《日本国会法》第76条）。

五、调查权

国政调查权，"两议院得对有关之国政进行调查，并得要求有关证人之到场及作证，并制成记录"（《日本国宪法》第62条）。

六、弹劾权

"国会为裁判曾受罢免追诉之法官，应设立弹劾裁判所，由两院若干议员组织之。关于弹劾事项，以法律规定之。"（《日本国宪法》第64条）

七、信任案之表决与不信任案之提出及表决

内阁所提出之信任案予众议院否决或众议院提出不信任案表决通过时，内阁可提请天皇解散众议院；若10日内不解散众议院，即须总辞（《日本国宪法》第69条）。

■ 德国

一、立法权

德国与英国（国会至上）不一样，德国是联邦制，故而其中央与地方权

限划分如下：

（一）联邦独占之立法权

于其基本法中第 73 条明列举出，为其专有之立法事项。

（二）联邦与各邦共有立法权

共有立法权部分，联邦优先行使；联邦未行使时，才由各邦行使。由于各邦未能有效规定，或由其邦规定，这会受其本位主义影响别邦权益；法律、经济、生活、地域（或包括了数个邦之权益）有一致性，为联邦立法之（即为有统一性）（基本法第 72 条）。共同立法之范围于基本法中第 74 条有列举事项。

（三）联邦具有原则性立法权

在共同立法权中有规定通则之事项，在基本法中第 75 条中列举出。

（四）各邦之立法权

凡未规定为联邦独占或联邦之原则下各邦就有的或规定为各邦之立法权者，即属于各邦之立法权（基本法第 70 条）。

二、预算议决权

国会除有预算议决外，德国对于财政规定很详细。德国与日本一样于宪法中列财政为一章（德国为第十章，日本为第七章），财政为庶政之母、国力之表现。德国之联邦与各邦在理财方面应自给自足、互不依赖（基本法第 109 条）；且凡有关于赋税立法部分，应经联邦参议院之同意（基本法第 105 条）。

三、质询权

德国之质询权受限制。德国为多党制，若发展不信任案，则总理之位会出现空缺情形，对其国事无法处理。故要发展不信任案则须选出继任之联邦总理才行（基本法第 67 条、68 条）。与英国可因质询权而发生不信任（质询→讨论→谴责→不信任案）及法国之质询权只为了解其真相（即受到限制）有相当大的差别。表现出对议员负责而议员对选民有交代，若要发展为不信任案，则依提出不信任案方式提出。

四、建设性不信任案

国会须以过半数表决选出新阁揆，才能废除旧阁揆。因为在多党制国家，在野党可联合打倒执政党，但产生新阁揆不易。"联邦总理要求信任案投票动议，如未获联邦议会议员过半数之支持时，联邦总统得经联邦总理之请求，于 21 日内解散联邦议会。联邦议会如以其议员过半数选举另一联邦总理时，此项解散权应即消灭。"（基本法第 68 条）"联邦议会仅得以过半数选举一联邦总理继任人，并要求联邦总统免除现任联邦总理职务，而对联邦总理表示其不信任。联邦总统应接受其要求而任命当选之人。而动议与选举之间，须间隔 48 小时。"（基本法第 67 条）

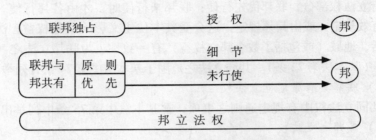

图 4-2　德国联邦与邦立法权力分配图
资料来源：依据基本法第 70、72～75 条。

■ 俄国

一、联邦院的职权（《俄罗斯联邦宪法》第 102 条第 1 款）

1. 认可联邦各主体之疆界变更。
2. 认可联邦总统所提之戒严令。
3. 认可联邦总统所提之紧急状态。
4. 议决国外派兵。
5. 颁订俄罗斯联邦总统之选举日程。
6. 解除联邦总统之职务。
7. 任命俄罗斯联邦宪法法院、最高法院、最高仲裁法院之法官。
8. 任命俄罗斯联邦总检察长。
9. 任命副审计长及半数之审计员。

上述职权之决议，除另有规定外，须经联邦院委员过半数之通过（《俄罗斯联邦宪法》第 102 条第 1、2 款）。

二、国家杜马的职权（《俄罗斯联邦宪法》第 103 条第 1 款）

1. 对俄罗斯联邦总统所提名之联邦政府主席行使同意权。
2. 议决对政府之信任案。

3. 任免俄罗斯联邦中央银行总裁。

4. 任免审计长及半数之审计员。

5. 任免人权委员。

6. 宣布大赦。

7. 控诉俄罗斯联邦总统，以令其解职。

上述职权之决议，除另有规定外，须经杜马议员过半数之通过（《俄罗斯联邦宪法》第 103 条第 2、3 款）。

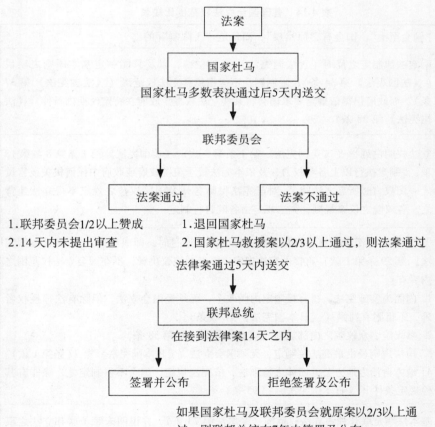

图 4-3 俄国立法过程图

资料来源：赵竹成，2001：171～205。

三、法案议决案

立法过程图参见图 4-3。

四、制宪权

宪法如经联邦院全体议员 3/4 多数之同意，以及国家杜马全体议员 2/3 多数之同意，联邦总统于 14 日内签署公布。

表 4-14　各国国会立法权范围比较表

英国	"国会至上"。国会有"原始权"，而且是"无限制"的
法国	明定法律制定之范围（《法国宪法》第 34 条），以及只能制定基本原则之项目（《法国宪法》第 34 条）；限制国会不得超越其立法权范围（《法国宪法》第 37 条），而政府仍得依规定要求国会将某些立法权授予政府在特定时期内行使（《法国宪法》第 38 条）
美国	立法权明白列举（《美国宪法》第 1 条第 8 款）。《美国宪法》第 1 条第 8 款第 18 项："制定执行以上各项权力，及依本宪法授予美国政府或政府中任何机关或官员之一切权力时所需之法律。"对于宪法保障各州及国民权益之规定不得立法违背之。各议院之议事规则，宪法规定由各院自行制定
日本	"法律案，除宪法中有特别规定外，经两院之通过时，即成法律。"（《日本国宪法》第 59 条第 1 款）直接由宪法规定，不经两院议决者，不在国会立法权范围之内者有： 1. 内阁为实施宪法，得直接制定内阁政令，无须经国会立法，但除有法律授权者外，不得附有罚则（《日本国宪法》第 73 条）。 2. 参议院、众议院之内部规则（《日本国宪法》第 58 条）。 3. 司法规则径由最高法院制定，无须国会立法（《日本国宪法》第 77 条第 1 款）。 4. 地方自治之地方公共团体之特别法，依宪法规定，国会不得制定之，除非有其他规定条件（《日本国宪法》第 95 条）
德国	基本法明定联邦独占立法权范围（基本法第 73 条），并说明未赋予联邦立法之事项各邦有立法之权，因此联邦与各邦权限之划分，应依基本法有关独占立法与共同立法之规定之决定（基本法第 72 条）

续表

俄国	宪法第五章关于联邦会议权限中，特别明定立法动议权归属（《俄罗斯联邦宪法》第104条）以及联邦法律制定权属于国家杜马（《俄罗斯联邦宪法》第105条），并特别明示在何种问题范围内国家杜马必须将通过的联邦法律送交联邦院审议（《俄罗斯联邦宪法》第106条）

第四节　立法过程

■ 英国

一、法案分类

凡法案须经两院通过（先送往平民院），方能成立。其法案分为：

1. 公法案（public bill）：凡内阁阁员所提出之法案，均属公法案，事关国家整体利益。

2. 私法案（private bill）：由非兼内阁阁员之国会议员所提出之法案属私法案，牵涉到个别选区、局部利益。

若以法案之来源则可分为：

1. 政府案（government bill）：为阁员所提出之公法案，而所有之金钱法案（money bill）须由政府提出。

2. 议员案（private member's bill）：为议员所提出之法案；凡金钱法案以外之公法案，均为其所提出。

凡公、私法案均得于两院中提出，而金钱法案则应于平民院提出，司法案应于贵族院提出。

二、立法过程

1. 一读：法案提出后并宣读法案名称，并交付印刷及决定二读之日期。

2. 二读：法案内容逐条进行讨论。

3. 二读后产生的各种问题交由委员会审查处理。

4. 委员会提出审查报告并详细讨论。

5. 三读：专就文字上用字遣词做修饰。

6. 三读通过后，送交贵族院审议（其审议程序大致上和平民院相似），目的仅为牵制，俾使立法能更慎重。

7. 英王批准公布（Kingdom，2003：392）。

三、紧急程序（urgency rule）

所谓紧急程序乃因时间上之急迫，则限制讨论，以期加速通过法案。紧急程序所运用的方式有三：①简单的停止讨论（simple closure）；②截断讨论（guillotine）；③跳议法（kangaroo）。兹分别叙述如下：

（一）简单的停止讨论

自 1882 年以来，平民院已依一种规则议事，该规则如下："一种议案提出后，于其席位起立的议员得要求动议（即付表决），如非主席认为此一动议系属滥用议院规则，或系少数权力的一种侵害，则（即付表决）的议案应即提出，且不经修正或讨论表决之。"这就是普通所简称的"即付表决"规则（the previous question rule）。依此规则讨论即得停止，并得于任何时刻履行表决，甚至当议员正在发言时亦得进行表决，但是至少须有 100 人（在常任委员会为 20 人）投票支持这种动议。

（二）截断讨论

英国所谓截断讨论乃为立法程序上一种严峻的措施，以期加速立法程序，借以适应现代政府立法之繁复。截断讨论的基本观念是，分配有限的时间来进行讨论法案的每一阶段，并于每一阶段时间届满时，便须立即结束该阶段，而不致有冗长的讨论。在配定的时间届满时"截断即行降临"（the guillotine falls），任何议案径付表决。截断讨论虽被各党领袖视为可悲的，但却又是为了处理须仔细讨论而又不引发激烈争辩的各种繁重法案的不可缺少办法。现已发觉其施行之可行性端赖于各党间对于时间使用之协调。

（三）跳议法

之所以称为"跳议法"，乃起源于议长及委员会主席偶然决定那些对于动议的修正案他们认为适宜者拣出（即由此案跳到那案，如袋鼠般）予以处理。即唯有这些修正案始得讨论，其他暂时不讨论。这种停止讨论方式于 1919 年由议事规则予以明白规定。

■ 法国

一、法案提出

法案有政府案（government bill, Projects de Loi）与议员案（private members' bill, Propositions de Loi）之别。然而，在法国这只是名义上的区别，并不像英国法案有实质差异。至于英国公法案（public bill）与私法案（private bill）的区分，并不见之于法国。

《法国宪法》规定："内阁总理及国会议员均得提出法案。"（第39条第1款）惟"国会议员提出之法案及修正案若可减少国家收入，或新设或增加国家支出者，不得接受之。"（第40条）至于经济社会委员会及法兰西国协参议院依《法国宪法》第69、第83条之所示，只有对于国会或行政机关送来有关经济社会或国协之议案表示意见之权，并无自行向国会提出法案之权。故总理与国会议员有提案权。但政府之提案须咨询中央行政法院，由部长会议讨论后，送交国会任何一院之秘书处。若为财政法案，则须先送回国民议会审议。

二、送至委员会审查

法案提出于国会后，送交至有关委员会审查之。若政府或有关议会提出请求，可送特别委员会审查；若无请求，则交由常设委员会行之（《法国宪法》第43条）。委员会再将其报告提至国会（参见图4-4）。

三、将委员会之审查报告提到院会广泛讨论

院会讨论有关报告中所提之事项，找出解决或协调之方法。

四、逐条讨论条文

对委员会报告经了解、审核后，始对其条文逐一讨论，并对其文字、语句、用语等加以修正、更改。

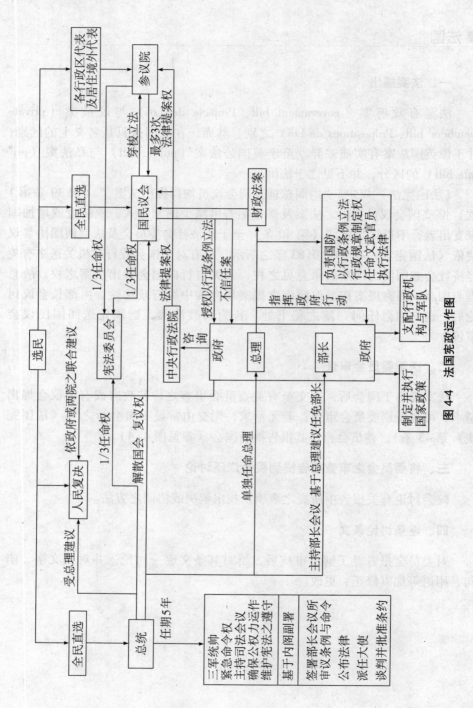

图 4-4　法国宪政运作图

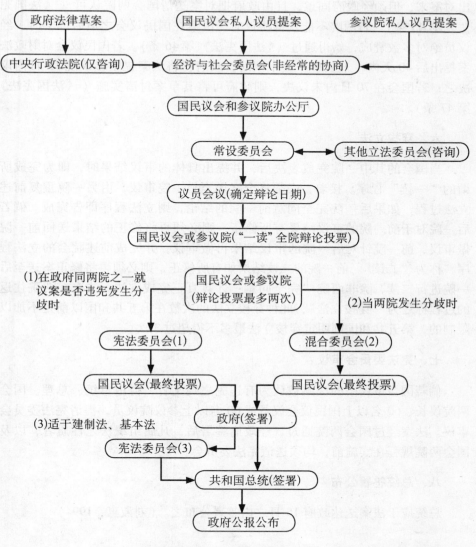

图 4-5　法国国会立法流程图

资料来源：依《法国宪法》第 43 ~ 47 条。

五、全案表决

国民议会与参议院之程序一样，但法案须经两院通过。若两院意见不一致时，使法案在各院二读后仍不能通过，则可召开两院对等联席委员会，提出对案来，但须经政府同意，且由政府把对案送请国会两院认可（《法国宪法》第 45 条）。若两院不能获得协议时，法案在国民议会之最后读会时，经议员绝对多数赞成，始得通过（《法国宪法》第 46 条）。若国民议会对财政法案提出后 40 天内，未从事一读审议时，政府得将法案提至参议院 15 日内议决之；若国会在 70 日内未议决，则政府可将其草案付诸实施（《法国宪法》第 47 条）。

六、穿梭立法

当国会的其中一院完成表决后，并提出具体的审议结果时，即为完成所谓的"一读"程序。接着，必须将全案送至另一院审议，由另一院重复前述立法过程，如果后一院完全同意前一院的结论，则立法程序即告完成。倘若后一院对于前一院的审议结果有所修正，则必须再将修正的结果送回前一院做审议，前一院针对后一院的审议结果再做审议，并完成前述院会的立法程序，称为"二读"。前一院的二读结果如有所修正，则必须再将修正案送至后一院进行二读，除非两院"完全同意"才算真正完成立法。法案在两院往返的过程称之为"穿梭立法"，此种穿梭立法的次数在第五共和国以前是不加以限制的，第五共和国则明定穿梭立法最多不得超过 3 次。

七、宪法委员会审议

倘若国会审议中的法案被认为有违宪之疑义者，得由总统、总理、国会两院议长、60 名以上国民议会议员或 60 名以上参议院议员，提请宪法委员会审议。法案经过国会两院通过，经政府签署后，凡属组织法之性质者，以及国会两院规程在实施前，均须送请宪法委员会。

八、总统签署公布

总统应于法案送达政府 15 日之内签署公布之。（刘淑惠，1994）

■ 美国

一、提出法案及一读

众议院的一切法案和议案都应由众议院议员提出。同样的，参议院的一切法案和议案都应由参议院议员提出。也就是说，唯有两院的议员才有分别向所属议院提案之权。总统固然可以向国会致送咨文，但咨文只是一种国是说明，不是一种提案；总统若要向两院提案，通常是交由其所属的本党议员分别提出，但这是议员的提案，并不是总统的提案。但总统咨文亦可由主席交付主管委员会起草法案，提交院会讨论。凡众议员向众议院提出的法案或议案，附以提案议员的姓名，但只附一个议员的姓名即可。凡参议员向参议院提出的法案或议案，附以提案议员一个人的姓名或附以所有提案议员的姓名，两院议员都可以单独提案，并没有强制的联署制度。

依照宪法的规定，所有征税的法案应由众议院提出，但参议院可提出修正案或附以修正案而予以赞同，一如其他法案。税收法案虽应自众议院提出，参议院亦可提出修正案，这表示税收法案的提案先议权仍在众议院。又此一宪法条文（《美国宪法》第 1 条第 7 款）的涵义已做扩充解释，包括"拨款法案"（appropriation bill）在内。除税收法案和拨款法案应由众议院提出外，其他法案和议案均得由参议院、众议院分别提出。

依照提案性质，各种提案可分为两类，一为建立权力的立法案，另一为实际支付金钱的拨款案。国会两院均已分别规定，禁止议员于拨款法案中附具立法案，或于立法案中附具拨款法案。建立权力的立法案必先制定，然后才能依据此一权力而提出拨款法案。在特殊情形下，不得不先行拨款。但此一措施，须经出席议员 2/3 的赞同，透过"停止使用规则"的程序才能提出。法案提出后，将法案或议案宣付朗读标题，完成一读之程序。

二、交付委员会审查，再交由小组委员会审查后，报告提交委员会

两院所有提案在提付各该院会讨论之前，都须经过各院有关委员会审查的阶段。依照众议院规则的规定，所有法案和议案，在交付委员会审查前，应在院会中宣读标题。

众议院和参议院对提案交付审查的办法，视提案性质而定。凡提出于众议院或参议院的公法案和议案，以及两院间相互提出的议案，由各该院主席指挥监督下的议事专家依照规则及先例，拟议交付相关委员会审查，这种拟议的意见大体总被采纳，但多数议员的意见自可予以变更。在参议院中，提案的参议员固可表明希望将他的提案交付某一委员会审查，但非经院会的同意，他的意见是不具效力的。以上为关于公法案的交付审查办法。至于私法案，则提案的众议员或参议员都有权指定他的提案交付某一委员会审查，如果没有指定时，则由议事专家决定。

两院院会对于交付委员会审查的提案可以收回而重交另一委员会审查，

而且院会有权不顾规则及先例的规定，而将提案交付它认为适于审查该案的任何委员会。委员会接到交付审查的提案后，应予以审查，并以会议方式行之。小组委员会审查完毕后，将其报告提交委员会。

三、大会讨论委员会所提之报告

大会讨论委员会所提之问题及报告之内容。

四、大会逐条讨论法案及二读

第二读会（second reading）的程序是审议法案最重要的阶段。凡法案在众议院无须经过全院委员会审查者，则以院会逐条讨论的议案为第二读会。法案须经全院委员会审查者，则以全院委员会逐条讨论为第二读，在第二读中依照 5 分钟发言的规则以处理对于法案逐条提出的修正意见。经全院委员会审查提出报告后，院会则不再逐条讨论，但在一小时发言的规则下再加以讨论和修正，这是众议院二读的特色。

五、交至程序委员会审查

由程序委员会审查其是否具有合宪性，再将其审查结果送回院中，以进行三读。

六、大会三读

倘院会决定三读，则进行三读。三读时通常亦仅宣读标题，但经议员要求，则应宣读全文。其后，表决之。再将法案送交参议院。若是先由参议院审查表决的，则送交众议院。

七、总统签署公布

若两院表决一致时，则由总统公布之。若总统不接受此法案，则应于接到法案之 10 天内，送回国会表决之（若正值国会休会，就此否决掉，称"袋中否决"），若仍以 2/3 表决通过维持原案，则总统须公布之。可是，经总统否决之法案，很少能在国会中仍可获得 2/3 通过。

若两院表决不一致时，则召开联席委员会协调或提出修正之法案，交由参议院、众议院表决，再将其决定送交总统公布，其步骤与前述一样，见图4-6。

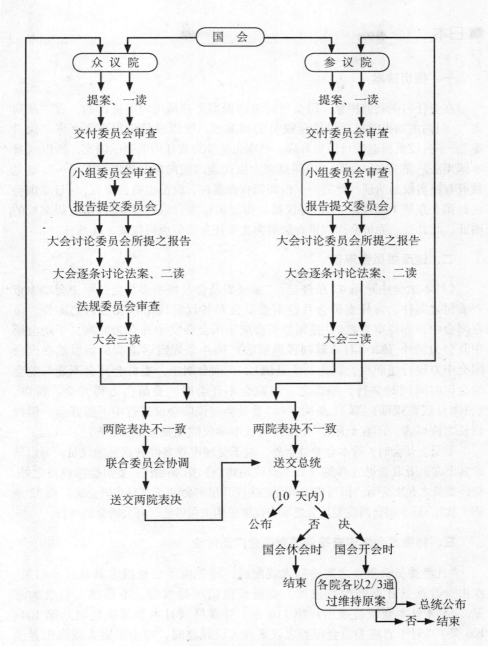

图4-6 美国国会立法流程图

资料来源：Schmidt et. al., 2005：380.

■ 日本

一、提出法案

在责任内阁制的国家，国会所讨论的提案大都是由内阁提出的，称"政府案"。但内阁的提案权并没排斥议员的提案权，所以议员仍得提案，称"议员案"，不过议员提案数目极为有限。日本也是实行责任内阁制的国家，所以《日本国宪法》第72条规定："内阁总理大臣代表内阁向国会提出议案……"这是政府有提案权的明证。此其一。内阁固有提案权，议员也有提案权，《日本国会法》第5条第1项规定："所有议员均得提出议案。"这是两院议员有提案权的明证。此其二。委员会固以审查法案为主要任务，但也得提案，此其三。

二、送至委员会审查

《日本国会法》第47条规定："常任委员会及特别委员会仅限于会期中审查委付之案件。常任委员会及特别委员会对各议院议决特别委付之案件，虽在闭会中，亦得审查之。"是则委员会应于国会会期中开会为原则，于闭会期中开会为例外（如《日本裁判官弹劾法》第4条规定诉追委员会虽然在国会闭会中方得行使职权，即为一个显例）。在国会期中，委员会开会不能与院会的会议时间同时举行，换言之，当院会不开会时，委员会方得开会。所以，《日本众议院规则》第41条明定："委员会在议院会议进行中不得开会，但得议长之许可者，不在此限。"（并见《日本参议院规则》第37条）

委员会开会时，除本会委员会外，对于受理审查案件有意见的议员，可以请求其出席，听取意见（参见《日本众议院规则》第46条）。委员会除议员之外，得经委员之允准旁听，但得依委员会之决议开秘密会议（《日本国会法》第52条第1款）。日本国会两院委员会之审查议案采用美国做法，有公听会的举行。

三、将委员会之审查报告提到院会广泛讨论

"凡经委员会审查之案件列入议题时，应先由委员长报告其经过及结果，次由少数意见者报告少数意见。委员长做前项报告时，不得加入自己的意见。"（《日本众议院规则》第115条，并参见《日本参议院规则》第104、106条）"对于省略委员会审查之议案列入议题之时，应由提案人或提出者说明旨趣。"（《日本众议院规则》第117条，并参见《日本参议院规则》第107条）当报告与说明之后，继之以质疑终结，进入大体上之讨论。

四、逐条文讨论

以逐条的方式，审查讨论其用字遣词是否得当或是否应更改之。

五、全案表决

表决后，送交参议院以同样方式进行之。而法案先送至何院视其法案之性质而定。若参议院之表决与众议院不一致时，则送交众议院表决一次，但众议院仍以出席议员过 2/3 多数表决通过，即成法律。若不妨碍众议院之规定可请求召开两院联合委员会之会议（《日本国宪法》第 59 条）。但若参议院收到众议院之法案（未处国会休会期间）于 60 日内不予最后处理时，则众议院认为参议院否决此案，其整个流程见图 4-7。

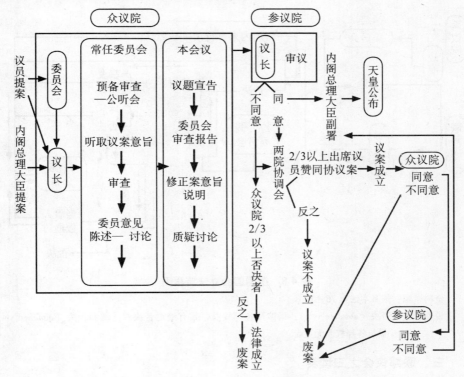

图 4-7 日本立法程序图

资料来源：《日本国宪法》、《日本国会法》、《日本内阁法》、《日本众议院规则》、《日本参议院规则》。

■ 德国

一、提出法案

从理论来说，国会两院的议员、委员会及政府均得提出法案；但就事实而言，现在绝大多数的法案，都是政府提出的。所谓的法案提出，系专指政府的提案，也就是普通所称的政府法案（government bill）。

二、送交联邦参议院之委员会审查，再送至众议院

由图4-8可知，议案提出后，应先提交联邦参议院之委员会（由11人组成）于3个星期内表示对法案之意见，再将其评论送至众议院。

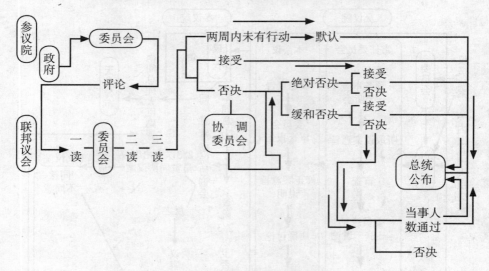

图4-8　德国国会立法流程图

资料来源：依基本法第76~78条。

说明：绝对否决（absolute veto）：指涉及各邦权益，其有绝对否决权。缓和否决（qualified veto）：指与各邦权利无关者。

三、联邦议会之三读会

联邦议会将法案一读，读其名称，再将参议院之委员会之评论送至众议院之委员会一并审理之。审理完后再交回院中，继续进行二读、三读程序。

四、法案送交参议院

若两周内未有行动，则表示默认或者同意。法案则送至总统公布之，即成法律。若遭参议院否决，则召开协调委员会（两院各派 11 人），经协调或提出修正后，①参议院如具有"绝对否决权"（牵涉各邦权益）时，接受则公布，否决则法案石沉大海；②若参议院具有"缓和否决权"（不牵涉各邦权益）时，接受则公布，否决则众议院须以参议院所否决之同等人数比率，方能挽回，提交总统并公布之，否则法案不通过（宪法第 78 条及第 774 条）。

■ 俄国

一、提案

俄罗斯联邦总统、联邦院（上议院）、联邦院议员、国家杜马（下议院）、俄罗斯联邦政府、联邦主体立法机关、俄罗斯联邦宪法法院、俄罗斯联邦最高法院等皆有法案提案权（《俄罗斯联邦宪法》第 104 条第 1 款）。但是法案如涉及预算、开支、征税、税之免除、借款等财政法案或预算案，只有俄罗斯联邦政府有提案权（《俄罗斯联邦宪法》第 104 条第 3 款）。

二、审议

1. 法案均先送到国家杜马（下议院）审议，以获议员总额过半数之同意方能通过（《俄罗斯联邦宪法》第 105 条第 1、2 款）。

2. 然后，5 日内再送到联邦院（上议院）审议，以获议员总额过半数之同意方能通过，如未能于 14 日内议决，亦视为通过。如 14 日内为联邦院所否决，应开两院协调会议，协调后，再将修正之议案送交下议院重新审议，依立法过程进行（《俄罗斯联邦宪法》第 105 条第 3、4 款）。

3. 为联邦所否决之法案，如再经下议院以总额 2/3 多数之议员同意，则为国会通过法案。

4. 但联邦预算、课税、经费、财政、国际条约、联邦地位及边界和战争之议案，须经联邦院同意（《俄罗斯联邦宪法》第 106 条）。

三、公布

1. 法案经国会通过后 5 日内，送联邦总统于 14 日内签署公布（《俄罗斯联邦宪法》第 107 条第 1、2 款）。

2. 如总统否决该法案时，经两院全体代表 2/3 多数通过后，总统应即于 7 日内签署公布（《俄罗斯联邦宪法》第 107 条第 3 款）。

由图 4-9 可知，俄国联邦法律的立法程序可分为两个阶段：第一个阶段是国家杜马与联邦院之间的互动；第二个阶段是国会与总统之间的互动。

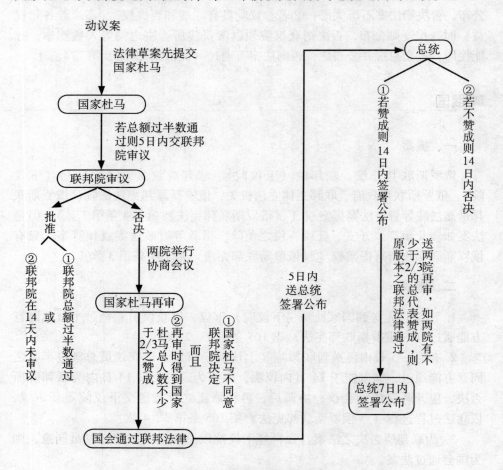

图 4-9 俄国立法流程图

资料来源：依据《俄罗斯联邦宪法》第 104、105、107 条。

第五章 政策制定结构

第一节 涵 义

　　由于各国的行政部门在整个政治体系的重要性与独立性已渐显著，故其职权有日趋增加之势。行政部门的运作都直接或间接影响到人民的福祉，因此在说明各国的国会制度之后，有必要就政策制定结构——行政部门——做一探讨。

　　政策制定的结构在现代国家都标榜着受到民意的民主控制。政府所制定的政策都要向代表民意的国会负责。明显可见的是，随着时代的演进，政策制定的结构开始分化且制度化。政治体系不论是民主或独裁，亦不论其决策机构的法制组织或角色结构如何，总不曾脱离有一主要决策领袖及一组主要辅佐人员的基本决策模式。

　　一般而言，政策制定结构可从下列三方面探讨：①国家元首；②政府首长，如首相或内阁总理或兼政府首长之美国总统，及其阁员；③行政机关与立法机关的关系。

第二节 国家元首

■ 英国

　　英国施行君主立宪，英王为世袭制［现为伊丽莎白二世（Elizabeth Ⅱ）自 1952 年 2 月 6 日即位至今］，为虚位元首，并无实权（行政权掌握在内阁）；王权是象征英国尊荣、国格及一些法定权责构成的抽象制度；英王亦无权否决任何法案，只得签署公布，且由公布之副署者——首相［现任之英国首相为保守党党魁卡梅伦（Donald Cameron）]来负责，英王不需负任何政治责任。

英王已不具备如17、18世纪强盛时期之权力，至今只有名义上之剩余权而已，分述如下：

一、政府由王组成

名义上，政府是由王组成的，王任命首相及大臣，首相为王之首席参赞，提供政策咨询意见给国王。实际上，王只能任命国会多数党党魁为首相，由首相组成政府。王公布法律，发布命令，可是只能依国会之决议公布法律，或依内阁之决议发布命令。

二、平民院由王来召集及解散

当平民院召开会议时，必须以英王的名义召开；平民院通过对内阁之不信任案或否决内阁之信任案时，可由阁揆向英王提请解散平民院。英王不得私自主动解散平民院。

三、王对外代表英国

英王虽已无实权，但其对外仍是一国之君，为一国家之代表，代表国家行使接见使节、访问他国、促进外交、主持各种仪式或庆典、派遣使节等权力。

四、其他（剩余权）

（一）被知会之权
王为一国之君，任何重要政事，首相及相关之阁员必须告知英王。
（二）警告之权
英王对于政府重要首长或政治人物有不当之意图或决策时，可对其提出警告，但接受与否得视其当事人自身决定之，并无强行之效力。
（三）鼓励之权
对于政府欲实施某些政策或通过某项法案时，虽对国家有益，但有所顾忌未能以行之时，予以鼓励。

传统之组织如枢密院（the Privy Council）、国务院与现任内阁之关系形成一种极特殊之情况，为其他国家所没有。现今枢密院扮演着发令之机关的角色，只具有为宗教、仪式等传统的作用；国务院乃一执行机关，为一正式名词，为一行政机关总体。内阁为一决策机关，并非正式之名词。

▇ 法国

法兰西第五共和国之总统，自1962年后，由选举团之间接选举改为公民直接选举，任期7年（《法国宪法》第6条）。但公元2000年9月24日的公民投票已将总统的任期缩短为5年，并于2002年5月的当选者开始实施，以为其政治枢纽，而能安定政治局势。根据《法国选举法》第474条规定，凡年满23岁之法国籍男女公民皆可登记为候选人。但要成为正式之候选人，则须得到500位各级民意代表或乡镇市长的联署支持，方完成候选人手续参与竞选。采两轮多数决投票方式：第一回合，于周日举行投票，以获得绝对多数票者为当选；若无人当选，以获票较多且仍继续竞选之两位候选人始得参与第二个星期日的第二回选举，以获相对多数之有效票为当选（《法国宪法》第7条）。依宪法规定，总统权限如下：

一、维护宪法尊严

法国总统遵守宪法之条文规定，且须依其自由裁量以确保公权力之运作，及维持国家领土完整及国家独立（《法国宪法》第5条）。且对法律未公布前，须由其总统、总理、国民议会议长、参议院议长、60名国民议会议员或参议院议员而提请宪法委员会审议（《法国宪法》第61条），审其是否违宪，以维护宪法为最高法律，其他法律不得抵触之，抵触者无效。若国际条约之条款有违宪则经宪法委员会咨询总统、总理或国会任何一院议长咨请而宣告抵触无效（《法国宪法》第16条）。

当宪法中之制度、国家独立、领土之完整或国际义务之履行遭受严重且危急之威胁时，公权力运转受挫，则总统须正式咨询总理、两院议长及宪法委员会之后，而采取紧急措施（《法国宪法》第16条），以维护宪法执行及尊严。

二、仲裁政府机关间之关系及解散国会之权

为了确保公权力的顺利进行，政府机关间的合作不可少，总统仲裁政府机关间之关系，具有解散国民议会之权，无须总理副署，但须先咨询总理及国会两院议长之意思后，方能行使权力（《法国宪法》第12条）。国民议会被解散，重新选举，一年之内，不得予以解散。提交公民复决之权，亦无须总

理副署（《法国宪法》第11、19条）

相较于第四共和国解散国会的限制，在第五共和国宪法之中，总统解散国民议会不需要总理的副署，而且在时机上似乎更具有弹性，只要不违反下列三个原则即可：第一是国民议会被解散重新改选后的第一年之内，不得再予以解散；第二是在宣布实施第16条紧急处分时期，不得解散国会；第三则是代理总统行使职务者无权解散国民议会。（张台麟，2002）

三、咨文权

总统向国会两院提出咨文，予以宣读，发表其大方针，咨文内容不需讨论之。若当时正当国会休会期间，则须为此而召开国会，以了解咨文之内容（《法国宪法》第18条）。

四、复议权与法令公布权

凡是国会所表决通过之法律，总统必须于国会送达政府后15天内公布。在上述期间内，总统若认为国会所通过的法律有违宪之嫌，可提请宪法委员会解释，并得要求国会将该法案或其中部分条款予以复议，国会不得拒绝（《法国宪法》第10条）。

五、提交公民复决

总统基于政府在国会开会期间所提之建议或国会两院所提联合建议而刊载于政府公报者，得将有关公权组织、国协协议之认可或国际条约之批准等任何法案，虽未抵触宪法但可影响现行制度之运作者，提交公民复决。公民复决赞同该法案时，总统可依其规定期限内公布之（《法国宪法》第11条）。所以，由本条条文得知，虽然总统可以提交公民复决不须内阁的副署，但是他并没有主动提案的权力，须待政府与两院的建议案。法兰西第五共和国共举行8次公民投票，仅有一次赞成未达50%而失败。

（一）法兰西第五共和国时期之公民投票

表5-1　法兰西第五共和国时期之公民投票表

公投时间	公投事由	赞成率	总统
1961年1月8日	阿尔及利亚独立	74.99%	戴高乐
1962年4月8日	阿尔及利亚独立	90.81%	戴高乐

续表

公投时间	公投事由	赞成率	总统
1962 年 10 月 28 日	总统全民直选	62.25%	戴高乐
1969 年 4 月 27 日	地方政治改革	47.59%	戴高乐
1972 年 4 月 23 日	英国加入欧共体	68.32%	蓬皮杜
1988 年 11 月 6 日	新喀省的自治问题	79.99%	密特朗
1992 年 9 月 20 日	马斯垂克条约	51%	密特朗
2002 年 9 月 24 日	总统任期改为 5 年	73.21%	希拉克

资料来源：张台麟："法国第五共和实施公民投票之研究"，载《问题与研究》，2000 年。

（二）法国公民投票的特色

（1）法国公民投票的经验源自于法国大革命时期。

（2）属于选择性公投，并没有强制性公投的规定。

（3）公投的实施范围以公权组织、社会和财经重大议题及国际条约批准为主。

（4）公投的政治意义得为对总统的一种信任投票，但蓬皮杜以降，不再有对总统信任投票的意义。

（5）公民投票的行使，必须依总统的主动决定或被动的同意。

六、总理之任命

总统任命总理（《法国宪法》第 8 条），但实际上总理对国民议会负责，且依总理之请辞而免其职务；依总理之提议任免其他政府部长（《法国宪法》第 8 条）。因此，总统只得任命能够控制国民议会过半议席之多数党或联盟之领袖为总理，即使总理与总统不同党也只得任命之。例如，1986 年国民议会改选，国民议会由右派控制，左派社会党总统密特朗则须任命非同党之右派共和联盟领袖希拉克为总理，而形成左右共治（Cohabitation）之局势（同样的情形发生在 1993 年密特朗任命右派的巴拉迪尔，以及 1997 年共和联盟的希拉克任命社会党的若斯潘担任总理）。

表 5-2　法兰西第五共和国历任总统及总理表

总统	任期	总理	任期
戴高乐[a] （C. de Gaulle）	1958~1969[b]	德勃雷（M. Debre） 蓬皮杜（G. Pompidou） 德姆维尔（M. Conve de Murville）	1959~1962 1962~1968 1968~1969
蓬皮杜 （G. Pompidou）	1969~1974[c]	戴尔马（J. Chaban-Delmas） 梅斯梅尔（P. Messmer）	1969~1972 1972~1974
德斯坦 （Giscard d' Estaing）	1974~1981	希拉克（Jacques Chirac） 巴尔（R. Barre）	1974~1976 1976~1981
密特朗（左） （Francois Mitterand）	1981~1988	莫鲁瓦（P. Mauroy） 法比尤（L. Fakius） 希拉克（Jacques Chirac）（右）	1981~1984 1984~1986 1986~1988
密特朗（左） （Francois Mitterand）	1988~1995	罗卡尔（M. Rocard） 克勒松（E. Cresson）（女） 贝雷戈瓦（P. Beregovoy） 巴拉迪尔（E. Ballagur）（右）	1988~1991 1991~1992 1992~1993 1993~1995
希拉克（右） （Jacques Chirac）	1995~2002	朱佩（A. Juppe） 若斯潘（L. Jospin）（左）	1995~1997 1997~2002
希拉克（右） （Jacques Chirac）[d]	2002~2007	拉法兰（J-P Raffarin） 德维尔潘（de Villepin）	2002~2005 2005~2007
萨科齐（右） （Nikolas Sarkozy）	2007 年至今	菲永（F. Fillion）	2007 年至今

注：a 戴高乐 1958 年是以总统的选举人团间接的选举当选法兰西第五共和国首任总统。1962 年
通过公民投票的方式将总统改为全民直选，1965 年戴高乐再度连任并且成为民选总统。

　　b 戴高乐于 1969 年 4 月 27 日针对地方自治、参议院选举方式及组织架构的调整方案所举行
的公民投票失利，戴高乐负政治责任因而主动辞职。

　　c 蓬皮杜死于任期。

　　d 希拉克本届仅有 5 年任期。

七、主持部长会议

总统主持部长会议（Council of Minister）（《法国宪法》第 9 条），掌理国
务决策大权。总统在主持部长会议中有三项重要的权力：首先是部长会议的
议程决定权；其次是总统可引导部长会议之进行，且在讨论之中加入自己的

意见；再次，身为主席的总统可在总理的建议之下传唤有关的部长或国务员（les secr'etaires d'Etat）出席会议。（刘嘉宁，1997）

部长会议高于内阁会议。总理所主持之内阁会议（Cabinet Council）议案经部长会议决议后，交由总理进行细步作业之会议。

八、其他任命权

总统除了任命总理及依总理之提议而任免政府部长之外，亦须依法任命国家文武官员（《法国宪法》第 13 条第 2 款），与总统所主持之部长会议所任命之人员，包括中央行政法院委员、典勋院院长、大使、特使、审计院委员长、省长、海外领地之政府代表、将级军官、大学区校长及中央行政机关首长（《法国宪法》第 13 条第 3 款）。另外，任命宪法委员会委员 3 名。

九、紧急权力

当共和制度、国家独立、领土完整或国际义务之履行遭受严重且危急之威胁，且宪法上公权力之行使受到阻碍时，总统经正式咨询总理、两院议长及宪法委员会意见后，得采取应付此一情势之紧急措施（《法国宪法》第 16 条第 1 款）。总统应将此紧急措施诏告全国，并须出自保障宪法公权力最短期间达成任务之愿望，且应咨询宪法委员会之意见。此时，国会应自动集会，且总统不得行使解散国民议会之权力（同条第 4、5 款）。

此项紧急权力，戴高乐总统曾于 1961 年 4 月 23 日使用，宣告"鼠辈叛徒（阿尔及利亚军事将领叛变）……阴谋篡国……共和国遭受威胁之际，爰依据宪法规定……发布实施宪法第 16 条条款，自即日起采取基于情势所需之一切措施……"紧急措施于 9 月 29 日结束，但部分措施延至翌年 7 月 15 日。

十、签署权

总统签署部长会议所决议之条例与命令（《法国宪法》第 13 第 1 款）。但总统所签署之法案，除了《法国宪法》第 8 条第 1 款（任免总理）、第 11 条（提交公民复决）、第 12 条（解散国民议会）、第 16 条（紧急权力）、第 18 条（提出咨文）、第 54 条（抵触宪法之国际条约不批准）、第 56 条（任命宪法委员会 3 名委员）、第 61 条（提请宪法委员会审议国会所通过之法律案），均须经总理副署，或有关部长之副署（《法国宪法》第 19 条）。

十一、宪法委员会委员任命权

宪法委员会设委员9人，任期9年，不得连任。宪法委员会委员，每3年改选1/3。其中3人由总统任命，3人由国民议会议长任命，另外3人由参议院议长任命。除上述9名委员外，历任共和国总统为当然的终身委员。宪法委员会主席，由总统任命之。在赞同与反对票数相同时，主席有决定权。

十二、其他权力

总统的其他权力有：第14条派任大使；第15条总统为三军统帅，并主持国防最高会议；第17条之特赦权；第52条总统负责国际谈判并批准各项条约；第64条之司法独立保证；第65条之最高司法会议由总统主持。

■ 美国

美国实施总统制，国家元首——总统即为最高行政首长，而与内阁制之国家元首，如英王，最大区别在于美国总统拥有最高行政决定权。

一、总统之产生

根据《美国宪法》第2条以及1804年通过的第12条修正案规定，只有选举人（elector）才拥有宪法所赋予的权利来选举美国总统。

各州的选举人数目，根据宪法第2条第1款的规定，是该州的联邦参议员（每州2名）加上联邦众议员（依人口比例产生，但每州至少1名）数目之和，所以每州的选举人数目不一，但至少3名。首都华盛顿特区虽非一州，但根据1961年所通过的宪法第23条修正案的意旨，仍可比照州的计算方式而拥有3张选举人票。

从18世纪末以来，美国人口一直在增加，版图也不断在扩大，众议员数目也随着人口增加与州数的增加而有所调整，各选举人团的总数也一直在变动。一直到1912年的美国国会将众议员总人数固定在435名后，才使得选举人团数目成为现在的538名。但根据每十年一次的人口普查结果，各州众议员的数目将随人口的增减而做调整（但总数固定在435名），故各州的选举人团数目仍互有增减（王业立，2001）。

选民在大选年之11月第一个星期一之后的星期二投票，直接投各政党候选人。开票后，如某一政党之候选人所获票数在该州比其他政党候选人为高时，即囊括所有该州选举人之名额（但缅因州与内布拉斯加州除外），即"胜者全拿"（winner-take-all）原则，也就是相对多数的选举制度。因此，不待选举人去投票选举总统，便可统计出何党之候选人是否得到获胜门槛之票数。当选者至少要取得过半数的总统选举人票，也就是至少要有 270 张选举人票，否则依照宪法之规定，将由众议院补选总统，参议院补选副总统。

二、宪法上所赋予之权力

（一）军事权

总统为海陆军统帅，且为各州民团被征至联邦服务时各州民团之统帅（《美国宪法》第 2 条第 2 款第 1 项）。当总统欲对外宣战或招募陆军时，须经国会通过，方能行使之。此外，国会规定总统指挥或命令军队演习或军舰行驶至他国或其他海域，则不可超过 48 天，以防止总统过度使用军事权，引发战争，使国家卷入不必要的战争之中。

（二）人事权

美国总统除注意一切法律之忠实执行之外，应任命美国政府之一切官吏（《美国宪法》第 2 条第 3 款）。任命人事时，须经参议院之同意或劝告而任命之。如任命大使、公使、领事、最高法院法官及美国政府其他官吏等高级官吏。一般文官不须经参议院同意。

（三）司法权

为救济司法之穷，当司法系统发生错误时，或环境不当时，予以补助，如减刑、赦免（《美国宪法》第 2 条第 2 款）。

（四）外交权

1. 缔结条约权：总统行使之权力的先决条件须为参议院表决 2/3 赞成，方能行使之。

2. 任免外交使节及接见外国使节：总统任免外交使节，但须经国会之参议院同意。总统为一国元首，对外代表国家，有外国之元首、使节来访，则代表国家接见之。

3. 行政协定：总统为贯彻其外交政策，与他国元首直接签订行政协定，不须经由参议院之同意，减少参议院之约束。

（五）咨文权

总统为国家元首及行政最高首长，其任何决策或执行须对人民负责，故必须向国会提出报告；且随时向国会报告国务情况，并且总统所认为必要政策须送至国会，以备审议之（《美国宪法》第 2 条第 3 款）。其权力之行使为宣布政策，争取支持，以形成朝野之共识，消除疑虑，以便利执行。

（六）行政权

总统为国家行政机关之最高决策之权，除了行政事务之决定或处理之外，应注意一切之法律之忠实执行（《美国宪法》第 2 条第 2 款）。

（七）复议权

法案经国会之讨论、表决后，交由总统签署，公布之。总统同意此法案则公布之；但总统若对法案有不同意见时，可于国会法案送达 10 天内，退回国会复议之。如国会仍以 2/3 通过维持原案，总统仍须公布之，通常总统所退之法案很难再维持 2/3 表决通过。若正值国会休会时期，总统不赞成该法案既不能退回复议亦不公布，称"袋中否决"（pocket veto），不再有翻案之机会。

美国总统之复议期间为 10 天（国会开会时期），而法国之期限为 15 天，且法国相当重视统筹协调，故退回法案将很难维持原案通过。

表 5-3　美法俄复议权之比较表

国家\项目	美	法	俄
主动权	总统	总统	总统
退回时间	10 天	15 天	14 天
国会维持原案之比例	2/3	未规定一般为过半数	2/3
结果	该案否决或公布	该案否决或公布	该案否决或公布
规定在宪法之章节	国会	总统	国会

三、权限拓展

（一）拓展依据

美国宪法有些条文规定不十分明确，有些为原则上概括之条文，可因环境、时代之不同而有不同之解释，弹性大，因而拓展了总统职权。总统拓展职权之依据为：宪法所规定之条文内容、国会授权、行政特权三种，分述如

下（Sherrill & Vogler, 1982: 411）:

1. 宪法所规定之条文内容：美国宪法规定多属原则性，较具有弹性，可因环境之变化而有不同解释，又可增修条文，以因应局势之变迁。

2. 国会授权：国会表决通过法律，授权予总统。如国会通过对伊拉克宣战案及国会为改善贸易逆差而通过的法案，如"三零一法案"。

3. 行政特权：采用洛克（John Locke, 1690）之定义，即使没有法律依据或违反法律，只要是为公众利益而为之自由裁量所行使之权力。

（二）历届总统权力之拓展

1. 华盛顿（Washington, 1789～1797）

（1）建立元首权：超然于政治之上（above politics）。

（2）建立内阁［由汉密尔顿（Hamilton）协助行政事务］。

（3）外交权（透过行政协议）：经国会制定，规定美国与外国之间的通商，如国会之权限宣战、招募军队、公法上于公海上之犯罪之罚等（《美国宪法》第1条第8款），增加行政协议之权力以直接与他国协议，减少参议院之介入。

2. 杰弗逊（Jefferson, 1801～1809）

（1）以党魁身份，再透过"恩宠制"（patronage system）之非正式政治手腕笼络人心，瓜分利益。

（2）大元帅（Commander-in-chief）：扩张于1801年，故意将部队派往危险之处地中海的黎波里（Tripoli），无形中造成了自卫战（defensive war），借以扩大总统的军事权，同时以既定之事实迫使国会认可其行动。此后，历届总统如1846年的波尔克（Polk），也发动墨西哥（Mexico）战争来扩张权力。

3. 杰克逊（Jackson, 1829～1837）

为美国第一位平民总统。1804年改变总统、副总统选举方式（《美国宪法修正案》第12条）。1828年美国24个州中有22个州由选民选出"总统选举人"（electoral college），而不是由州议会选出。由此杰克逊便以"全国之发言人"（national spokesman）自居，扩张权力，有民意（选票）的支持基础，制造政治声势。

4. 林肯（Lincoln, 1861～1865）

（1）以大元帅之职权将部队移至南方（《美国宪法》第2条第2款），扩大权力，强制贯彻政令。

（2）以应注意法律的忠实执行，扩大权力。

5. 威尔逊（Wilson, 1913 ~ 1921）

（1）以全国大众多数之发言人自居（spokesman for majority），扩大权力。

（2）以与国会的友好关系来处理：由国会的授权来治事，但其在任期的后两年与国会关系恶化，因而权力缩小（如他主张国际联盟，却惨遭国会否决，因而美国未参加国际联盟）。

6. 富兰克林·罗斯福（Franklin Roosevelt, 1933 ~ 1945）

（1）将行政机关重组改造（reorganization），使行政效能提高，有活力、生产力，因此政策得以贯彻。

（2）大元帅：1942 年 2 月正值第二次世界大战之时，将加州之日裔居民 11 万多人，其中包括 7 万人已具有美国公民身份者，集中看管，防止通敌。

总之，总统之权力扩展情形有两个特色：（如图 5-1）

1. 由例外变成例行：当权力扩展后，其下一届之权力会缩小，却不会回至前二届之原点。以 a、b、c 代表总统前后届次序，假如 b 权力扩大，到 c 时不会回至 a 时之范围，却也不会超过 b。

2. 如何扩大权力，则视其总统的环境、个性等因素而有不同。

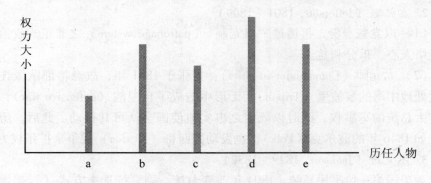

图 5-1　美国总统权力消长图

（三）总统权力之限制

1. 以前承诺

（1）竞选时的承诺：如 1960 年肯尼迪竞选时曾夸下海口，宣称不让共产党势力在中美洲出现；后来其上任时，苏联之赫鲁晓夫秘密将具有核子弹头之飞弹运往古巴设立飞弹基地；1962 年肯尼迪为实践诺言，不惜冒着可能引爆第三次世界大战的风险，要求苏联将飞弹撤走。

（2）先前总统的实际承诺与表现：如 1965 年约翰逊（Johnson）总统受

1939 年富兰克林·罗斯福总统之"医疗政策"的影响，故在医疗政策方面无法大肆更张。

2. 信息与幕僚的限制

总统日理万机，不可能事必躬亲，信息多而杂，有赖幕僚过滤，提供正确、充分、重要、完整、有用的信息；选用幕僚人员的方式与总统权力的行使有密切关系。幕僚提供信息的方式对总统权力之发挥有很大影响。其类型有三（Sherrill & Vogler，1982：425~428）：

（1）政治竞争型：此种方式由多人直接向总统提出建议，彼此相互竞争，信息至少不会遗漏，总统亦不受蒙蔽。可是却会产生争宠之现象。其缺点为总统须花脑筋来分析信息，增加工作负荷量，如富兰克林·罗斯福。

（2）行政效率型：由各层级将信息呈至部门主管，由其删除不必要信息，再呈上至幕僚长，最后选择最好或几种方案送到总统手中。此型须完全信赖其幕僚。故其前提则要找对或选对人，如艾森豪威尔（Eisenhower）。

（3）混合型：融合政治竞争型与行政效率型，分军、政、商等之分工细致，各有负责人。但在最高层中则因信息彼此相关，又形成相当竞争提供信息给总统，如里根（Reagan）。

以何型为优，则视总统个性而定，而美国则以第一类型（政治竞争型）为最多。

3. 舆论与大众媒体之限制

媒体有时有意抹黑或扭曲事实。然而，有时可塑造有利之形象，可分两方面：

一方面，总统本身之包装与营销，召开记者会，直接面对传播媒体，而所使用之方式因总统个性因素有所不同，如罗斯福以椭圆形会议室召开记者会，艾森豪威尔拍成影片，肯尼迪现场立即转播记者会。

另一方面，利用新闻网，由发言人负责包装某些议题或事件，并透过记者招待会广为传播，其作用如下：

（1）澄清：引导分析问题之角度。

（2）供给：掌握新闻来源，以新闻稿"喂饱"新闻记者。

（3）支持：提出理论依据，支持总统。

（4）辩解：解说政策制定是光明正大的。

（5）补强：将街谈巷议与政府立场之差距找出来，并加以弥补和补强。

4. 人格

总统的人格对总统权力的运用影响甚大，1977 年 James D. Barber 著有

《总统的个性》（The President Character），将总统的个性依对职位的活动情况以及看法分为四类，如表5-4。

表5-4　美国总统人格类型表

职位看法 活动	正面（好的一面）	负面（坏的一面）
主动	（a） F. Roosevelt（富兰克林·罗斯福） Truman（杜鲁门） Kennedy（肯尼迪）	（b） Johnson（约翰逊） Wilson（威尔逊） Nixon（尼克松）
被动	（c） Taft（塔夫脱） Harding（哈定）	（d） Coolidge（柯立芝） Eisenhower（艾森豪威尔）

（1）类型（a）：有高度自信，做事积极；态度理性，有效率，具有弹性，有充裕活力，企图心旺盛。对总统的权力能主动积极加以发挥并扩大。

（2）类型（b）：缺乏自信，强迫自己工作，表现佳，坚守某种规则，较无弹性。对总统的权力能主动积极去发挥，然而因为有一股忧患意识在左右他，缺乏弹性，顾此失彼。

（3）类型（c）：过于乐观，却又自信低，喜欢受制于别人，即由他人做决定，而自己坐享其成，个性懒散被动。对总统权力的影响是消极被动的，又过于依赖别人。

（4）类型（d）：责任感强，却不愿面对现实，逃避冲突，强调以过程处理问题。对总统权力之影响是被迫承担大任，不愿主动发挥，缺乏担当。同样的，美国史学家史勒辛格于1997年12月也发表了一项对历任美国总统绩效表现的评比调查。这份调查是依据32位历史学者以伟大、近乎伟大、中等（其中又分中上和中下）、低于平均、失败六个等级。研究发现，伟大的总统往往拥有建设美国的远见，但是在当时未必深得民心，而受欢迎的总统都不见得伟大。

表 5-5　第二次世界大战战后美国历任总统、副总统表

总统	副总统	在任期间	党派
杜鲁门（Harry S. Truman）	巴克利（Alben W. Barkley）	1945～1953	民主党
艾森豪威尔（Dwight Eisenhower）	尼克松（Richard Nixon）	1953～1961	共和党
肯尼迪（John F. Kennedy）	约翰逊（Lyndon Johnson）	1961～1963	民主党
约翰逊（Lyndon Johnson）	汉弗莱（Hubert Humphrey）	1963～1969	民主党
尼克松（Richard Nixon）	阿格纽（Spiro Agnew） 福特（Gerald Ford）	1969～1974	共和党
福特（Gerald Ford）	洛克菲勒（Nelson Rockefeller）	1974～1977	共和党
卡特（Jimmy Carter）	蒙代尔（Walter Mondale）	1977～1981	民主党
里根（Ronald Reagan）	老布什（George H. W. Bush）	1981～1989	共和党
老布什（George H. W. Bush）	奎尔（Dan Quayle）	1989～1993	共和党
克林顿（Bill Clinton）	戈尔（Albert Gore）	1993～2001	民主党
小布什（George W. Bush）	切尼（Dick Cheney）	2001～2009	共和党
奥巴马（Barack Obama）	拜登（Joe Biden）	2009 年至今	民主党

资料来源：维基百科。

■日本

日本天皇为国家之象征，只扮演元首角色。《日本国宪法》第 1 条规定："天皇乃日本国之象征，同时为日本国民团结之象征，其地位基于主权所在之日本国民之总意。"又第 4 条规定："天皇仅得为本宪法所定有关国事之行为，对于国政无权过问。"并且关于国事之行为，"须经内阁奏议与同意，并由内阁负其责任"（《日本国宪法》第 3 条）。可见日本天皇应为虚位元首，并且是君主国，"皇位必须世袭，依国会议决之皇室典范之规定继承之"（《日本国宪法》第 2 条）。天皇既为虚位，其扮相之元首的权则如下：

一、内阁总理大臣及最高法院院长的任命

行政部门及司法部门首长，由象征国家的天皇任命。天皇只是形式的任命，实质上，内阁总理大臣由国会选出，最高法院院长则由内阁提名（《日本

国宪法》第6条），天皇无权过问（《日本国会法》第65条第2款）。天皇依例"临席"，举行任命式。任命状由天皇署名盖玺，内阁总理大臣副署。

二、宪法的修改，法律、政令及条约的公布

宪法的修改，由国会决议并经国民承认（《日本国宪法》第96条）。法律由国会议决，政令由内阁决定，条约由内阁缔结并经国会承认，天皇依内阁之奏议及承认公布之。而条约缔结时其全权委任状及批准书则必须得到天皇的认证（《日本国宪法》第7条）。

三、国会的召集

国会的召集与众议院的解散，形式上亦属于天皇之权（《日本国宪法》第7条）。实际上召开国会及解散众议院的决定由内阁负责，天皇仅做外部形式上的表明行为而已。国会的召集，依宪法所定，分常会（《日本国宪法》第52条）、临时会（《日本国宪法》第54条）、特别会（《日本国宪法》第53条）三种，召集其中任何一种会议，天皇必依内阁的建议以诏书形式行之。

四、众议院的解散

众议院的解散，实质上基于内阁的决定，形式上依据天皇的诏书（《日本国宪法》第7、69条）。

五、国会议员选举的公告

国会议员选举的公告指众议员任期届满及众议院解散后之选举，并包括每隔3年改选半数的参议院。通常"选举期日"及公告时期均依法律规定，由内阁决定，天皇形式上对国民公告，以诏书行之（《日本国宪法》第7条）。

六、国务大臣、其他依法任免官吏的认证，全权大使、公使信任状的认证

国务大臣由内阁总理大臣任免，天皇认证。其他官吏依法由内阁总理大臣或其他机关任免；须经天皇认证者为：最高法院之法官、高等法院之法官、检察总长、次长、检察官、人事官、宫内席长官、侍卫长、特命全权大使、特命全权公使及公正交易委员会委员长等（《日本国宪法》第7条）。

全权大使、公使的信任状，由内阁颁发，天皇认证（《日本国宪法》第7条）。

七、大赦、特赦、减刑、免刑及复权的认证（《日本国宪法》第7条）

八、荣典的授予

基于内阁的决定及建议与承认，由天皇授予（《日本国宪法》第7条）。

九、批准书及法律所定其他外交文书的认证

依宪法规定，条约由内阁缔结，经国会承认（《日本国宪法》第73条）。因此，条约的批准权属于国会，批准书由内阁作成，天皇仅认证而已。经认证的条约由天皇公布。依法须天皇认证的外交文书有：大使、公使的信任状，领事官的委任状，外国领事的认可状等（《日本国宪法》第7、61条）。

十、外交大使及公使的接受（《日本国宪法》第7条）

十一、仪式的举行

国家的祝日、祭日、纪念日、即位的庆典、大丧等式典，均由天皇主持仪式（《日本国宪法》第7条）。

表5-6　日本立宪后之历任天皇表

天皇	就任期间
明治（Meiji）	1868～1912
大正（Taisho）	1912～1926
昭和（Showa）	1926～1989
平成（Heisei）	1989年至今

■ 德国

德国实行内阁制，其元首为虚位制，以间接选举产生。总统由联邦大会来选举。具有联邦议会选举投票资格且年满40岁，方有被选举权，任期5年，连选以一次为限（基本法第54条）。联邦大会由联邦议会议员及各邦议会议员依比例代表制原则选举与联邦议会议员同数之代表组成之。但各邦议会议员不得为代表。总统故意违反基本法或联邦法律时，由联邦议会1/4或

联邦参议员 1/4 赞同，提出动议，以 2/3 赞同成立提议，再由联邦宪法法院审判之（基本法第 61 条）。其权力如下：

一、元首权

联邦总统代表联邦就个别案件行使赦免权（基本法第 60 条）及公布法律等。

二、任免权

联邦总统任免联邦法官、联邦文武官员（除法律另有规定外，基本法第 60 条）；经国会过半数表决通过而任免联邦总理（基本法第 63 条），联邦内阁阁员由总理提请总统任免之（基本法第 64 条第 1 款）。

三、解散联邦议会

联邦议会未通过总统所提之总理人选，超过 14 天之期限，未自行选出总理，得解散联邦议会（基本法第 63 条）。总理因联邦议会未以过半数支持信任案，则请总统解散联邦议会（基本法第 68 条）。

表 5-7　德国第二次世界大战战后之历任总统表

总统	任职期间
豪斯（Theodor Heuss）	1949～1959
吕布克（Heinrich Lubke）	1959～1969
海涅曼（Gustar Heinemann）	1969～1974
谢尔（Walter Scheel）	1974～1979
卡斯腾斯（Karl Carstens）	1979～1984
魏茨泽克（Richard Von Weizsacker）	1984～1994
赫尔佐克（Roman Herzog）	1994～1999
劳（Johannes Rau）	1999～2004
克勒（Horst Kohler）	2004～2009
伍尔夫（Christian Wulf）	2010 年至今

四、宣布"立法紧急状态"，须经参议院同意（基本法第81条）

此部分将在第四节立法权与行政权关系中说明之。

■ 俄国

一、总统产生与地位

俄罗斯联邦总统为国家元首（《俄罗斯联邦宪法》第80条第1款），每任4年，连选得连任一次，由公民直接选举产生（《俄罗斯联邦宪法》第81条第1款）。凡俄国公民，年满35岁，在俄常住满10年，得登记为总统候选人（《俄罗斯联邦宪法》第81条第2款）。第一任总统为叶利钦（Boris Yeltsin），第二任（2004～2008）总统为普京（V. Putin），现任总统（2008至今）梅德韦杰夫（D. Medvedev）。

俄罗斯联邦总统为具有实权之国家元首，其地位为：联邦宪法及人权、公民权之护卫者；依宪法程序维护联邦主权、国家独立与整合、确保国家公权机关之协调与运行，依联邦宪法与法律决定国家内外政策方针，对内对外代表俄罗斯联邦（《俄罗斯联邦宪法》第80条第2、3、4款）。俄罗斯联邦总统制为超级总统制。

二、总统职权

（一）《俄罗斯联邦宪法》第83条所规定者

1. 经下议院之同意任命俄罗斯联邦政府主席。

2. 主持俄罗斯联邦政府会议。

3. 改组俄罗斯联邦政府。

4. 向国家杜马（下议院）提名俄罗斯联邦中央银行总裁，由国家杜马（下议院）任免。

5. 经俄罗斯联邦政府主席之提议，任免副主席和各部长。

6. 向联邦院（上议院）提名俄罗斯联邦宪法法院、最高法院、最高仲裁法院之法官和联邦总检察长，由联邦院（上议院）任免。

7. 组织并主持俄罗斯联邦安全会议（Russian Federation Security Council）。

8. 核定俄罗斯联邦军事宗旨。

9. 组成俄罗斯联邦总统幕僚组织。

10. 任免俄罗斯联邦总统之代表。

11. 任免俄罗斯联邦武装部队之最高司令。

12. 经咨询联邦国会各院之有关常设委员会，任免外交使节。

（二）《俄罗斯联邦宪法》第84条所规定者

1. 依联邦宪法与法律，确定国家杜马（下议院）之选举日程。

2. 依联邦宪法，解散国家杜马（下议院）。

3. 依联邦宪法确定公民投票日程。

4. 向国家杜马（下议院）提议案。

5. 签署公布联邦法律。

6. 向联邦国会提年度咨文，陈述国家情势及内外政策方针。

（三）《俄罗斯联邦宪法》第87条之军事权

1. 俄罗斯联邦总统为俄罗斯联邦武装部队之最高统帅。

2. 俄罗斯联邦遭受侵略或侵略之威胁时，俄罗斯联邦总统经立即通知联邦院和下议院，得宣布全面或局部戒严。

3. 戒严之条件由联邦宪法规定。

（四）《俄罗斯联邦宪法》第88条之宣布紧急状态

依联邦宪法，俄罗斯联邦总统经立即通知联邦院和国家杜马，得宣布全面或局部紧急状态。

三、解职

1. 俄罗斯联邦总统犯有叛国、重大罪行，经国家杜马提议，提送联邦最高法院判决，并经联邦宪法法院依法定程序判决提出控诉联邦院得据此控诉解除其职务（《俄罗斯联邦宪法》第93条第1款）。

2. 国家杜马提议之决议，以及联邦院解除总统职务之决议，应经各该院总额2/3多数之同意。国家杜马之提议应先有1/3议员之动议，并经院内特定委员会之决议（《俄罗斯联邦宪法》第93条第2款）。

3. 自国家杜马提议控诉总统罪行起至联邦院解除总统职务，其间不得超过3个月。如超过3个月，联邦院未能议决，视为控诉未获通过（《俄罗斯联邦宪法》第93条第3款）。

表5-8　各国元首产生方式之比较表

英	为君主世袭制，是虚位元首，并没有掌控实权，其象征英国历史生命的延续
法	1962 年总统改为直选，采二轮式选举，第一轮采绝对多数，无人当选则进入第二轮，但仅有第一轮得票数最多的前两名方可参与第二轮。总统的任期自 2002 年起为 5 年，无连任之限制
美	采双重选举制。一为选举"总统选举人"，各州均于 11 月第一个星期一后的星期二选举"总统选举人"，一个政党只要多得一票，这个政党就可以获得全州的"总统选举人"。另一为"总统之选举"，各州的"总统选举人"于 12 月第二个星期三之后的第一个星期一，在首府投票选举总统、副总统，如果得到半数支持，就能当选。任期为 4 年，得连任一次
日	皇位必须世袭，依国会议决之皇室典范之规定继承。为虚位元首，因为天皇仅得为宪法所定有关国事之行为，对于国政无权过问。但其为日本国之象征
德	依照基本法，采间接选举，由联邦议员及各邦议会依比例代表制原则选举与联邦议会议员同数之代表组成联邦大会，不经讨论选举之，以得过半数者为当选。否则，再举行第二次投票。第二次得票以得半数者为当选，如果没有，则举行第三次投票，以得较多票数者为当选。当选者任期 5 年，连任一次为限，并无实权上的掌握
俄	俄罗斯联邦总统为国家元首，由公民直接选举产生。任期为 4 年，得连任一次

表5-9　各国元首职权之比较表

英（国王或女王）	1. 王位继承权：现今的伊丽莎白二世是汉诺威王朝第十一代国王（以往是传子不传女，现今已有提议长女亦可继承）。 2. 不负责权：国王只是虚位元首，实际政策成败由内阁首相负责。国王无误（The King can do no wrong）。 3. 皇室经费请求权：经由国会支持，与政府经费划分开来。 4. 立法权：国会所议决的法律须呈国王批准生效。以此观之，国王似对法案有最后决定权，事实上并非如此，这是一个惯例，立法权完全属于国会。 5. 行政权：国王有任免官吏、颁给荣典、统帅军队、缔结条约、宣战媾和等职权，但这一切都须经由国务大臣所组织之内阁所决定及副署，实际上是由内阁掌握行政权。 6. 司法权：1701 年的《王位继承法》中保障法官地位的独立之后，国王不得新设法院，亦不得变更法官的人数、任期或薪俸，所以司法权事实上仍属法院所有。

法 （总统）	1. 任命权：总统可以任命内阁总理而无须国民议会同意。 2. 公布法律权：法律送达后 15 日内公布之。 3. 提交复议权：得将法律案全部或部分要求复议，国会不得拒绝。 4. 提交公民复议权：有关权力组织或涉及共同组织之协定或国际条约之批准或法律草案，得因政府或两院之请求而提交公民复决，若赞成，总统应于 15 日内公布之。 5. 解散国民议会权：于咨询内阁总理及两院院长后，得解散国民议会，此只供意见参考，最后决定权仍在总统。 6. 任命宪法委员会 3 位委员，并任命主任委员。 7. 总统得单独将国际条约或协定或普通法律提交宪法委员会审核其是否违宪，其余如任命文武官员，派遣及接受使节、军队总帅并为国防最高会议及委员会之主席，特赦、议会咨文权、召集国会临时会，并令其闭会。 8. 为部长会议主席之权：对政策有实际决定参与权，提供合理的依据，这是最重要的。
美 （总统）	1. 军事统帅权：为全国民兵之统帅，并得经参议院同意后任命各级军官。此一规定与虚位元首制国家之象征性权力完全不同。 2. 外交权：分为三项，一是接见外国使节；二为缔结条约，但须获得参议院 2/3 绝对多数之同意后批准公告之；三为获得参议院之同意任命驻使节。 3. 任免权：第一类高级官员如大使、最高法院法官，总统有权提名经参议院同意后任命；第二类为一般下级官员，总统即可任命。 4. 行政领导权：其性质广泛而不易确定其界限，总统在国内行使之权力，多数皆由此衍生而来。 5. 赦免权：总统有赦免权，但有两项限制，一是总统仅能赦免违反联邦法律之人，二是不得赦免被弹劾而受处分之人。 6. 立法权：咨文权乃其对国会做立法之建议；决定国会开会及休会之权；复议权（veto power），总统有权退回议会复议，国会两院须各以 2/3 之绝大多数始能维持原议，但亦有三个限制：①国会通过之宪法修正案不得退回复议；②必须复议全条法律案；③必须于法律案送达后 10 日内为之。
日 （天皇）	天皇依内阁之奏议及承认，代表国民执行下列有关国事之行为： 1. 公布修正之宪法、各项法律、政令及条约。 2. 召集国会。 3. 解散众议院。 4. 公布国会议员之总选举事项。 5. 认证国务大臣及法律所定其他官吏之任免，并认证全权大使与公使之之信任状。 6. 认证大赦、特赦、减刑或免刑及恢复权利。

	7. 授予荣典。
	8. 认证批准书及法律所规定之其他外交文书。
	9. 接受外国大使及公使。
	10. 举行仪式。
德（总统）	1. 外交权：一为对外代表联邦之代表权；二为条约缔结权，但若条约内容有关联邦政治关系或涉及联邦立法事项，须经立法机关之同意；三为使节权，接受并派遣使节。
	2. 行政权：因为基本法采内阁制，联邦总统之权限较之魏玛时代被削落许多，诸多政事都须经由内阁总理副署，或经联邦议会及参议院之同意，但是有三项须副署：①内阁总理之任免；②联邦议会未能以总数过半数之同意，赞成总统所提的内阁总理，又不能在 14 天之内以过半数之同意选举内阁总理，此时总统解散议会无须副署；③内阁总理缺位时，总统命令阁员执行总理职务，无须副署。
	3. 立法权：①开会请求权：总统可以请求联邦议会提前开会；②解散议会权：两种原因，一者在前行政权已叙述过，另一者就是总理要求信任投票的提议未能得到联邦议会半数之支持时总统得依总理之请求于 3 周内解散之；③立法紧急状态宣布权：基本法第 68 条，内阁信任案被否决而总统又未能解散议会，若议会再否决内阁认为是紧急议案者，或否决附有信任性质的法案时，总统得经内阁之请求并经参议院之同意后宣布立法紧急状态。
	4. 司法权：总统对个别案有特赦之权。
俄（总统）	1.《俄罗斯联邦宪法》第 83 条所规定者： （1）经下议院之同意任命俄罗斯联邦政府主席。 （2）主持俄罗斯联邦政府会议。 （3）向下议院提名俄罗斯联邦中央银行总裁，由下议院任免。 （4）经俄罗斯联邦政府主席之提议，任免副主席和各部长。 （5）向上议院提名俄罗斯联邦宪法法院、最高法院、最高仲裁法院之法官和联邦总检察长，由上议院任免。 （6）组织并主持俄罗斯联邦安全会议。 （7）任免俄罗斯联邦武装部队之最高司令。 （8）经咨询联邦国会各院之有关常设委员会，任免外交使节。 2.《俄罗斯联邦宪法》第 84 条所规定者： （1）依联邦宪法与法律，确定下议院之选举日程。 （2）依联邦宪法解散下议院。 （3）依联邦宪法确定公民投票之日程。 （4）向下议院提议案。 （5）签署公布联邦法律。 （6）向联邦国会提年度咨文，陈述国家情势及内外政策方针。

表 5-10　各国元首解除职务情形之比较表

英	由于英国女王属世袭制度，女王没有实际的权力，只是象征性的权力，故英国女王没有解除职务的现象
法	1. 总统因受弹劾而辞职。 2. 总统提出公民投票，以公民投票方式来决定是否信任总统；若是不信任总统，则总统即辞职下台
美	1.《美国宪法》第 2 条第 4 款规定，总统、副总统及联邦政府各级文官，叛逆罪、贿赂罪或其他重罪、轻罪之弹劾而被判定有罪时应受免职处分。 2.《美国宪法》第 2 条第 1 款第 6 项规定，如遇总统因免职、亡故、辞职或不能行使总统之职权时，由副总统执行总统职务。国会得以法律关于总统与副总统之免职之故、辞职或无能力任职时，宣布应代行总统职务之官员。 3.《美国宪法修正案》第 22 条规定，任何人被选为总统者，不得超过两任。总统任期届满即解除职务
日	日本天皇为世袭制，因为天皇处理有关国事之一切行为，应经内阁之奏议与承认，并由内阁负其责任，所以日本天皇并没有解除职务的情形
德	基本法第 61 条规定，凡总统故意违背基本法或其他联邦法律时，众议院或参议院均得向联邦宪法法院提出弹劾，经侦查后如认为确有故意违反时得宣告总统解职。参议院、众议院对总统提出弹劾案必须由议员 1/4 以上提议，2/3 以上通过。弹劾程序开始后联邦宪法法院得以临时命令决定停止其行使职权
俄	1. 俄罗斯联邦总统犯有叛国、重大罪行，由下议院提议，提送联邦最高法院判决，并经联邦宪法法院依法定程序判决提出控诉，联邦院得据此控诉，解除其职务（《俄罗斯联邦宪法》第 93 条第 1 款）。 2. 下议院提护之决议，以及联邦院解除总统职务之决议应经各该院总额 2/3 多数之同意。下议院之提议应先有 1/3 议员之动议，并经院内特定委员会之决议（《俄罗斯联邦宪法》第 93 条第 2 款）

第三节　行政首长

■ 英国

一、首相的产生

英国实行内阁制，其首相为行政首长，且为责任内阁制，内阁阁员集体负连带责任。平民院多数党党魁受英王任命为首相，组织内阁。英国第二次世界大战战后历任首相见表 5-11。

表 5-11　英国第二次世界大战战后之历任内阁首相表

首相	就任时间	党别
艾德礼（Attlee）	1945～1951	工党
丘吉尔（Churchill）	1951～1955	保守党
艾登（Eden）	1955～1957	保守党
麦克米伦（Macmillan）	1957～1963	保守党
霍姆（Douglas Hume）	1963～1964	保守党
威尔逊（Wilson）	1964～1970	工党
希思（Heath）	1970～1974	保守党
威尔逊（Wilson）	1974～1976	工党
卡拉汉（Callaghan）	1976～1979	工党
撒切尔夫人（Thatcher）	1979～1990	保守党
梅杰（Major）	1990～1997	保守党
布莱尔（Blair）	1997～2007	工党
布朗（Brown）	2007～2010	工党
卡梅伦（Cameron）	2010 年至今	保守党

二、首相与阁员的关系

阁揆与阁员之间的关系，依实际情况而定。撒切尔夫人时代，是为长官与部属之关系，而到了首相布莱尔，因其资历、年龄关系，故与阁员为伯仲之关系。

三、首相的角色

首相具有多重身份：①为选区之候选人，平素要为选区选民服务；②为平民院之领袖，其出身自平民院中获大多数席次之政党，且为党魁，自然而然受平民院拥戴，而为国会之领袖；③为执政党之领袖、党魁；④为内阁之领袖。

■ 法国

法国为二元行政首长制，一为总统，一为内阁总理。法国之总统，其地位非如英国女王之虚位，是具有实权的，会因总统个人之关系而使其权力增加或减少；凡能获得民众之拥戴者，可将尚未抵触宪法却可影响现行制度运作之有关法案交由公民复决（《法国宪法》第11条），亦可看出其民意之支持程度。如戴高乐（Charles de Gaulle）总统其特殊权力来源，除了当时局势对其有利，其个人之刚烈个性外，最重要的一点是造势，如常出国访问，接受访问便已常于媒体中出现；常举行公民复决投票，保持与民众密切关系；自己决定政策与人事任免案并不授权，以扩大影响力。而戴高乐失利于过度造势。

一、总统与内阁之关系

（一）任命内阁总理

总统任命总理（《法国宪法》第8条第1款）。而实际上总统任命拥有国民议会之席次最多之党魁为总理，并依总理提出政府总辞而免除其职务。且基于总理之提议任免政府部长（《法国宪法》第8条第2款）。现今总理为弗朗索瓦·菲永。总统为共和国的总统，是全国利益的仲裁人，而总理是政府与内阁的领导人，是故总统与总理于法兰西第五共和国的宪法皆具有其专属的权力，因而形成行政权"二元化的现象"。

（二）内阁阁员之任免

若为强势领导之总统如戴高乐、密特朗，总统不经总理之提议而自行任免内阁阁员，总理也无法反对或抗拒。

（三）主持部长会议

共和国总统主持部长会议（Council of Ministers）（《法国宪法》第9条），部长会议的成员为：总统、总理、各部长、各部次长、政府秘书长、总统府秘书长，以决定国家重大政策方针。而总理的内阁（Prine Minister's Cabinet）决定贯彻政策之方法。总理的内阁包括总理办公室的所有成员约50人以及总理的政治顾问（Elgie, 2003：106）。

二、内阁总理职务

法国采二元行政首长制，总统为国家层级之首长（主要在国家地位、国防、外交领域），总理为政府层级之首长（主要在内政）。在非左右共治时期，总统有决定大政方针之权，再交由总理执行。换言之，总理只是指挥政府行动，负责国防，确保法律之遵行（《法国宪法》第21条第1款）。同时总理须副署总统所签署之法案，且负权责，而总统只须公布，无须负任何权责。总统除提交公民复决、紧急权力、宪政维护、法规解释、国会咨文、任免总理等（《法国宪法》第19条）不须经总理或其他相关之部长副署外，其余均应经由总理或相关业务之部长副署方得公布或发布。

内阁总理职务，可分下述六点加以说明：

1. 指挥政府行动（《法国宪法》第9条）：指挥或协调的方式可透过指令的下达或召开"内阁会议"及政府间的"部际会议"。

2. 确保法律执行（《法国宪法》第21条）：一切须由政府制定实施法规之法律，除实施规则需由部长会议通过或征询中央行政法院意见者外，均须总理制定实施规则并签署实施命令后方具执行的效力。故总理在执行法律的方面享有重要权力。总理可以借由延迟签署实施命令，以拖延法律之执行，甚至不予制定有关的实施规则。

3. 规章制定权：总理的规章制定权范围相当广泛，依《法国宪法》第37条之规定，凡法律范畴以外的一切事项皆属于行政规章的性质。

4. 立法过程的优势：不信任案的限制（《法国宪法》第49条）、政府法案优先审议（《法国宪法》第48条）、要求全案表决（《法国宪法》第44条）穿梭立法的主导（《法国宪法》第45条）等优势。

5. 对总统的行动权：分为三种：一为受咨询权、二为提议权、三为副署权。三者分述如下：第一，受咨询权方面，总统在解散国民议会及动用紧急权时，均须咨询总理，惟此咨询权对于总统并不具有强制力。第二，提议权方面：①任免政府阁员须总理之提议（《法国宪法》第8条）；②建议总统举行公民复决（《法国宪法》第11条）；③请求召开国会临时会（《法国宪法》第29条）；④提议修宪（《法国宪法》第89条）。上述四项的总理建议权，若是总理没有提出建议，则总统也没有办法采取行动。第三，在副署权方面：《法国宪法》第19条规定，共和国总统所签署之文件，除任命总理、举行公民复决、解散国民议会、行使紧急权力、国会咨文、提请宪法委员会审议法律、国际条约以及任命宪法委员会委员及主席外，均须总理副署。

6. 其他权力：代行总统权、代理总统举行国防会议、代理总统主持部长会议、提请宪法委员会解释国际条约及法律。（刘嘉宁，1997）

三、左右共治

"共治"一词来自法文的（La Cohabitation），原意是指性别不同的两个人共同生活在一起，也就是同居的意思。引申到政治领域中，即意味着一个总统与一个不同方针的国会多数党同处在一起（张台麟，1990）。法兰西第五共和国以来，由于总统与国民议会的选举时间不一致，因而民意发生落差，而使得总统任命总理会随着国会生态的不同而有不同的考虑，若左派的总统，因右派党派或阵营取得国民议会过半的席次，而迫使左派总统提名右派阵营的领袖担任总理，即形成所谓的"左右共治"。（张台麟，1990）

1986 年 3 月 16 日，国民议会改选，右派主要政党"共和联盟"与"民主同盟"组成"右派联盟"，赢得多数选民支持，共得 277 席，迫使社会党之密特朗总统于 3 月 20 日任命"共和联盟"领袖希拉克出任总理，法国政局出现左右两派"共治"（Cohabitation）之奇特局面。1988 年 5 月，密特朗击败挑战者希拉克，连任法国总统，随即任命罗卡尔（Michel Rocard）出任总理，6 月改选国会，左派联盟获胜，结束左右共治之局。

1993 年 3 月法国国民议会议员选举（第一轮 3 月 21 日，第二轮 3 月 28 日）。选举结果，右派联盟获胜。总统密特朗不得不于 3 月 30 日任命右派联盟之领袖巴拉迪尔（Edouard Balladur）为内阁总理，为法兰西第五共和国第二次左右共治。到 1995 年希拉克当选总统，结束第二次左右共治。

1997 年法国总统希拉克提前解散国民议会，左派联盟获胜，迫使希拉克总统不得不任命左派领袖若斯潘（L. Jospin）为内阁总理，法国又进入第三次左右共治。2002 年 5 月 5 日，希拉克当选，连任总统，6 月国民议会选举，右派获胜，结束第三次左右共治。

1997 年法国总统希拉克提前解散国民议会，不料左派联盟取得过半的席次，迫使希拉克总统提名社会党总书记若斯潘为总理，使得法国进入了第三次左右共治，此次共治长达五年，结束于 2002 年 5 月法国总统大选若斯潘无法进入第二轮而主动辞去总理的职务。

四、内阁阁员

阁员不得同时兼任国会议员、全国性之职业代表及其他一切公职或参与职业性之活动（《法国宪法》第 23 条）。而国会议员之缺额或公职人员之缺额之递补，则由组织法规定之。

■ 美国

美国系采总统制的国家，总统握有行政权为行政首长，负责处理一切行政决策和事务。然一国之行政事务众多，身为一个国家元首无法亲理每一事务，须有众多幕僚提供意见，并协助其处理行政事务。设有总统府（the Executive Office of the President），分设两类机关：

一、亲信幕僚机关

白宫办事处（the White House Office），由总统任命机要人员，负责提供信息或打点总统之一切生活起居、行为等。总统须了解一切信息、熟悉所处之环境方能够做一适当之决策。

二、建制机关

建制机关与前者不同之处在于其有一定机关组织编制和职权。兹举三个如下：

（一）管理及预算局（the Office of Management & Budget，简称 OMB）

管理及预算局于 1970 年成立，其前身为 1921 年之预算局。而预算之涵义具有规划、协调、控制和分配资源之功能。

（二）经济顾问委员会（the Council of Economic Advisers）

经济顾问委员会 1946 年成立，设顾问 3 人；其功能为充分就业、提升生产力、提升购买力、提供总统经济方面决策之信息。

（三）国家安全会议（the National Security Council）

国家安全会议于 1947 年成立，其组成分子为主席（总统）、副总统、国务卿、国防部长、紧急计划局局长。其功能为提供有关内政、外交、军事等之信息，以确保国家安全。

■ 日本

一、总理大臣

日本之政体类似英国之内阁制，内阁掌握行政权（《日本国宪法》第 65 条）；采合议制，集体责任制，举行内阁会议（《日本国宪法》第 66 条）；对国会负责（《日本国宪法》第66条），若众议院不信任则可行使倒阁权（《日本国宪法》第69条）。

凡具有议员身份者，都有机会为两院所提名，表决为内阁总理大臣。两院个别推选表决之，若两院表决一致时，顺理成章当上首相职位；倘若两院表决不一致时，召开两院联席委员会协调，而未获协议或众议院已推定人选送至参议院，而参议院于10日内未有决定者，则以众议院之决议为之（《日本国宪法》第67条）。然而，其人选之提出，往往是透过政党的运作而产生的。例如，1993年7月18日众议院选举，自民党获223席，但未获得511席之半数，其他政党又不愿意与自民党联合，于是新生党（55席）、社会党（70席）、民社党（15席）、公明党（51席）、社民党（4席）、日本新党（35席）、先驱党（13席）7个政党，再加上"民主改革连合"的加入，组成8个党派之联合政府，由日本新党之细川护熙获众议院过半数议员之支持，而成为日本首相（日本首相由参议院、众议院两院各别选举，当选人不一致时，两院协调，协调不成，以众议院之决议为国会之决议）。

兹将日本1991~2010年历任内阁首相及就任期间整理如表5-12。

表5-12　日本历任首相表（1991~2010）

首　相	就职年月	所属政党
宫泽喜一	1991年11月	自民党
细川护熙	1993年8月	日本新党
羽田孜	1994年4月	新生党
村山富市	1994年6月	社会党
桥本龙太郎	1996年1月	自民党
小渊惠三	1998年7月	自民党
森喜朗	2000年4月	自民党
小泉纯一郎	2001年4月	自民党
安倍晋三	2006年9月	自民党
福田康夫	2007年9月	自民党
麻生太郎	2008年9月	自民党
鸠山由纪夫	2009年9月	民主党
菅直人	2010年6月	民主党
野田佳彦	2011年9月	民主党

内阁总理大臣与英国首相一样，握有实质之行政权。可全权任命内阁大臣（即国务大臣），非具有议员身份方可，但大多数人为议员（《日本国宪法》第68条）。而总理之职权如下：

（一）发言权

内阁总理大臣于任何时间内得出席两院对有关之议案发言，同时国会若要求到场质询说明时，亦应出席之（《日本国宪法》第63条）。

（二）人事权

总理大臣得任免国务大臣，但多数人员须自国会议员中选任之（《日本国宪法》第68条）。

（三）提案权

总理大臣代表内阁提出议案至国会（《日本国宪法》第72条）。

（四）报告权

首相须向国会报告一般国务及外交关系（《日本国宪法》第72条）。

（五）行政指挥监督权

首相为最高之行政首长，掌理各个行政部门，指挥监督，使政策确实执行之（《日本国宪法》第72条）。

（六）法令公布发布联署权

凡法律及内阁政令均须由主管国务大臣署名与内阁总理大臣联署（《日本国宪法》第74条）。

（七）同意权

凡国务大臣在其任期中，非得内阁总理同意，不受诉追（《日本国宪法》第75条）。

（八）主持内阁会议：（《日本内阁法》第4条）。

（九）仲裁机关权限之争议：（《日本内阁法》第7条）。

（十）行政各部之行政命令与处分之决定权：（《日本内阁法》第8条）。

二、内阁

内阁之政策不获众议院支持，众议院通过不信任案或否决信任案，而众议院10天内未解散，则内阁须总辞（《日本国宪法》第69条）。然而，若总理大臣缺位或众议院新选出之议员初次集会时，则内阁亦须总辞（《日本国宪法》第70条）。而内阁之职权为下列几点：

（一）行政权

一般行政事务外之事务，如忠实法律执行、总理国务；处理外交关系；

缔结条约，但须视情况于事前或事后经国会认可（《日本国宪法》第 65 条）；依法律规定标准，掌理关于官吏之事务；编成预算，向国会提出；制定内阁政令；决定大赦、特赦、减刑、免除刑之执行及恢复权利等（《日本国宪法》第 73 条）。

（二）司法人员之任命

内阁提名最高法院院长之法官（具有最高法院院长身份之法官），由天皇任命之（《日本国宪法》第 6 条）；最高法院院长外，所有法官皆由内阁任命之（《日本国宪法》第 79 条）；依最高法院之提名而任命下级法院之法官（《日本国宪法》第 80 条）。

（三）要求召开参议院紧急集会

众议院遭受解散时，参议院则同时闭会。若国家遇有急难时，内阁可要求参议院举行紧急集会，以应付紧急危机（《日本国宪法》第 54 条）。

（四）有关财政方面之权

1. 编制每年会计年度预算，以送至国会审查议决（《日本国宪法》第 86 条）。

2. 对国会所准备之预备金之支出，须于事后得国会之认可（《日本国宪法》第 87 条）。

3. 国家之收支决算，每年由会计检查院审核之；并由内阁于次年度将决算连同审核报告书一并提出于国会中（《日本国宪法》第 91 条）。

■ 德国

一、总理的产生

总统为虚位，无实权。权力集中在总理身上。联邦总理由联邦总统提请联邦议会不经讨论选举之，以过半数者当选之；若未过半数通过，联邦议会须于 14 天内，以过半数选举出总理。14 天期限后，仍未推选出人选，则应立即重新投票，已过半数者，总统于 7 日内任命之。若仍未过半数者，则总统可勉强任命之，或解散联邦议会（基本法第 63 条）。

二、总理与阁员

阁员由总理提请总统任命之（基本法第 64 条），事实上，内阁阁员乃依政党（参加联合政府者）的名额分配之，故其阁员与总理之关系为部属与长官之互动关系。而德国之政治以总理为枢纽，期能安定环境，以防第二个希特勒出现。同时，在一般政策范围内，阁员应自指挥专管之部负其责，而内阁总理决定一般政策及负其责（基本法第 65 条）。

表 5-13　德国第二次世界大战战后历任内阁总理表

总理	就任期间
阿登纳（K. Adenauer）	1949～1963
艾哈德（L. Erhard）	1963～1966
基辛格（K. G. Kiesinger）	1966～1969
勃兰特（W. Brandt）	1969～1974
施密特（H. Schmidt）	1974～1982
科尔（H. Kohl）	1982～1998
施罗德（Gerhard Schroder）	1998～2005
默克尔（Angela Merkel）	2005 年至今

三、总理的职权

总理之职权，如提名内阁阁员由总统任命之（基本法第 64 条）：指定联邦阁员一人为副总理（基本法第 69 条）；总统公布法律之副署权：因联邦议会否决法案而要求解散联邦议会（基本法第 68 条）；经参议院同意要求总统宣布"立法紧急状态"（基本法第 81 条）。

■ 俄国

俄罗斯联邦的行政权由"俄罗斯联邦政府"执行。"俄罗斯联邦政府"由俄罗斯联邦政府主席、副主席及各联邦部长组成（《俄罗斯联邦宪法》第 110 条）。

一、联邦政府之组成

联邦政府主席由总统提名，征得"国家杜马"（下议院）同意后任命。此项提名在新总统就职两周内，或政府总辞后两周内，或原提名被下议院否决后一周内行之。下议院在接获总统之政府主席提名人选一周内行使同意权。总统所提名政府主席人选，经三次被下议院否决，总统径行任命政府主席，并解散下议院，办理改选（《俄罗斯联邦宪法》第 111 条）。联邦政府主席经任命后一周内应组织政府，并向总统建议副主席、各部长人选（《俄罗斯联邦宪法》第 112 条）。联邦政府组成后，政府主席应依宪法、法令规划政府行动纲领。俄罗斯总统叶利钦（Boris Yeltsin）任命切尔诺梅尔金（Viktor Cherno-myrdin）为联邦政府主席（1994.1998.4），但于 1998 年 3 以国家需要新观念及新领导人为由，将他解职，另外提名基里延科（Sergei Kiriyenko）为联邦政府主席，时年 36 岁。但国家杜马行使同意权时，未获通过（1998 年 4 月 10 日），叶利钦总统再度提名基里延科为联邦政府主席，仍未获通过（1998 年 4 月 17 日），叶利钦总统仍坚持第三次再提名基里延科为联邦政府主席。国家杜马的议员考虑，如果不予通过，则叶利钦总统依宪法规定可以解散国家杜马，便不得不予以通过基里延科的联邦政府主席的同意案（1998 年 4 月 24 日）。由此可见，宪法规定联邦政府主席对国家杜马负责，但在总统具有对国家杜马解散权的规定之下，便形同具文，联邦政府主席成为总统的执行长。比美国总统制的总统更有权势。美国总统身兼两职，一为国家元首，一为政府首长。而俄罗斯的总统不仅本身为具有实权的国家元首，而且另有贴心的政府首长为他分忧解劳，国家杜马亦难以牵制，成为超级总统。

可是，基里延科上任表现不佳，无法承担振兴国家经济的重大任务，叶利钦总统便将他解职（1998 年 8 月 24 日）。叶利钦总统很顺利地任命了普里马科夫（Primakov）为联邦政府主席（1998 年 9 月），做到了 1999 年 5 月，叶利钦总统将他换掉，改任命斯捷帕申（Stepashin）为联邦政府主席。不到三个月，叶利钦总统又把斯捷帕申换掉，1998 年 8 月任了普京（Vladimiv Putin）为联邦政府主席。

普京没有辜负叶利钦的厚望，在短短的四个月里，以铁腕加上深谋远虑，在对车臣的恐怖主义军事行动中获得大胜。叶利钦为了确保 2000 年总统大选的大胜，又对普京加码，毅然决然于 1999 年 12 月 31 日突然宣布辞去总统职务，利用宪法规定，把普京推上代总统兼联邦政府主席位子，创造鹤立鸡群的优势。普京当然当选了 2000 年总统（3 月 26 日），并提名了卡西亚诺夫（Mikhail Mikhaylovich Kasyanov）为联邦政府主席，2000 年 5 月 17 日国家杜马通过了此项人事同意案。2004 年 3 月 14 日总统大选，普京获连任成功，改任命弗瑞德科夫（Mikhail Fradkov）为联邦政府主席（2005 年世界年鉴：725；刘向文，2002：263～267）。

联邦政府的组成，有主席一名，副主席四名，其中两名可为第一副主席。另外有众多的部会首长，实际上由总统与政府主席商量决定，且其人数及所主持的部会名称、职责，基于宪法规定，俄罗斯联邦政府主席得向总统提呈关于联邦执行权力机关建构的建议。总统以命令形式批准联邦执行权力机关的机构表。由于每届政府成立时的国家局势不同，政府的主要任务不同，政府主席提出的改革建议不同，因此，每届联邦政府的组织机构数目及名称亦不同（刘向文，2002：281）。

二、联邦政府之职权

联邦政府应：

1. 向下议院提出预算案，执行后向下议院提出执行报告书。

2. 确实执行联邦财政金融政策。

3. 确实执行联邦文化、科学、教育、公共卫生、社会安全和生态保育政策。

4. 管理联邦财产。

5. 负责国防、国家安全，并执行外交政策。

6. 确保公民自由权利、保护财产权、维持公共秩序和合法性，并消除犯罪。

7. 其他联邦宪法、法律、总统训令所赋予之职权。

三、总统与联邦政府之关系

联邦政府主席由总统提名，经下议院同意后任命之。总统得免除联邦政府主席职务。联邦政府副主席及各部长人选由联邦政府主席建议总统任命。联邦政府依总统训令行事。联邦政府得向总统提出总辞（《俄罗斯联邦宪法》第117条）。总统对于组成联邦政府有最后决定权，对联邦政府的作为有最后决定权。

总统与联邦政府的关系包括下列几项特质：

1. 总统对于组建政府拥有最后决定权。总统有任命总理的权力，即使杜马反对，总统也可以坚持自己的意见，而总统的解散国会权对杜马是一个很大的制约。

2. 总统有权主持政府会议：总统可随时掌握政府的活动，也有权废除政府的决议和决定。

3. 总统对于政府的命运有最后的决定权。1993年的宪法规定了政府辞职的四个情况，无论是哪一种，都是由总统决定，即使议会通过对政府不信任案，政府也不一定会立即辞职。

表 5-14　俄国总统与政府主席表（1993 ~ 2009）

总统	联邦政府主席
叶利钦 Boris Yeltsin （1991.6 ~ 2000.5）	切尔诺梅尔金 Viktor Chernomyrdin（1992.12 ~ 1998.3） 基里延科 Sergei Kiriyenko（1998.3 ~ 1998.8） 普里马科夫 Yevgeny Primakov（1998.9 ~ 1999.5） 斯捷帕申 Sergei Stepashin（1999.5 ~ 1999.8） 普京 Vladimir Putin（1999.8 ~ 2000.5）
普京 Vladimir Putin （2000.5 ~ 2008.5）	卡西亚诺夫 Mikhail Kasyanov（2000.5 ~ 2004.2） 弗瑞德科夫 Mikhail Fradkov（2004.5 ~ 2007.9） 祖布科夫 Viktor Zubkov（2007.9 ~ 2008.5）
梅德韦杰夫 Dmitry Medvedev （2008.5 ~ ）	普京 Vladimir Putin（2008.5 ~ ）

资料来源：http：//en. wikipedia. org/wiki/List_of_Heads_of_Government_of_Russia.

第四节　行政机关与立法机关之关系

■ 英国

一、解散权

首相借解散权贯彻内阁制的精神，内阁必须要有平民院的多数支持，方能行事。其特色有下述六点：

（一）源自于国王之特权

解散平民院为古代英王之特权。现代英王行使解散权之前提，须为应阁揆之请求，英王无权自发地行使。

（二）维持能够行事的政府

内阁决定任何政策，以民意为依归，对平民院负责。而平民院议员对选区的选民负责。当内阁有不受平民院支持之虞时，或已不获平民支持，首相提请英王解散平民院，以获得新平民院的支持，维持"能够行事"的政府，否则应去职。

（三）打破政治僵局

内阁制的精髓就是要维持随时得到平民院支持，成为"能够行事"的政府。如内阁已不获平民院支持，即政府做不了事，而平民院又不能以过半数支持一新的内阁总理，形成行政权与立法权的僵局。此时，首相应提请英王解散平民院，举行大选，产生新的平民院，以及新的平民院所支持的首相，以解开政治僵局。

内阁与平民院会有各自不同意见，僵持不下，一定是有部分原来支持内阁的议员现在已不支持，致使原来多数支持的内阁变成只有少数支持。于是，首相提请英王解散平民院，诉诸选民，以决定到底应该谁去谁留，以打破政治僵局。

（四）负有风险

首相一旦提请英王解散平民院，首相及内阁阁员（亦是平民院议员）必须进行平民院议员的竞选活动，执政党议员能否连任以及能否仍掌控新的平民院过半数的议席，大有问题，风险极大。

（五）具有公民投票性质

英国国会至上，解散平民院，将重要政策议题诉诸选民。选民投票，在不同政党不同政纲间做抉择，犹如对某一问题进行公民投票。

（六）不是行政权与立法权之间的平衡器

内阁制之精髓在维持行事的政府。内阁一定要有平民院的支持，才能行事。解散权并不是用来对抗平民院的倒阁权，而是作为行政权贯彻维持公权机关正常运作的利器。

二、介入立法机关

所谓"介入"系指影响力，即政府影响立法机关。由于英国之平民院多数党之党魁负责组阁，故内阁在国会中可运用执政党的力量使法案通过。其可通过三种方式达到立法之目的：

（一）议程之安排

由内阁安排并控制平民院、贵族院的议程。

（二）党部干事沟通

通过国会党部干事之沟通、协商后，而达成议员之共识，使法案如愿通过。

（三）党的向心力

通过党的作为和纪律，使议员有使命感、承诺感，而执行党所做之决定。

将党之前途、成就视为自己之前途、成就。

三、是否造成内阁独裁

内阁制行政权与立法权合一，内阁掌握行政权，并由其政党控制国会，其权力之大，却也未造成内阁独裁，其原因可分为五点说明之：

（一）中立议长制

国会之平民院采取中立之议长制，遵守规则，议事得按一定之程序，不可偏袒任何一党，即使首相为国会中最大党之党魁，也无法扭曲议事过程。

（二）中立的选区划界委员会

由委员会依每10年之人口普查为一基准，而做选区界限之中立、客观划分调整。执政党不能借执政机会利用权势调整选区，以有利于该党候选人易于当选，打击对手，达成继续执政的机会。

（三）解散权之运用

首相欲要求女王行使解散平民院之权力前，须先征询在野党之意见，不可乘人之危。而解散权成立后，须于3个星期内选举出新议员，组成新平民院。

（四）在野党议员有质询权

在野党于平时即注意执政党之举动，代表人民监督政府。当执政党之决策有问题时，以谴责或争辩，甚至提出不信任案，使执政党战战兢兢，不致滥权。

（五）长久利益以及注意一般反应

英国人的特性在于持有长久眼光、注意长期利益以及注意一般反应。政治人物不论执政或在野均有此气度，稳健豁达，不为己利，亦不太偏激，亦不易受人煽动，是故独裁不易滋长。

■ 法国

法兰西第四共和国时期，由于法国小党林立，国民议会缺乏稳定的多数联盟，使得政府的行政权不张，平均每一个内阁生存半年，往往因为缺乏国会多数的支持，受到不信任投票而面临倒阁的命运。因此，在第五共和国宪法之中，强化总统与政府的权限，并且缩小立法权的干预。

一、国会会期缩短

国会每年召开二次会议。第一次会期自 10 月 2 日起为期 80 天，第二次会期自 4 月 2 日起，不得超过 90 天（《法国宪法》第 28 条）。临时会期不得超过 12 天（《法国宪法》第 29 条）。限制会期时间，以减少立法机关滥用权力的机会。

二、减少立法权，扩大行政权

1. 宪法中明定且列举立法权之项目（《法国宪法》第 34 条），未列举的属行政权（《法国宪法》第 37 条）。

2. 宪法保障行政权不受国会侵犯（《法国宪法》第 37 条）。法案具有行政法规性质者，经宪法委员会确认属实，得以命令修改之。而在第五共和国宪法施行前所制定之法案，则只须征询中央行政法院确定属行政法规性质者，以命令修改之（《法国宪法》第 37 条）。

3. 宪法所列举立法权之项目有 6 项，如国防之一般组织，地方团体之自治行政、权限及财源教育，所有权制度、物权、民事及商事业务，劳工法、工会法及社会福利，国会只有制定"基本原则"的立法权，细节则由行政法规规定。

4. 容许政府要求国会授权（原属于立法权之事项），扩大行政权（《法国宪法》第 38 条）。而授权之规定如下：①原属立法权之范畴；②行政机关为执行其施政计划；③授权在一定期间内；④以条例方式（一种行政命令）表现出来；⑤须征询中央行政法院之意见；⑥由部长会议发布之。

上述权限，须自生效起于授权期间内向国会提出以追认，否则失效。值得注意的是，法国的部会首长可以分成四等。第一等是所谓国务部长，通常由执政党或执政联盟内部重量级人士所出任。第二等是全权部长，国务部长与全权部长皆为部级的单位首长，有权出席内阁会议。部级单位数目可调整，一般介于 15 至 34 个之间。第三等在国务部长与全权部长之下为助理部长，助理部长也可以出席部长会议，但其发言须直属上司的同意。第四等是部务卿，他的职务为负责部会业务，直属总理负责项目、协助部长办理部务的次长。（胡祖庆，2001）

三、国会有效运作以资配合

国会各院之常设委员会不得超过 6 个，以限制其数目，防止小党兴风作浪，导致国会无法开会（《法国宪法》第 43 条）。

四、介入立法过程

两院对法案争议时，内阁可介入立法过程，"总理有权召集两院对等联席委员会，就争议条款提出对案。联席委员会所提对案，得由政府送请国会两院认可，非经政府同意，不得提出修正"（《法国宪法》第 45 条）。

五、信任案与不信任案之表决权限

信任案之提出者为总理，以通过某一法案为由，经部长会议讨论审议后，送至国民议会，由国民议会表决之。如 24 小时内未有不信任案之动议，则视同已通过。

不信任案则须由国民议会议员 1/10 以上联署，且须经 48 小时之冷却时期，以过半数通过之。如未获通过，同一会期中不得对同一人再提起之，而信任案之提出不受此限制（《法国宪法》第 49 条）。

■ 美国

一、行政权受立法权之牵制

国会议员、总统皆由人民直接或间接选出，其对人民负责，故而总统不须对国会负责。但国会有权否决总统要求通过的法案，删减行政机关的拨款，否决行政首长的提名，甚至弹劾或免除行政首长职务。如美国布什总统欲对伊拉克宣战，其须经国会之通过，方能够打开战局。

二、总统行使所有之权力，仍须国会同意

总统有忠实执行一切法律之义务，故立法机关（国会）所通过之法律，皆为其执行法律之范围。

三、立法机关拥有弹劾权

总统、副总统及联邦政府各级文官，涉及叛逆罪、贿赂罪或其他重罪，则由众议院提出弹劾案，参议院审判弹劾案。且总统受审时，最高法院院长应为主席，及非经出席参议院议员 2/3 之同意，不得判处惩罚（《美国宪法》第 1 条第 2 款、第 2 条第 3 款）。

表 5-15　邦联与联邦之比较表

项目 种类	邦　联	联　邦
样例	《邦联条款》（Articles of confederation 1777）	《美国宪法》（1787～2002）
中央机关	仅一院制国会（有些邦联则设两院制议会、部长会议、仲裁法庭等机构）	立法机关（众议院、参议院） 行政机关（总统及各部会） 司法机关（最高法院等联邦法院）
总统	挂名的首脑	实质的元首
拘束来源	邦联协议：《邦联条款》	宪法：《美国宪法》
关系属性	国际法性质，国际性的结合	国内法的性质，单纯的主权国家
脱离权	分子国有脱离之自由权	分子国无脱离权，除非内战
分子国	1. 保留其原有主权、政府组织、征税之权； 2. 协约如须修改，必须分子国"全部同意"； 3. 邦联当局如有违法行为，分子国得将之宣告无效，予以撤销	1. 保留有限主权，邦联宪法不得违背联邦宪法； 2. 修宪只需高额批准即可； 3. 联邦如违法，各邦仅能请求联邦最高法院司法审查
上位国与人民关系	邦联对各分子国人民，不得直接命令、指挥，须由分子国为之	联邦政府可依宪法及法律命令指挥人民
其他共同性	共同国籍 共同军队 共同边境征进口税 共同外交 共同进行对外战争	较邦联更多共同性，不胜枚举

资料来源：卢瑞钟，2000 年，第 220 页。

■ 日本

一、内阁对国会负责

内阁在众议院通过不信任案或否决信任案之决议案时，倘 10 日内不解散众议院，即须总辞职（《日本国宪法》第 69 条）。国会议员对内阁阁员之质询，以明了真相，并要负责。例如，1993 年 6 月 17 日，在野之社会党、公明党、民社党向自民党之宫泽内阁提出不信任案。自民党原拥有众议院总数 512 席过半数之 274 席。翌日（6 月 18 日）表决时，自民党竟有 39 人投赞成票，15 人弃权。即共有 54 人倒戈，致表决结果以赞成 255 票、反对 220 票通过不信任案。

二、财政由国会控制

日本于第二次世界大战后，经济复苏繁荣快速，多数均是在政府的财政支持下完成的，尤其是日本地小人稠，在资源相当有限的条件下，克勤克俭，财政官吏突显其重要性，其宪法之一大特色为与德国一样将"财政"独立成章。

内阁应编制每会计年度之预算，提供国会审查并经其议决（《日本国宪法》第 86 条）。内阁须于一定时期，至少每年一次对国会及国民报告国家财务状况（《日本国宪法》第 91 条）。国家财政处理，须依国会之决议行使之（《日本国宪法》第 83 条）。国家支出，或使国家负债务，须经国会之议决（《日本国宪法》第 85 条）。内阁运作须有钱的支应，而钱又由国会完全控制。

■ 德国

德国行政机关与立法机关之关系，除具有内阁制之特性外，下列两者较为突出：

一、建设性不信任案

1. 联邦议会可主动对内阁提出不信任案，致使内阁倒阁。不信任案的通过情形是有限制的：

（1）联邦议会须有议员过半数投票先行选举出另一新的内阁总理人选。

（2）不信任案的动议及表决通过，须间隔 48 小时，以限制联邦议会滥用权力，总理也可借此时奔走协调，以打消此案（基本法第 67 条）。

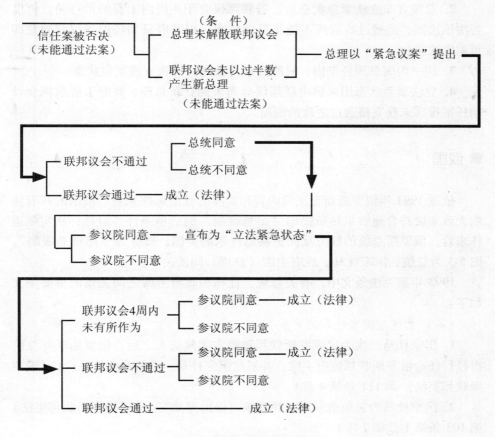

图 5-2　德国立法紧急状态图

资料来源：依基本法第 67、68 条。

2. 总理可要求联邦议会做信任投票的动议，若未获联邦议会议员过半数的支持时，总理可请求总统在 21 天内解散众议院；此时，如果联邦议会以过半数选举出另一总理，则此解散权即告消灭。动议提出及表决之间也须间隔 48 小时（基本法第 68 条）。

二、立法紧急状态

1. 内阁（政府）所提信任案遭否决，而总统又未解散联邦议会时，政府所宣布的紧急法案再遭联邦议会否决；总统可依政府的提议请求，并经参议院的同意，宣布该法案进入立法紧急状态。

2. 总统宣布立法紧急状态后，若联邦议会于 4 周内未有明示行动或再度否决该法案，或通过政府所不能接受的法案，则政府只须经由参议院同意即可制定法律。

3. 同一内阁总理任期内，只能宣布（使用）一次立法紧急状态。

4. 立法紧急状态用来解决联邦议会尚未拥立新总理、政府未解散国会及信任案投票未获支持通过之政治僵局。

■ 俄国

依据 1993 年俄罗斯新宪法的内容和实际的政治运作来看，俄国的政府体制大致来说符合迪韦尔热所提出"半总统制"的三项条件。但是，从实际运作来看，俄罗斯总统的权力反而更甚总统制的美国，被称为"超级总统制"。图 5-3 为总统、国家杜马、政府主席（总理）间的关系。

1993 年新宪法条文中，有关总统、杜马和政府主席之间关系的重要条文如下：

（一）总统与国家杜马的关系

1. 国家杜马三次否定俄罗斯联邦政府主席候选人之后，俄罗斯联邦总统得径行任命俄罗斯联邦政府主席，并解散国家杜马，重新改选杜马。（《俄罗斯联邦宪法》第 111 条第 4 款）

2. 国家杜马为罢免俄罗斯联邦总统可提出弹劾案。（《俄罗斯联邦宪法》第 103 条第 1 款第 7 项）

3. 国家杜马表决通过对联邦政府的不信任案，但联邦总统不同意杜马的决议，而国家杜马在 3 个月之内再度对联邦政府表示不信任，总统得宣布联邦政府总辞（罢免政府）或是解散国家杜马。（《俄罗斯联邦宪法》第 117 条第 3 款）

4. 政府主席向国家杜马提出联邦政府之信任问题，而国家杜马拒绝信任，总统必须于 7 天限期内作出关于联邦政府总辞或是解散国家杜马的决定，并指定新选举。（《俄罗斯联邦宪法》第 117 条第 4 款）

5. 在《俄罗斯联邦宪法》第 111、117 条所规定的情况下，俄罗斯联邦总统可以解散国家杜马。

（二）总统与总理（政府主席）之关系

1. 俄罗斯联邦总统经国家杜马同意任命联邦政府主席（《俄罗斯联邦宪法》第83条第1款）；有权在俄罗斯联邦政府的会议上担任主席（《俄罗斯联邦宪法》第83条第2款）；采取关于俄罗斯联邦政府辞职的决定（《俄罗斯联邦宪法》第83绦第3款）；依据联邦政府主席之建议，任命或免除俄罗斯联邦副主席、联邦部长之职务（《俄罗斯联邦宪法》第83条第5款）。

2. 俄罗斯联邦总统可以做出关于联邦政府总辞的决定。（《俄罗斯联邦宪法》第117条第2款）

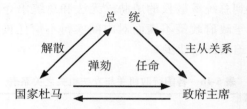

图5-3　俄国总统、国家杜马、政府主席（总理）间的关系图

（三）国家杜马与联邦政府主席的关系

1. 国家杜马可以表示对俄罗斯联邦提出关于俄罗斯政府的信任问题。（《俄罗斯联邦宪法》第117条第3款）；俄罗斯联邦政府主席可以向国家杜马提出关于俄罗斯联邦政府之信任问题。（《俄罗斯联邦宪法》第117条第4款）

2. 国家杜马所管辖的事项：同意联邦总统对俄罗斯联邦政府主席之任命；决定关于对俄罗斯政府之信任问题。俄罗斯联邦于1991年8月宣布独立，并于同年12月主导苏联的解体后，其府、会关系即经常处于紧张对峙状态。府会冲突的主要症结在于：旧的权力结构瓦解后，在新的政治权力制度化过程中，总统与国会意图拥有对此一过程的主导权，从而主导俄罗斯的政治、经济发展方向。亦即，总统与国会对政治权力的争夺造成府会的长期不合。

从俄罗斯1998~1999年因提名新总理而引起府会冲突，根据吴玉山博士指出关于共产社会政治制度变迁命题所得到的实证，有下列两点：①揉合实权总统和总理向国会负责这两个特征的半总统制，在结构上必会造成行政权争夺之冲突。这个冲突的焦点在于总理的任命与政府的组成。②就行政权的归属而言，当半总统制下的总统有权解散国会，使得总统权力有可能大到成为超级总统制。俄罗斯即属此情形，总理完全是总统的僚属，而国会由于受到总统解散权的威胁，无法和总统争夺对于总理和行政权的控制。当国会对于政府政策不满而对内阁实行不信任投票时，总统也可以利用解散国会权迫使国会让步。

俄罗斯联邦总统与国会对政治权力的争夺造成府会的长期不合，其理由如下：

1. 揉和实权总统和联邦政府主席向国会负责这两个特征的半总统制，在结构上必会造成行政权争夺之冲突。这个冲突的焦点在于总理的任命与政府的组成。

2. 就行政权的归属而言，当半总统制下的总统有权解散国会，使得总统权力有可能大到成为超级总统制。俄罗斯即属此情形，总理完全是总统的僚属，而国会由于受到总统解散权的威胁，无法和总统争夺对于总理和行政权的控制。当国会对于政府政策不满而对内阁实行不信任投票时，总统也可以行使解散国会权，迫使国会让步。

表 5-16　各国行政机关与立法机关之关系表

提请解散国会权	英、德、日三国行政首长有权提请国家元首解散国会，但美、俄、法没有此权限。 1. 英国首相有提请英王解散国会重选国会议员的权力。 2. 德国总理也有提请总统解散国会的权限，但受到限制（德国基本法第 67 条）。 3. 日本宪法规定，内阁在众议院通过不信任决议案，或否决信任之决议案时，倘 10 日内不提请日皇解散众议院，即须总辞职。 4. 美国总统虽没有解散国会的权力，但有决定国会开会及休会之权（《美国宪法》第 2 条第 3 款）。 5. 俄罗斯联邦政府主席并无提请总统解散国会之权力（此权在总统职权范围）。 6. 法国总理亦无此权限，但《法国宪法》第 12 条规定，"共和国总统于咨询总理及国会两院议长后，宣告解散国民议会"
元首公布法令是否须经行政首长之副署	1. 日、英、德、法须经内阁副署。 2. 俄、美则不须副署

行政首长对立法机关议决之法案有无交还复议权	1. 美国总统有交还复议权，即总统可行使否决权（《美国宪法》第1条第7款）。 2. 法国总理无此权，但法国总统有提交复议权。 3. 日、英、德及俄国无此权限
行政首长及各部会首长是否必须出席议会答辩并提出法案	1. 美及俄国总统并不需要出席答辩。 2. 英、德、法、日皆有此必要。
行政首长对谁负责的行政事务是否负连带责任	1. 英—对平民院负集体连带责任。 2. 法—对国民议会负责，负集体连带责任。 3. 美—不须对国会负责，行政部门无连带责任。 4. 日—内阁行使政权时，集体对国会负责。 5. 德—只有总理个人向联邦议会负责，内阁阁员则向总理负连带责任。 6. 俄—须对国家杜马（下议院）负责，负集体连带责任

第六章　政策执行结构

第一节　涵　义

　　一般而言，政策制定之后便须执行，然而，政策执行需要政策执行的机关和人员。整体而言，是政策执行的结构，其中包括整体的国家行政体制、个别的行政机关、行政机关内部的各个行政单位以及从事实际政策执行的行政人员。

　　理论上，行政人员仅是执行政策。但实际上，行政人员在政策执行上的行动或不行动往往也就是一种制定政策的行为，亦即他们在选择目标和选择达成目标的方案上扮演着重要的角色。如同洛克（Francis E. Rourke）所说的"行政人员在政策过程中已成为最中心的因素——建议的提出、可择方案的衡量、冲突的解决"（1965：vii）。

　　不过，立法机关制定法律不一定能适时地解决紧急的公共问题。立法人员经过长时间的讨论、细腻的草拟法案所得的结果，只是寻求问题解决的开端。因为法令通过后尚需要执行，不能将规定施行在相关的人和环境上。这不是一种自动出现结果的过程，有些法令可能因执行人员的忽视而成为死的条文，即使执行人员确切的执行，有时也会发现法令规定得不够清楚，或不适用于某些特殊的案例。因此，行政人员在某种程度上成为政策制定者。因此，他们不仅执行法令所做的日常决定，有时也决定了法令的真正内容。

　　大多数人民与政府的接触，不是通过立法人员或高级行政领袖，而是通过一般的行政人员。政府即靠着这些行政人员与人民做接触。行政最主要的问题即在于如何使效率与责任两者能够兼顾，人民一方面要求行政机关有效率，避免不必要的浪费，一方面又要求行政机关的权力能受到控制，以符合民主政治。但效率和责任有时是互相排斥的，例如，行政机关所做的报告，详细记录一切的行政行为，当代表人民的立法者要求行政机关为其特别行为负责时，可以作为说明之用。行政机关如果不需要为其行为辩护，可能会不断地增设扩充，侵犯人民的权利。反之，若要求行政机关高度的负责，则每当内阁更迭时，行政人员也须全部走马换将，无法保持有效率有经验的行政人员。

任何国家的政策执行结构都是复杂而庞大的，机关主管很难了解行政人员的工作。组织遂采层级节制，各行政人员专业化且分工合作。由内部运作人员选任、升调等人事业务，工作性质具有持续性、广泛性；因此，行政人员永业化，且具独特权威性，其工作绩效不是处于自由市场相互竞争的形态（Downs，1967：24～40）。兹以韦伯（Max Weber）的观点说明如下（彭文贤，1983：10～11）：

第一，组织里，每一成员有固定和正式的职掌，依法行使职权。换言之，在行政体制下，每个人有固定的职责；以法规严格限制的方式，赋予命令权，行使固定的职责；人员的尽责任和享受权利，都有一定的途径可循，而且只有具备一定资格的人才能被雇用。

第二，层级节制的权力体系，使组织内的每一个人都能明确地知道，该从什么人取得命令，并将命令传递给什么人。如此不仅可减少混乱的现象，也较易控制下属。

第三，人员的工作行为以及人员之间的工作关系，须遵循法规的规定，不得掺杂个人喜憎爱恶的情感。换言之，组织内的行为、决策和法规都是正式化的，有一定的规格与要求。

第四，组织内的职位依人员的专长做合理的分配，其工作范围和权责也以法规明文规定，在这种专业分工的原则下，职位的获得以技能为主。

第五，永业化的倾向，人员加入组织，虽根据自由契约的方式，并经过公开的考试合格后任用，但除非人员犯错，并依法规规定加以免职，否则组织不能随便结束这种契约关系；相反，人员则有充分自由，随时随地脱离组织。当然，有些例外情形，自不在此限。任期的保障，使人员能专心处理事务，否则若存"五日京兆"之心，就无法安心工作。

第六，人员的工作报酬也有明文规定，而且有固定的薪俸制度，使据有某种职位或从事某种工作者，接受固定待遇。薪资的给付依照人员的地位和年资，不能因主管的好恶而有所偏私，并须有赏惩制度和升迁制度，使人员能够安心工作。

第七，着重效率，行政人员的工作要明确、具体，有充分的经验和知识，有档案文件等信息做参考，工作性质具有持续性、整体性，且对个别案件有充分的自由裁量权，严格遵守上级指令，尽量减少人力、物力、财力的浪费，有效地达成政策目标。

在这种组织结构下，本章将分析由于英、法、美、日、德、俄各国政情体制的差异，具体的实际政策执行，如组织结构、人员选任、监督控制、政策角色、行政改革等，其细节相当纷歧，拟分由下列五节加以说明。

第二节　组织结构

■ 英国

一、部长

英国政策的执行有赖于内阁统率的各个行政部门，一共有 10 个部，极为复杂。每一部有一负责人，一般称部长，他们必须向平民院负责。每个部在部长下设有文官，最高职位为常务次长（见图 6-1），常务次长上面是少数的政治任命人员——通常即为部长和 2 至 4 名国务助理负责指导各部的政治方向(http: //reform. moodia. com/website/links/ukgovernment. aspx) 。

部长为国会议员亦为政府中人员，同时为政策制定者和行政人员。虽然他们对平民院的责任乃是对其部的行政工作负责，但显然地，他只能在少部分时间处理行政工作，大部分的时间需要在平民院中辩论，与选民接触，参与政党活动，同时需要参加内阁会议和内阁委员会会议。

二、部长的助理人员

部长可以委任某些工作给其政治任命的协助人员。他们通常为国务大臣、国务次长及政务次长，同时也是执政党的国会议员或贵族院议员。如果部长为贵族院议员，其助理必须为平民院议员，当平民院对该部提出质询时，才能代部长在平民院中辩论。国务大臣的职位在次长之上，具有某些自由裁量权。次长可以处理较不重要的事，减轻部长的工作压力。次长必须学习该部的行政事务，增加自己的能力，作为晋身部长级官员的资本。次长不能自行决定政策，也不能否决文官的意见，必须将文官的意见转达给部长。

部长也有国会议员秘书协助，他是国会议员，不占有部的职位，不支领行政薪水，但为部长处理事务，如探求平民院的心声，使部长所提的法案不会遭到太大的反对，并且充当部长和后排议员之间的沟通管道。

三、文官

英国部里文官有：常务次长、副次长、助理次长、法律顾问、司长、科长、副科长和中下层文官。以常务次长为文官之长。

四、责任区分

部的行政行为都由部长个人向平民院负责，不论是荣誉或责任都必须接受。英国有保护文官的制度，如果文官必须列席平民院委员会或接受其他单位质询时，部长不能要求他们对他绝对忠实的效忠，因为英国人认为文官应保持中立，不要涉入政治范围，文官的威信和影响力也不应冒险地受制于人民的偏见。符合人民的爱好是政治家职业上要冒的险，不是专业人员应承担的风险，否则会危害到行政机关的效率。

所以，因公务处理而有不良的行政行为被指责时，部长私下责其文官负责，对外则由个人接受指责。如果过分严重，部长可能会被迫辞职，或是向国会道歉，表示事先无法预知情况，并保证已采取步骤，绝不再发生类似的情况。

许多英国政府的观察家认为，这种国务员个人责任制不再有效，内阁有时可以决定将同僚行政上的错误视为集体责任制的事务，免除其个人辞职的困扰，此种发展将会减弱政府政策执行上的控制力，减轻行政权的责任。如果部长不能真正的负责，而文官又为了维持效率保持中立，则行政权的责任究竟谁属？所以，如果放弃国务员个别责任制度，将会摧毁行政问题有效解决的方法——效率和责任。

五、文官组织结构的民主控制

图 6-1 显示：

1. 文官受到上级长官的控制。上级长官为部长及政务人员，他们均是来自国会的议员，有民意的基础。

2. 部的政策随时受到国会的质询、同意以及信任和支持，因为部长要代表部向国会负责。

3. 部长亦可能是阁员（有些部长不一定入阁，视情况而定），参与内阁会议，拟定政策，负集体连带责任，而未入阁之部长亦要受内阁总理的指挥命令。亦即部长的决策并不只是局限于部的眼光，而须有整体宏观民意动向。部长由此来控制文官，文官便受到广博民意的控制。

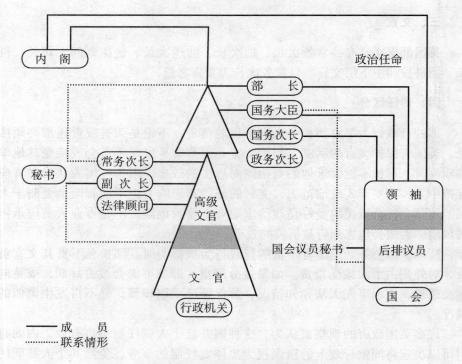

图 6-1　英国各部的标准行政结构图

资料来源：Rasmussen & Moses，1995：184.

4. 基层文官在第一线接触民众，除经由下而上的层级体系反映给常务次长以至部长外，并可经由具有文官身份的机要秘书反映给部长。部长再综合分析，拟定其政策，下达文官执行。于是文官的民意控制更为扎实。

■ 法国

一、部的设立

法国内阁之下设置几部，宪法并没有明文规定，得由阁揆决定之。国民议员对于设部多寡，虽不加以限制，但有其控制之道，即以预算达到控制之目的。2006 年设有 6 个部：外交部、内政部、经财工业部、国防部、司法部、国民教育部（http：//en. wikipedia. org/wiki/Minister _ of _ the _ Interior _ %

28France ％29）。

第四共和国的第一内阁（1947 年）设有 21 个阁员，即外交、国民经济及财政、内政、司法、陆军、军备、工业生产、交通、海外、劳工、卫生、退伍军人事务、"青年、艺术及文学"、粮食、国防（阁揆兼）、复兴、农业、教育、工程及运输等 19 个部，各置部长 1 人，另有副阁揆 2 人，均为不管部阁员，故其阁员总计达 21 人。嗣后迭次新阁，对于阁员人数莫不有相当变数，最少曾少至 12 人，最多曾多至 25 人。

第五共和国第一任内阁，除内阁总理及以一个阁员派在总理办公室办事外，设立 16 个部，即国务部、司法部、内政部、财政经济部、公共工程及运输部、农业部、公共卫生部、退伍军人部、新闻部、外交部、国防部、教育部、工商部、劳工部、建设部、邮电部。此外另设置不管部的国务员数人。至于蓬皮杜（G. de Pomidou）所组的第二任内阁，除设立外交、内政、国防、财政、司法、教育公共工程、工商、家业、卫生、退伍军人、邮电、建设等部外，有附属总理办公室之阁员两人，以分掌国家计划及与议会关系；更有不管部阁员 5 人，分别掌理与非洲国家合作、文化事务、海外领土、阿尔及利亚问题、科学研究等事宜。

二、部的组成

正如英国的情形一样，法国的"部"是由一个部长所领导，一个部的组织结构是相当广泛的。基本单位是局（bureau），由局长所领导。几个相关的局组成处（direction），由处长所领导。在法国缺乏像英国的常务次长之类的官员，协调综理各处业务。

三、部长的机要处

在过去，被任命的新部长在其就任时通常不信任部里的文官。他不信任文官是有理由的，多半不是因为他们不能撤换这些常任文官，而是因为部长任期短暂的情况在公务员间造成一种态度，即新进部长所提出的任何激烈的计划或改革不必过分当真，因为他的职务马上会被其他的人取代。对于某些部来说，特别真确，外交事务方面便是一个显例。特别是当同一个人在好几届内阁中任同一职位时更显著（Rasmussen & Moses, 1995：321～322）。

由于部长对常任文官的不信任，因此由自己选任一些助手。这些助手大多能够效忠部长，且在观念上能相互沟通契合，作为部长的顾问与助理，其主要工作是负责部长与常任文官的联络。这些助手整体的被称为部的机要处

（minister's cabinet），亦即部长自己的部内阁。机要处的组织，有一位机要处处长（the Director de Cabinet），类似英国的常务次长，负责部务的日常实际运作以及协调各处。一位机要处主任（Chief de Cabinet）负责部的政治事务，类似英国的国会议员秘书，协助部长处理和国会的关系，协助部长的政治性讲稿，等等。机要处主任会有数名联络员。另外，尚有若干技术的幕僚，来自其他各部的中级文官，以资辅佐。

在选择这些助手的时候，部长不受公务员法所限制，愈是有经验、处世圆滑的人，愈能够成为重要的分子。幕僚通常由年轻、充满干劲的大学法律系或政治系毕业青年人来担任。这些幕僚甚至没有薪水，他们热切地把政府里工作当成他们的职业，企望从此获得经验。此外，他们也从这个职位获得名望。部长在去职之前，通常都会为他们在文官里安插一个职位。

这种政策执行结构以及伴随而来的惯例导致了许多重要的结果。法国像美国一样未设置常务次长，此点和英国不同。因此，部内事务的协调综理工作便必须交由机要处而不是由文官们来处理。这种结构潜伏着某种危机。有些人认为，尽管部长因政潮而经常更换，但由于常任文官能维持政府正常运作而有效，故政潮的影响并不大。然而，由于缺乏常务次长的情形，使得欲维持政策的连贯性与持续性在政治危机时显得特别困难，因此很少能够制定具有条理与整合性的政策。

■ 美国

美国联邦的政策执行机关相当复杂，其中较重要者为：①行政各部（Executive Departments），这是开国迄今最典型的组织体制；②独任制的独立行政机关（Singlehead Administrative Agency）；③独立的管制委员会（Independent Regulatory Commission）。兹分述如下：

一、行政部门

美联邦政府的行政部门，主要可分为国务院（Department of State）及其他13个部门，分别是农业部（Department of Agriculture）、商业部（Department of Commerce）、国防部（Department of Defense）、教育部（Department of Education）、能源部（Department of Energy）、卫生及公众服务部（Department of Health and Human Services）、住宅及都市发展部（Department of Housing and

Urban Development)、内政部（Department of the Interior）、司法部（Department of Justice）、劳工部（Department of Labor）、运输部（Department of Transportation）、财政部（Department of Treasury）及退伍军人事务部（Department of Veterans Affairs），构成了联邦行政体制的主干（罗志渊，1994）。

各部均由部长指挥监督，再由各部长向总统负责，构成了命令指挥系统。但事实不然，某些行政机关和人员与行政体制中的压力团体和国会委员会关系紧密，如此使他们具有相当的独立性，不受总统和部长的指挥。

美国部的数目增加，反映出美国国家的成长。1789 年，仅设立国务院、陆军部、财政部。但随着国势的成长、事务的繁杂，必须设立新的部以解决新的问题。例如，1953 年增设卫生、教育和福利部。1979 年将此部分为教育部与卫生及民众服务部，1965 年及 1966 年增设了住宅及都市发展部和运输部，1978 年设能源部，2003 年 1 月成立国土安全部。

二、独任制的独立行政机关

独立的行政机关，地位不如"部"，直接隶属总统，如同行政各部一样，向总统报告。此种组织结构的行政机关首长由总统任免。这些独立的行政机关较著名的有：美国国家太空总署（NASA）、中央情报局（CIA）、美国信息交流总署（United States Information Agency）、美国武器管制及裁军署（United States Arms Control and Disarmancent Agency）等。

三、独立的管制委员会

独立的管制委员会在行政体制中占有独特的地位。虽然它们独立于联邦政府的三个部门之外，但事实上，管制委员会有时易于屈服于来自白宫、国会和其管制工业部门的压力。此类行政机关创设基于规则制定的需要和对复杂的技术业务管制，需要考虑公众利益。核发执照中，此类机关虽是行政机关，但亦发挥准立法、准司法的功能。

委员会的委员由总统任命，但须经参议院的同意，委员们不必向总统报告。委员会的组成，由各党依照在国会的政治势力比例分配。委员采集体决议制，没有实际的首长，任期固定，由 5 年至 7 年不等，不受总统大选及期中选举的影响。

由于管制委员会被赋予如此大的权力，国会冀望他们能独立于行政部门和受管制的团体之外。但有时管制委员会变成受管制工业团体的仆役，处处为这些工业界的利益着想，因而忽略了较大的公众设想。另一方面，管制委员会有时的确是公众利益的保护者，例如，联邦贸易委员会删除不实的电视广告、证券及交易委员会防止投资人遭受股票上的诈欺行为。兹举例介绍如下：

（一）州际商业委员会（the Interstate Commerce Commission）

州际商业委员会设立于1887年，有11位委员，任期7年，管制及决定铁路运输、货运公司、公路、航空油管输油、捷运公司的费率。

（二）联邦贸易委员会（the Federal Trade Commission）

联邦贸易委员会设立于1914年，有5位委员，任期7年，管制工业，防止不公平竞争、不实的广告、仿冒的包装等。

（三）联邦传播委员会（the Federal Communication Commission）

联邦传播委员会设立于1934年，有7位委员，任期7年，对全美国的电视台及广播电台加以管制及核发执照，管制警察、航空公司、出租车业、人民乐队的使用，电视、电台的频率，决定在州际贸易中使用电话、电报的费用。

（四）证券及交易委员会（the Securities and Exchange Commission）

证券及交易委员会设立于1934年，有5位委员，任期5年，其创设的目的在于防止公众因不宜的或令人误解的请求而投资于证券，要求公司股票上市并将公司的注册报告书及营运计划向本会报备档，登记股票经纪人，管制证券交易。

（五）国内航空委员会（the Civil Aeronautics Board）

国内航空委员会设立于1938年，有10位委员，任期6年，认可国内航线和决定航运价格；在总统同意下，认可国外航线；决定航空公司的合并。

其他的委员会也执行着管制功能。例如，联邦海运委员会（Federal Maritime Commission）管制船运，国家劳工关系局（Nation Loabor Relation Board）防止不公平的劳工待遇，联邦准备金委员会（Federal Reserve Board）管制货币的供给、利率等。

■ 日本

一、"省"（部）的政务人员与事务人员

日本内阁是综揽全国政务、决定重要政策的全国最高行政机关。但它本身并非执行政策的机关。政策的执行要依赖内阁统率下的各个行政部"省"（日文为"省"，中文译为"部"）为之。日本 2006 年内阁阁员有：内阁总理大臣、总务大臣、法务大臣、外务大臣、财务大臣、文部科学大臣、厚生劳动大臣、农林水产大臣、经济产业大臣、国土交通大臣、环境大臣、内阁官房长官、国家公安委员会委员长、防卫厅长官以及数字内阁府特命担当大臣。

"省"设大臣，在各省大臣之下设有副大臣、政务官、事务次官、秘书官、局长、课长及职级（即各种名称之职员）等职，以辅助大臣执行职务。此官职中，有政务人员与事务人员之别。副大臣与大臣政官通常由国会议员选任之，以与议院交涉及参与其他政务，该省大臣不在时，承命代行职务，其职务极其重要，政务人员与内阁共进退。

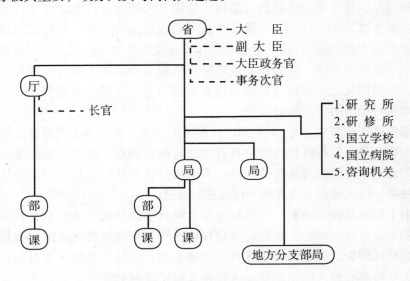

图 6-2　日本"省"典型组织图

资料来源："The Japan Times"，1994：25.

各"省"政务人员不适用国家公务员法，且亦不受铨叙官等之限制。就此点而言，各"省"大臣秘书官亦准用于政务官。至于事务人员，则由国家

公务员任用法限制任用资格，其身份受保障，因其不拘于内阁更迭而继续维持其地位，故不得兼任国家议员。事务人员之各"省"共通者为事务次官、局长、书记官、课长及职级等。此外依"省"之不同，亦有置事务官、技师、技手及其他特别之职员者。

二、"省"（部）的组织

各"省"内各分置数局，分别置"大臣官房"，均在各大臣指挥监督之下，以分掌特殊之事务。大臣官房为办理各该"省"之机密文书、会计、人事行政等有关于全"省"之事务。大臣官房与局之下各分设数个部或课。其部、课可由各该"省"之组织法规定之。各"省"于上述之部、局外，尚置有特别之机关，通常称之为"省"外局。

■ 德国

德国是联邦国家，政策执行结构很特别。大抵而言，法律由邦行政机关执行。基本法第 83 条规定，"除基本法另有规定或许可外，各邦应以执行联邦法律为其本身职务"，甚至于邦与联邦政府机关并肩存在时，联邦的部主要在草拟一致性的立法，并监督邦政府是否依据法律或宪法执行。联邦行政的各部很小而简化之，在重要的城市设有监督官署。在邦政府指挥之下，县与自治市执行庞杂的行政活动。

德国联邦政府一共有 13 个部，大小差距甚大。在图 6-3 内设有联邦参议院，因联邦参议员在联邦政府中具有立法与执行的双重能力，他们参与联邦立法的通过，但他们又是各部官员，不仅执行联邦议会而且执行联邦议会通过的法律，因此他们本身有助于行政法的通过。

由于德国是联邦国家，联邦与各邦之间有不能片面变更的划分权限，在权限的划分方面，只有少数是属于联邦独占权，剩余的或保留的权力划归各邦，这些比较少。最重要的是教育及文化事务，大部分是属于共有权，如有冲突，联邦政府则占优越地位。这些条文赋予联邦如此广泛的权力，某些观察家怀疑德国毋宁是一个准联邦制度的国家。到目前为止，联邦政府似乎在国家体系中居于支配地位。但是，仅以立法权力的分配来评估联邦主义是不充分的。因此，德国各邦在联邦依法通过的行政法中扮演重要的角色。

联邦的各部极少有自己的行政人员，除国防、铁路与邮政，联邦公务员仅占文官总数的 10%，约 1/3 的行政官员为地方政府工作，半数以上系邦雇用的。联邦部门的行政人员仅约 100 000 人。这些人中有 1/10 是高员级，包括主要的次长、机关主管与中级人员（Rasmussen & Moses, 1995：468）。

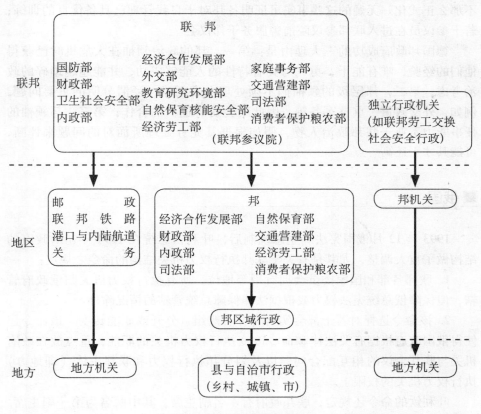

图 6-3 德国行政体系图

资料来源：http://www.bundesregierung.de/en/The-Fedual-Government.

紧接着而来的问题是如何避免歧义、紊乱和解决联邦与各邦的冲突。显然，美国联邦政府天真地将公立学校的种族整合问题留给南方各有关州的官员去解决。德国的处理方式则不同，德国联邦政府能够颁布约束邦行政官的规章，但需要经参议院的同意，但须至少半数的邦政府同意。联邦政府能派员调查邦行政质量，如果有瑕疵，则联邦政府可以要求改善与遵从，但也需要参议院再次的同意。因为邦政府在联邦立法过程中有充分的表达机会，联邦参议院议员即为邦政府所派，因此行政冲突非常罕见。

大多数观察家相信政府已创造了令人称羡的政绩。第二次世界大战后的重建时期,各邦政府已能处理困难的行政问题。邦层次的党派间协调亦很普遍,比联邦层次更少困难,更倾向于妥协。邦议会比联邦议会更有生气,而不那么正式化。无疑的这些事实可证明各邦对于自我管理已具备优良的训练;若干参议员在进入联邦参议院前曾服务于邦议会。

德国邦政府成功的三大理由是:第一,邦的政治领袖在大危机时已获得他们的经验,唯有能干、勇气与具有特性的人能够成功,并能超越琐碎的政治考虑;第二,邦层级的领袖们不须处理左右两难、泾渭分明的重要问题,例如,外交政策、重整军备等,因此不会妨碍他们的合作;第三,邦领袖的任事能力不亚于联邦政治人物,假如根据其充分处理所面对的问题来评断,可能其才干还高一点。

■ 俄国

1993 年 12 月俄国宪法确立总统制后,叶利钦总统在 1994 年初对政府的结构做了重大调整,尤其是有关于联邦执行权力机关结构的命令之规定:

1. 联邦各部和国家委员会拥有平等地位,所有执行权力机关归俄政府管辖,但保障俄总统宪法权力或根据法律保障总统管辖的情况除外。

2. 该命令选择对若干部会实行合并、改组、分开或职能转变。该命令还使得俄国政府根据有关法律和命令改变执行权力机关的职能,重点放在政府机关与联邦会议的相互配合问题以及划分邦执行权力和联邦主体(即地方)执行权力机关的权限上。

叶利钦的命令还规定,联邦政府有 4 名副主席,其中两名为第一副主席。基于宪法,联邦政府主席得向总统提出关于联邦执行权力机关的建议,获总统批准,即可设置新部会。俄国政府的组织结构内容繁杂,经 2005 年调整为 17 个部:外交部、国防部、财政部、内政部、经贸发展部、能源工业部、紧急救难部、交通通讯部、文化新闻部、卫生社会发展部、教育科学部、农业部、天然资源部、司法部、内阁幕僚长、地区发展部、资源科技部(http://www.mofa.gov.tw/webapp/ct.asp? xItem = 102&ctnode = 423)。

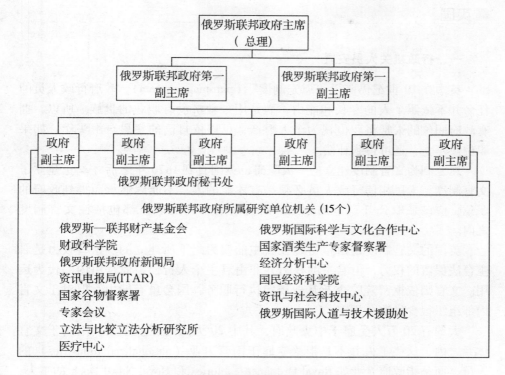

图 6-4　俄罗斯联邦权力机关结构图

资料来源：许相涛，1996。

第三节　人员选任

　　政策执行的结构要有政策执行人员的充任，而执行政策的人最主要的是普通行政人员。为达成政策目标，政府选任质量适当的行政人员是首要工作。选任工作各国不同，除考虑其工作经验，其专业知识能力的训练亦是重点。兹逐一探讨英、法、美、日、德、俄行政人员的选任情形如下：

■英国

一、行政机关人员安置

英国在 19 世纪仍盛行"恩宠制度"（patronage system），政府行政人员的任命并不依照个人的专长和能力，而是用来救济没有职业的贵族。所以，拥有政府职位的人常将职位视为个人财产，可以依自己的意思自由买卖，如果职位被停止，还可得到补偿。

恩宠制为文官制度建立的一大阻碍，英国直到 1870 年之后才真正建立了文官制度。人民相信行政人员必须是有才能的人，不能因继承而得到政府的职位，应该采取公开竞争的原则。所有政府部门的职位都包括在文官制度之内。

英国的文官制度是由枢密院在君主的权力之下所建立的。这些权力是君主合法保留的权力，但君主的权力并非由君主个人行使，而是由内阁代为运用。文官则依枢密院院令及其他规定执行职务，国会虽有能力，但对于文官内部组织很少做法令规定。

大约有 70 万人受雇于中央政府，其中 20 万人为工业工人，不属于文官体系之内，这些工人并不是拒绝受雇于国营事业（nationalized industries）的人员，而是指政府企业如 Royal Ordnance Factories 和 Royal Naval Dock 的工人，所以真正的文官约有 50 万人，其中 40% 为基层人员，即具有各种不同能力的一般行政人员，属于每一部门的基本职位，包括统计人员、化学家等。

1971 年以前，一般行政人员区分为 3 个等级，以职务的重要性程度、所需要的能力和教育程度为区分标准，分为行政级（the administrative class）、执行级（the executive class）和书记级（the clerical class）。以后再分为"开放级"（open structure，科长至常务次长）及"封闭级"（closed structure，雇员至科长），另有科技人员与外交人员。开放级属高级政策及管理层级，至 1986 年时分为常务次长、副次长、司长、副司长、资深科长、科长六类。文官职位出缺，因其职务重要，故一律内升资优之人，绝无外来初任者或资浅者跳升情形。但任用上已有若干弹性，如可任用别的机关别的种类人员，则不受原属职类或职群之限制，俾使专业人才有更多晋升机会。至 1987 年为止，开放架构内之高级文官有 18 568 人，其中一至三等者（即常务次长、副次长、司长）有 664 人，四至六等者（即副司长、资深科长、科长）有 17 904 人。

文官的甄选人才大致上是配合学校制度。职业依需要的不同，分别给高中毕业和大学毕业的人。因为现在所有职位由上到下全部包含在整个层级体制中，一个人即使当初因学历较低进入较低的职位，只要有能力即可升到较高职位。高中毕业未升大学即进入文官工作者，也可以和大学毕业生竞争升迁职位。职位的高低主要决定于一个人的考试成绩。

大部分的考试为笔试，主要考一般常识及对英国的认识程度，并选考二、三科专业科目。英国选任文官主要以一般能力为基础，并不是以特殊专业知识为基础。因为英国人认为一个人只要够聪明，在任职之后，很快就可以学会职务上需要的专门知识，他们认为传统普遍知识是职前特别训练最好的准备。富尔顿报告即批评这种考试制度是外行人的选人方式，主张应依照职位需要选择专业人才。1968 年英国依富尔顿报告废除文官委员会（Civil Service Commission），成立文官部（Civil Service Department）为主要的文官甄用机关。1970 年并成立文官学院（Civil Service College）提供文官技术和管理的训练，加强他们的行政技能，不再完全依经验和试误（trial and error）的方式用人。

文官制度的改革、甄用的程序目前仍处于变动的状态，然而任何改革对于文官制度存在的问题——文官的阶级差异——仍无法做许多改变。工人阶级出身的人担任文官的比例很低，最重要的是中等阶级尤其是工党的支持者而持有中等阶级意识的人。虽然第二次世界大战后，政府即扩大增补文官，增加教育机会。但文官中的阶级组成仍和第二次世界大战前相似，只有11%的高级行政人员来自工人家庭，大部分典型的文官仍为有名的私立中学和牛津、剑桥的大学毕业生。

二、人事主管机关

英国人事主管机关改了六次，1998 年改为内阁事务部，最高首长为首相（兼财政部第一大臣暨文官大臣）。首相兼文官大臣，其下为副相、"内阁事务部部长"（Minister for the Cabinet office，兰卡斯特领地大臣兼理）、部长（Minister for State，Ministers）、政次（Parliamentary Secretary）、党鞭等（以上为政务官）。内阁事务部之各司处则为内阁秘书长（兼国内文官长）与常次监督，主要单位含内阁秘书处（Cabinet or Central Secretariat）、文官管理处（C. S. Corporate Management Command，其内部含文官考选委员办公室）、公共服务处（Public Service Delivery）、管理与政策研究中心（纳入"文官训练学院"业务指导）、政府新闻发布与电讯服务处、信息管理处、幕僚管理处（人事、财务、总务管理人力）与执行机构（计算机电讯、车辆管理、采购服务、财产管理、文官训练学院计 5 个）等。

内阁事务部人事职掌：绩效管理、考选政策与监督、高级文官任用、便民服务与现代化、人事训练培育、管理发展、幕僚管理与其他人事管理事项。

财政部之现行组织体系内，仍设"公职司"（Public Service Directorate），职掌公务员俸给与效率规划（Public Sector Pay and Efficiency）、人力训练策略、公共服务质量与退休给与（Public Service Pensions）等事项。

英国中央政府各级机关内部均设有人事处室（Personnel Office，Unit），在组织体系上，并不隶属于"内阁事务部"或"财政部人事机构"，而直接受机关首长之指挥监督，在实施人事政策法令与体制层面，仍配合人事主管机关的政策联系与指导（如各机关办理考试训练与高等文官任命）。"英国主管人事机关"均受最高行政首长——首相指导，是"部内制"。英制的特色为：人事机关属"幕僚制"，考试权由"文官考选委员"主掌。因此，"人事行政"成为行政组织与管理的幕僚功能之一，而人、财、事、物的管理亦易于相互配合（许南雄，2005：125～126）。

■ 法国

一、文官分类

依层级高低及性质区分公务员为超类、A 类、B 类、C 类、D 类五级。

1. 超类系指各司处长以上之高等政治任命文官及政务官。

2. A 类亦称行政类（比拟英制行政级），主掌决策咨询及研拟法令、监督管理等职权。

3. B 类亦称执行类，职掌执行法令，处理一般事务工作。

4. C 类亦称书记类，含书记、打字、速记工作。

5. D 类则为信差类。

6. A 类公务员学历限定大专以上学位，B 类为中学学历报考，C、D 类则属小学学历以上。

7. 公务员区分为 A、B、C、D 类，系由各级机关自行确定，故颇有分歧，且标准不一。

8. 常任文官体系外，亦包含临时人员（相当于我国聘任制公务员），但临时人员聘雇 3 年后方可成为准常任（quasi-permanent）之非编制人员。A 类以上公务员，即为高等文官架构。

依《法国公务员身份与管理法》，公务员须具备下列条件之一：①是从事永业职务者；②是从事专业职务者；③是依法任命者；④是在国家机关或公营造务具官职者。公务员依据性质区分为编制内的"常任公务员"与编制外的"非常任公务员"，前者较有保障，后者保障较少。（许南雄，1999）

二、文官考选

1. 公务员区分为 ABCD 四等级（类），其中 A 类之考选由国家行政学院办理，B、C 两类则由各机关自行办理（B 类亦有集中办理者），D 类则由各用人机关以甄选方式录取。

2. 凡公务员考选，采公开竞争考试，通常分为笔试、口试两种。考试内容偏重一般学识及专业知识，尤其是高级行政人员（A 类）之考试，除一般文化程度及学识基础外，对于法律、行政、经济方面之专业知识亦极为重视。

3. 各种考试以国家行政学院办理之 A 类考试较为严格，区分为初任考试与升等（类）考试两种。

4. 初任考试对象为大学毕业，年龄在 27 岁以下，考试科目如各国政治制度、政治与经济史、行政法、语文及专业行政等科。

5. "升级考试"，系年龄在 36 岁以下具备 5 年任职经历者，考试科目除一般学科外，并着重工作实务与经验。

6. 考试及格人员历经两年半之训练，始予正式任用，各机关司处长以上人员，其任用权归属于总统，其他职务人员则由各机关首长任免之。

三、国家行政学院

1. 国家行政学院于 1945 年 10 月成立，校址在巴黎郊区，直接隶属于人事暨行政改革部，设院长 1 人，负责该院行政事务，内设若干研究所。

2. 专责各类高等文官之考选与训练。文官分为 ABCD 四类（级），凡属 A 类（级）文官之考选（限大学以上学历），由国家行政学院负责甄试，考选及格人员须在该学院受训两年半至三年，训练及格后始行分发任用（不及格即淘汰），训练期间之费用均由政府负担。担任授课人员者多为大学著名教授，受训严格，成效尤佳，实为高等文官之理想摇篮。

国家行政学院简介：

1. 学院的目标：培养法国文官行政管理部门，除工程人员与技术人员以外的管理高层人员。使国家的高级管理人才经过统一的录用、培训程序与系统的专业训练。

2. 每年仅仅录取 100 名大学毕业生，受训通过不授予学位，但却是法国高级公务人员的摇篮，总统希拉克即毕业于此。

3. 入学考试共分为 3 种，一是针对目前身份非公务人员者，二是针对在职的公务人员，三是针对曾经担任各级地方议会的议员。

4. 学院学制为 27 个月，其中实习就占了 1 年，实习所采的是"跟随制"，即是跟随重要人物的实习，而非仅仅在某一机构的实习工作，与重要人物的朝夕相处可以得到政治经济问题最直观的答案。

5. 毕业生的工作由政府来安排，与每个人的综合成绩息息相关。

（张勇、任溶、孙琦，2001）

四、地方行政学院

地方行政学院（Institute Region Administration，IRA），分别在五个地区（巴斯帝亚 Bastia，里尔 Lille，里昂 Lyon，梅斯 Metz，南特 Nantee）考选与训练中央与地方中上层级文官。

五、人事主管机关

法国人事主管机关，名称更改 6 次，自 2003 年后，改为"人事暨国家改革部"（Ministere de la Fonction Publique，et de la Reforme de l'Etat），设有"行政与人事局"（Direction General de L'Administration et de la Fonction Publique）及建置机构（Establissements d'Enseignments）。"行政与人事局"下设法规处、编制训练处、预算处、统计处、信息处、现代化与人力素质处、分权化处，该部建置机构包括"国家行政学院"（ENA）、"国际行政学院"（IIAP）、"地方行政学院"（IRA）（巴斯帝亚、里尔、里昂、梅斯、南特）（许南雄，2005：232）。

■ 美国

一、早期官职轮换制

1792 年，联邦政府有 780 位公务人员。2003 年，联邦政府雇用了大约 2 748 470 位公务人员。然而，并非所有的联邦公务人员均在首都地区工作，大部分人员的工作地点散布在 50 个州及海外。仅仅 334 566 人占联邦公务人员总人数的 12%——在首都地区工作。加利福尼亚州有 244 863 位联邦公务人员，海外地区也有 93 790 位联邦公务人员（Cummings & Wise, 2005：476）。

2003 年，美国国防部雇用 663 762 位文官在五角大楼及其他军事基地中工作。除此之外，美国邮局雇用了 797 709 位公务人员，退伍军人局（Veterans Admmnistration）雇用了 225 897 位人员。这三个机关共雇用联邦公务人员的 61.3%。比较之下，美国国务院只雇用 32 177 位人员（Cummings & Wise, 2005：477）。

美国联邦雇用了将近 2 748 470 位人员，无疑地，比任何私人公司都来得多。例如，Wal-Mart 公司——美国最大的私人公司，2003 年也仅雇用了超过 100 万人。联邦政府虽雇用了如此庞大的人力，但也只占全美国公务人员（联邦、州、地方）人数的 13%。根据 2002 年的统计数字，美国地方政府共雇用了 11 379 390 人，其中教师占 39%，州政府雇用了 5 072 130 人。而且州和地方政府的公务人员数目近年均有增加，联邦政府人数则维持同一水平（http：//www. census. gov/govs/apes/02locus. txt）。

一项有关联邦公务人员的统计显示，联邦公务员无论男女，其平均年龄为 46.5 岁，平均年资为 16.8 年，平均年薪为 56 400 美元。美国总统年薪为 40 万美元，副总统 201 600 美元，内阁部长为 174 500 元。高达 2/3 的联邦公务人员为永业性的公务人员，其薪水是依一般职位分类制度而来，GS-1 为 15 442美元，GS-15 为 112 346 美元，高级行政主管职为 174 500 美元（http：//www. opm. gov）。

何种工作人员构成美国官僚体系呢？其中有将近 50 万人为传统式的行政人员——主要办理行政事务，20 452 人为电子工程师，65 930 人为计算机专业人员，46 692 人为护士，24 010 人为空中交通控制员，37 409 人为犯罪调查员。在联邦公务人员中的白领阶级，有 786 118 人或占 49.1% 为女性（Cummings & Wise, 2005：478）。

联邦政府中绝大部分的职位是常任的公务员。美国华盛顿（Washington）任职总统时宣称他以"品格的适合性"（fitness of character）来任命行政人员，但他却喜欢任命同党的人员。当杰弗逊（Jefferson）就任总统时，免除了好几百位联邦党人的行政职位，而改由与他同党的人任职。

杰克逊（Andrew Jackson）于 1828 年当选为总统后，解任了 612 位由总统任命官员中的 1/3 和免除 10 000 名政府行政人员中的 10% ~ 20%。虽然他的作风承袭自杰弗逊，但一般人认为是他将分赃制度应用到联邦政府中。杰克逊喜欢称呼此种制度为"官职轮换制"（rotation in office）。1832 年，参议员马西（W. L. Marcy）为杰克逊总统的一项大使任命说："分赃属于胜利者"

(to the victory belong the spoils)，这句话成为描绘总统以政府职位酬庸其政治上支持者的最典型写照（Cummings & Wise, 2005：486）。

二、1883 年文官改革

改革迂腐和贪渎导致了 19 世纪 50 年代联邦政府的首次文官改革。美国在南北战争后改革的呼声日益高涨。到了格兰特（Grant）政府时代，虽然这个政府因贪污而备受抨击，但格兰特说服了国会于 1871 年设立了第一个文官委员会。这项改革努力于 1875 年终止，部分原因是由于国会拒绝拨款给这个委员会。

1880 年，共和党分为两派，一派主张改革，一派反对改革。加菲尔德（James A. Garfield）是共和党总统候选人，赞成改革。为了缓和反对派的情绪，加菲尔德选择了反对派的大将阿瑟（Chests Arthur）为副总统候选人。

吉特奥（Charles J. Guiteau）是一名行为古怪的福音传播者及律师，他向加菲尔德总统谋求驻奥地利大使或至少驻巴黎领事的职位，但未获得同意。他遂于 1881 年 7 月 2 日行刺加菲尔德总统，加氏于 80 天后死亡。

因为这一事件的发生，继任总统阿瑟变成文官改革的拥护者。在群情激愤的情况之下，国会于 1883 年通过了文官改革法，并设立了两党性的文官委员会，并使 10% 的联邦政府文官以竞争性的考试为选择的标准。文官改革法的实施，使得联邦文官的增补从政治性的任命改由文官委员会控制，并以功绩（merit）为择才标准。以功绩制度为基础的文官制度实施范围因而日渐扩展。时至今日，大部分的联邦公务员依功绩制而行（Cummings & Wise, 2005：487）。

功绩制的实施，在某一程度上对总统是有利的。因为在分赃制度下，向总统谋求职位者多，而空缺职位少，总统往往得罪他的支持者。然而，实施功绩制后，总统可免除此种困扰。

2003 年数据显示，美国联邦政府中有 130 万名公务员不在现行文官法的实施范围。这些未纳入一般文官制度的职位，多半在邮政部、国务院的海外单位和联邦调查局中，他们有其独立的文官制度（Cummings & Wise, 2005：487）。

三、1978 年文官改革

1978 年，国会制定了文官改革法，将美国联邦政府的文官制度再予以修正。依此法，原先的文官委员会撤销，改设功绩制保护委员会（Merit System Protection Board）、人事管理局（Office of Personnel Management）、联邦劳工关系委员会（Federal Labor Relations Authority）3 个机关。本法再度揭示功绩制的原则；严禁滥用人事权限；将原先统一的考绩制度，改由各机关自行制定适合各机关的考绩制度；改进申诉程序；改革劳工关系；改进俸给、退役优待；设置高级行政主管职位（Senior Executive Service）等。

（一）功绩制保护委员会

新设立之功绩制保护委员会为一独立机构，负责原先由文官委员会负责之上诉案件审理，具有准司法功能。其主旨在对于功绩制及个别公务员双方皆予以保护，借以对抗滥权及不公正之人事处分。该委员会由委员 3 人组成，以两党为基础而任命之，任期 7 年，期满不得连任，非有正当理由不得辞职。委员任命程序系由总统提名，经参议院同意。

功绩制保护委员会之职掌为就公务人员的申诉与抱怨案件进行听政及决定，调查违反功绩制度案件，并保护弊端揭发人免于遭受报复。委员会将获得授权制定规章，以界定该委员会审理的性质与范围，提出申诉的时间限制与审理判决的程序。不过，这些规定将不能减少联邦公务员已享有之权利。

在功绩制保护委员会中将设置特别检察官室（Office of Special Counsel），特别检察官本质上乃一独立行使职权之侦讯人兼公诉人，负有功绩制度及被禁止人事措施违反情形之调查及公诉责任，以维护大众利益。特别检察官由总统任命，其调查范围包括在人事决策中有政治干预嫌疑或对合法揭露违法情事之公务员采取报复行动之案件。

（二）人事管理局

原由文官委员会掌管之联邦人事管理职能，改由人事管理局负责。人事管理局成为美国总统管理联邦工作人员之主要代理人，负责襄助总统执行其管理联邦公务人员的责任。人事管理局职司联邦公务人员管理的领导工作，发展管理在行政部门中工作之全体文职人员，以及在立法及司法部门中某些机构工作之文职人员的人事政策。

人事管理局之局长由总统任命，但须经参议院同意。该局评估联邦机构中各项人事方案的效果，并进行调查，以确保各项人事方案与措施均能与法令规章及政策指导相符合。人事管理局亦针对各行政机关首长，在处理有关改进人力资源的全面管理及运用事务上提供技术与其他协助。换句话说，人事管理局在人事管理方面所扮演之角色，相当于管理与预算局在财务管理方面所扮演之角色。

（三）联邦劳工关系委员会

联邦劳工关系委员会之创设，系用以取代联邦劳工关系会议（Federal Labor Relations Council）。该局设有主任 1 人及委员 2 人，均以两党为基础而任命之，任期 5 年，除非有正当理由，不得中途解职。另设检察长（General Counsel）及联邦服务僵局陪审团（Federal Service Impasses Panel）。

联邦劳工关系委员会之职掌，为监督工会之创设、督导有关之选举以及处理各联邦机构之劳工管理问题等。有关交涉事项之范围，由联邦劳工关系委员会决定。至于哪一工会有权代表交涉，以及工会之全权代表之产生，亦由联邦劳工关系委员会决定及监督选举之进行。检察长之设置，系负责调查被指称的不公平劳工措施，并向联邦劳工关系委员会起诉。而联邦服务僵局陪审团系负责谈判僵局之解决，一如其原来所担任者。

（四）高级行政主管职位

高级行政主管职位（Senior Executive Service）系为在联邦政府高阶层处理行政计划之公务员所建立之新人事制度。此种人事制度自 1979 年 7 月 13 日开始生效，经试行五年后，于 1984 年 10 月 10 日国会正式通过对高级行政主管职位制度做成"无限期存续"之决定，并修正若干规定，由里根总统于同年 11 月 8 日签署公布为法律。

高级行政主管职位制度之职位范围，包括一般俸表第十六、十七、十八职等，及主管俸表第四、五等，或不需要参议院同意而径由总统任命之相当职位。其任用方式有四：

1. 永业任用人员：必须根据功绩制度由具有公务员任用资格者进用，此等人员进用不得低于高级行政主管职位总额的 85%。

2. 非永业人员：不超过高级行政主管职位总额的 10% 及各该机关高级行政主管职员额的 25% 情形下，可不经功绩程序自行选用。惟此等不受保障，随时可予以黜免迁调，且无申诉权利。

3. 限期任用人员：任用期限最多 3 年，期满即行解任。

4. 限期紧急任用人员：指机关为因应无法预估之紧急事务而任用之人员，任期以不超过一年半为限，期满即行解任。前述 3、4 类限期人员之进用，不得超过高级行政主管职总额的 5%，且须经人事管理局之核准。高级行政主管职位约有 7700 个（Cummings & Wise，2005：489）。

■ 日本

一、国家公务员法

日本政府于 1947 年 10 月制定国家公务员法，即《国家公务员法》，和

1950 年 12 月制定《地方公务员法》。国家公务员法屡经修改，与人员选任有关者为：

1. 公务员分为一般职与特别职两类。一般职即常任文官，须经考试及格后任用。特别职指政务官与特任官，目前特别职公务员约 30 余万人，一般职公务员约 80 余万人，至于地方公务员约 330 余万人。

2. 公务员制度以"民主"及"效率"为目标——公务员法第 1 条即规定"保障公务之民主及效率之运作"。此亦为民主型人事制之基本原则。

3. 人事主管机关——人事院隶属于内阁，而与各机关平行，内阁虽管辖人事院，但除了人事官之任命权及人事院总裁之任命权外，内阁对人事院并无特别支配之权限，可见人事院地位颇具独立性。

4. 规划职位分类——依据公务员法第 29 ~ 32 条规定，人事院规划职位分类。但职位分类法制在 20 世纪 50 年代已规划完成，惟因国债因素，迄今尚未正式实施，故日本人事制度仍以品位分类制为主。

5. 确立"功绩制"之原则的进用及任使，系经公开竞争的考试及"能力"与"服务成绩"。公务员遵守"行政中立"的原则，身份与地位受公务员法保障。公务员制度之适用，基于平等处理原则，不因性别、信仰、社会地位、门第、政治意见不同而有差别。为健全公务之推行，须谋求增进工作效率。

二、任用原则

公务员之任用须经考试，以功绩主义及平等处理为原则。但日本社会极重视家庭情谊及年资声望，政府机关任用制度亦受家庭人情等因素影响。

日本政府用人方式受两项因素影响，即所谓"终身雇用制"与"年功序列制"，前者与欧美文官"永业制"不谋而合，后者（年资因素）则与功绩体制似有出入。但日本是个能融汇传统与维新的国家，故公务员法强调的功绩原则能被尊重而行之有效，严格的考选、依能力与服务成绩任用、密集有效的训练培育，使年资因素与功绩原则并行不悖。公务员能受保障与照顾，这是任用制度与其他人事措施相互配合之成效。

公务员之考试是日本人事院及其各地方事务所为不特定之机关所举办之考试，称之为一般采用考试。以国家公务员考试为例，其等级分为第 I 种、第 II 种、第 III 种。前述考试虽不限制学历条件，但就应试科目及命题程度以观，其间仍有若干区隔。大体而言，第 I 种考试者皆要大学以上毕业程度（其间并未依博士、硕士或学士再予细分），第 II 种考试多为短期大学或高等专门学校毕业者报考，第Ⅲ种考试则多为高校毕业者报考。

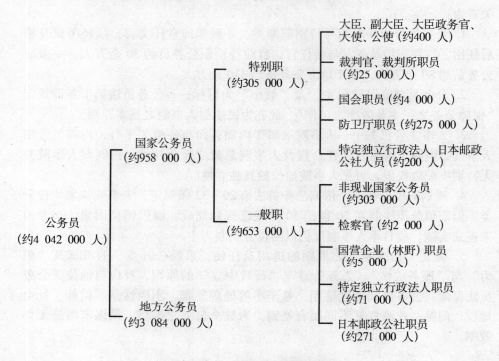

图6-5　日本公务员种类与数目图

资料来源：http：//www.soumu.go.jp/jinji/jinji_02a.html.

第Ⅰ种考试及格者，进入文官系统，循既定的升迁管道，逐级向上晋升；在职期间，通过定期职务轮调及训练进修，以加强训练，并使学识丰富完整。绝无中间插队或一试及格即任命为高级文官的情形发生。

公务员任用，分为初任（公务员法称考试任用）、晋升与调任等类。详言之，①凡考试及格经录用者须试用半年而后正式任用；②晋升则依升等考试或以工作成绩及年资因素甄选；③调任则系互调程序。任用权属"内阁各大臣"，即归属各机关首长掌管；至于临时人员之任用，得经人事院承认，但其雇用最长不超过一年，此与"一年一雇、年年雇用"者不同。

三、人事主管机关

（一）人事院

人事院的组织体系可区分为"人事官"与"事务总局"两层级。人事官

3 人，其人选由内阁提名，经国会同意后任命，其中 1 人由内阁任命为"人事院总裁"，综理院务，出席国会，为内阁之人事幕僚长。人事官任期 4 年，最长不得超过 12 年。人事官之资格条件极优越，对功绩制及人事行政有专门知识及见地，年龄在 35 岁以上，无犯罪纪录，最近 5 年不曾出任政党干部或选举官员，且其中两人不得属于同政党或同学院毕业者，人事官退职后 1 年内不得被任命为人事院以外之官职（公务员法 5～7 条）。人事官属"特别职"（政务官），是人事院决策者，执人事政策之牛耳，其地位崇高，实为维护人事决策者之超然与公正形象（不受党派或政潮影响），而非显示人事院之独特超强地位。

人事官之下设有事务总局，系人事官会议的执行机构，处理人事院实际业务，员额 700 余人，置事务总长 1 人，辅助人事院总裁并执行人事行政职务，及指挥监督人事院职员。事务总长之下设总裁秘书及事务次长各 1 人，考试委员若干人，局长 5 人。

（二）总理府人事局

日本政府于总理所辖总务厅之下设"人事局"，该局设局长、次长、企划调整课及参事官等，职员约 50 余人，内阁总理大臣对各行政机关之人事管理方针、计划等，掌理其保持统一所必要之综合调整事务，其主要人事职权包括：①统筹协调各机关之人事管理方针与计划；②管理各机关之人事纪录；③掌理公务员效率、卫生福利、服务等事务。

■ 德国

一、优秀的文官

德国文官在 19 世纪素有"干练、不腐化、有目标"的美誉。德国公务员的甄选以专业训练及知识为基础。而高等教育通常是较低阶级所不能企及的，因此，高级文官常局限于高阶社会的子弟，他们认为表现自由或民主观点的公务员危及他们的地位。结果，公务员发展成一保守的阶级制度。但正因为他们的优秀背景，公务员受到一般民众的景仰。高层级文官似乎为最好的典型，再加上行政体制本身井然有序的特质，吸引了大多数的德国人。因此，一般而言，德国人允许行政人员具有执行大权。

在魏玛共和时期（1919～1933），曾尝试以自由方式甄补文官，结果文官素质降低。纳粹时期（1933～1945），对效忠新政权有疑问的文官加以解职，对于甄补也详予控制，纳粹时期的文官也是素质低落。第二次世界大战结束，一度解除纳粹文官制度，而加以重建。在第二次世界大战后的不稳定时期之后，文官的一般质量与能力有稳定的提升。

二、1981年《联邦文官法》

目前的文官职位系由1981年的《联邦文官法》（the Federal Civil Service Act）（1953年制定，1961年、1981年加以修订）所规定。本法将文官分为四级：①简易职（低层级）；②中级职；③上级职；④高级职（《联邦文官法》第16~19条）。其所需之学历约略为小学、初中、高中与大学以上，这是品位分类制。而再将上述区分分别跨列职等，即简易职第一至五等，中级职第五至九等，上级职第九至十三等，高级职第十三至十六等。每职等又分九至十五个俸级，既便晋升支俸，亦便任使管理。此等分类方式已融入职位分类制精神。

上述四个层级公务员考试区分为初任考试与升级考试两种。以高级职为例，大学毕业生参加初任考试及格后参加职前训练二至三年，再参加考试。由上级职参加升级考试而成为高级公务员，其条件为任职八年以上，参加在职训练一至两年半，经升级考试及格后晋升为高级职。通常应考高级职而录用者，大多数来自大学法律系毕业生，其次为大学财税、社会、经济系毕业生，再次为大学物理、化学、数学系毕业生。考试分笔试、口试两阶段。高级职公务员之考试由联邦政府组成"考试委员会"统一办理，而其他各级公务员之考试则由各机关自行办理，惟考试结果须经联邦人事委员会承认。

传统上，要成为一个高级文官，法律的训练是必要的，现已扩及政、经学位，文官阶级的组成人员也多少宽阔些。大部分的选任人员仍为富豪或文官子弟，阶级的偏见仍然存在，很少高级职位系从低阶层升迁的。居于高级职位的，正常的情况是一进去就直接是高员级的。因而，唯有受过高等教育的，才能获得高级职位。

三、文官训练学校

德国有一文官专业训练的"行政学院"以及地方行政学校。行政学院原先是法国在其占领区施派尔（Speyer）所设立，该校现在服务于整个联邦共和国，其费用由联邦与各邦负担。年轻的文官候选人通常要在这里受训三或四个月，期间介于初试与复试之间。他们修习历史、政治学、经济学以及公共行政原则。此外，他们有机会访问政府机关，并结交来自各地的同僚。

1977 年 9 月又核准成立"联邦公共行政学院"（Fach-Hochochule Des Bundes Fur Offentiche Vewaltung, Federal College for Public Administration）。该院于 1979 年招生，学生均具临时公务员资格，全部课程需 3 年，除校本部外，有 10 个分校，结合教学与文官训练。

四、人事主管机关

1953 年制定《联邦公务员法》，始于第 4 章专设"联邦人事委员会"（Der Bundespersondal Ausschuss，1953 年迄今）。联邦人事委员会设立的宗旨系"为期公务员法制之统一实施……于法律限制范围内独立行使人事职权"（《联邦公务员法》第 95 条）。

"联邦人事委员会"的组织，依据《联邦公务员法》第 76 条之规定：

1. 联邦人事委员会由正委员及副（代理）委员各 7 名组成。

2. 联邦审计部部长及联邦内政部人事处处长为常任正委员，以前者为委员会主席。非常任之正委员由联邦各部会人事部门主管及其他联邦公务员 4 人组成。副（代理）委员为联邦审计部及内政部各指派联邦公务员 1 名，其他联邦各部会人事部门主管 1 人及其他联邦公务员 4 人。

3. 非常任之正委员及副（代理）委员由内政部部长之签呈任命。其中，正委员及副委员应各 3 人，经所属工会之最高机构提名，以委派方式任用之。

德国联邦人事委员会的委员计 14 名。其中，正委员包括联邦审计部部长（委员会主席）、内政部人事处处长、其他机关人事主管与 4 名联邦公务员，副委员系各机关推派之公务员代表。上述委员之任命，系由内政部部长呈报总统任命，任期 4 年（许南雄，1999：194）。

五、文官的政治色彩

《文官服务法》要求官僚为人民之公仆，并非为任何政党工作，应公正地执行职务。他们适用该法，并须支持民主秩序。他们的行为须为人民的楷模，被期望严谨地生活，使人敬仰，并信任其专业。从各方面观之，他们都能严守这些要求，在联邦与地方行政机关都很少发生馈赠、贿赂及其他不当的行为。

德国系第一个负起公务员执行职务错误行为责任的国家，部分的原因可能是早先普鲁士时代比其他国家拥有更多各种国营企业的缘故。无论如何，现在宪法承认此项法律责任，并授权行政法院类似法国一样处理类似案件。

　　英国限制加诸文官政治活动以确保他们的中立，这样文官方可不随政党进退，不论哪一党执政皆可获信任而继续服务。然而，德国像法国，行政与政治并无俨然的划分，公务员可自由进入全国政治界而无须辞职，竞选公职成功者仅暂离职位。当他们不再是民意代表时，可以申请复职。进而，不可阻止公务员参与邦与地方层级的政治活动。在大部分的案例中，当选邦议会议员之地方公务员仅暂离岗位，他们有权复职，因为有复职权，公务员趋向于继续地为文官会员。

　　由于行政与政治界限的模糊，某些部长要求文官代他们出席议会或答复质询。此外，他们常要求文官参与委员会的讨论，甚至签署不重要的命令。如此情形使人难以明显区分部长与文官的责任。因为有些部长未亲身详细考虑政策，公众有时就将炮火对着文官。

　　1967 年，政治妥协组织大联合政府（the Grand Coalition）在大行政部门设置政务次长（Parliamentary State Secretary），上述情形有了转变。政务次长，类似英国的 Junior Minister（必须为国会议员）。他们的主要任务系协助部长在联邦议会接受质询，而为行政责任的一个要素。因而永业的文官有点像英国的事务官，不必参与政党政治（Rasmussen & Moses，1995：465）。

　　德国行政部门的人员全为永业性文官，当然，部长是政务官，每一部长任命一位常务次长（有些部门有两个）。常务次长等于英国行政部门的永久性首长，虽然常务次长常从高级文官晋升，但是不必受到严格任用法的限制。

■ 俄国

　　苏联解体后，俄国的"公务员"制度正在建立之中，"公务员"的概念逐渐取代原有的"干部"制度。尽管"干部"这一概念仍在普遍使用，但其内涵已和过去有所不同。它所包含的范围已大大缩小，主要用来指在国家权力机关中工作的公职人员和一部分国营事业单位的管理人员。大部分经济企业家、文化机关、教育、卫生、科技的人员也脱离干部序列，尤其是出现了一个私有者阶层和职员阶层，他们与干部人事制度已经没有什么联系。国家公务员制度的建立如下所述（叶自成，1997：182～185）。

一、选举制取代传统政治干部制

　　选举制是俄国产生政治领导人的基本方式。俄国总统、联邦各主体的地方行政长官、联邦议会及其地方各级议会的议员，都按照竞争、公民直接投票选举，任期制的原则产生。俄国在1991年6月通过全民选举产生了俄国历史上第一位国家的最高领导人，1995年12月进行了俄国议会上议院和下议院议员的直接选举，1995年12月又进行了联邦下议院的第二次直选，1996年6～7月进行了第二次俄国总统的全民直选，这在俄国历史上都具有重要意义，是其政治制度发展的重大标志。

二、总统办公厅与国家培训总局

俄国总统及其办公厅握着人事政策的决定权。俄国总统通过颁布总统命令的形式，决定俄国人事制度的基本原则和基本方针，甚至规定国家机构中工作人员的数量和工资。例如，1993年10月27日，叶利钦签署总统令，对俄国国家反垄断政策和支持新经济结构委员会的人事制度下达命令，规定该机构人员总数为3 100人，并规定了该委员会领导人、专家和地方管理人员的职务工资，以便稳定在该机构的工作人员。

在俄国总统办公厅，设有国家公务员培训总局，对国家公务人员的具体事务进行管理。尤其是总统直属的干部政策委员会，在总统决定干部政策方面具有重要作用。该委员会成立于1993年，由三位主席领导，他们是总统办公厅主任费拉托夫和政府第一副总理索斯科维茨和舒梅科。总统直属的干部政策委员会下设司法干部委员会、驻外干部委员会及最高军衔和军职委员会，其主要职责是从事预先评定干部的工作，搜集有关俄罗斯干部及其职业培训的资料。这一机构的作用相当于"去苏共"中央组织部、干部和中央行政机关部。

由于总统和总统办公厅在干部决策上有主要作用，因此总统办公厅所属各机构的公职人员也成为俄国中央政府主要领导干部的储备库，很多人因此从总统办公厅机构调升为部长。

三、《联邦国家机关条例》

叶利钦不仅直接领导总统下属的国家公务员培训总局，而且颁布了一系列命令，推行国家公务员制。1993年12月22日，叶利钦签发了《联邦国家机关条例》。这是俄国推行公务员制的重要文件，不仅规定国家机关必须服从法律、接受社会监督和不带任何党派政治色彩，而且规定所有俄国公民都拥有在平等基础上竞争进入国家机关的权利。这一条例已将在联邦代表权力机关、执行权力机关和司法权力机关工作的人员视为联邦国家机关工作人员，并按公务员制的原则对他们的个人责任、职业素质、权利、社会保障以及职业技术考试、评定、试用等具体问题做了规定，并明确提出实行公务员制通行的官阶制。

四、《联邦国家公务员原则法》

叶利钦在 1995 年 7 月 31 日签署了《联邦国家公务员原则法》，明确规定俄国国家机关的法律基础和公务员的法律地位。这一文件指出，俄联邦法律规定的制度，履行国家机关公职人员职责，由联邦预算和相应的联邦主体预算支付工资的俄国公民为国家公务员。国家公务员划分为"甲"、"乙"、"丙"三类。国家公务员将通过考试或鉴定评定等级。俄国将建立统一的国家公务员人事制度，称为国家公务员名录。国家公务员应每年向国家税务机关申报属于个人的收入和财产。法律规定，国家公务员无权从事有偿工作，但从事教育、科研和其他创作性工作以及担任俄联邦和俄联邦主体代表机构及地方自治代表机构的代表不在此列。公务员无权亲自或通过委托人从事经营性活动，无权在国家机关内充当第三者的委托人或代表人。

五、国家公务员学院

为推行国家公务员制度，俄国还建设了国家公务员学院。叶利钦总统在 1995 年 9 月曾亲临该学院对师生发表有关公务员制度的讲话，把对俄国的干部制度和公务员制度进行重大改革作为在俄国巩固民主制度的任务之一，认为如果不同时改革干部制度，任何改革都要失败，前苏联解体的原因之一在于其干部制度破坏主动，压制自由，失去了管理国家的能力。这也使得俄罗斯在独立之后也面临严重的管理干部的危机。因为在许多部门，实际上还是由过去的苏联干部按照老一套在管理，只有 1/3 是 1991 年后进入各级权力机关的。这使得在俄国建立和实行国家公务员制度极为迫切。

第四节　监督控制

对于政策执行机关的控制，各国的情况不同。英国着重行政裁量与财务的控制；美国着重政治的控制；法国着重经由行政法院系统的控制；德国则由于一般人对其文官有较好的印象，故很少论及此一问题；而俄国则仍未完全脱离威权体制的监督。

■ 英国

对于政策执行人员的控制，英国着重财务与行政裁量的控制。财务控制已在人事机关的设置提及，不再赘述。本节仅探讨行政裁量。

一、监督的必要

行政人员在履行职务时，在某种程度上必须做决定。政府在经济、社会方面的活动增加，也扩张了政府在这些方面的权力。国会所通过的法律只是原则上的规定，有关细节则委任行政机关制定，然而委任立法产生了两大问题：

1. 如何提供适当的监督，使行政机关法规制定权的运用符合法律规定；
2. 如何确保人民的权利不受行政法规的侵犯。

近年来，委任立法的需要不断增加，因为国会会期甚短，有关行政细节问题不可能逐一加以详尽的规定；而且，现代的立法事项常涉及技术问题，无法在议会讨论上做有效的辩论；再者，在广泛复杂的改革范围中，不可能预测到所有可能的状况，在细节上必须富有弹性，根据实际状况随时改变。所以，国会立法只做原则上的规定，可以有较大的变动性，以避免错误及不合时宜的规定。

二、监督的方法

英国对于立法没有宪法上的限制，为了避免行政机关制定的法规脱离原有的立法原则或侵犯人民的权利，而英国法院又不具有司法审核权，所以英国需要建立委任立法的监督。其方式是：第一，只有当法律授权时，行政机关才能制定法规；第二，部会所制定的法规必须由部会首长批准；第三，部会须设置顾问委员会，在制定法规之前，先咨询顾问委员会的意见。所有部会关于经济、社会方面的法规都设有顾问委员会，但咨询的实际效用如何，则端赖部长对其信任的程度以及委员会各利益代表的影响力而定。最后，国会对于已制定的法规，可以在40天内宣布法规无效。实际上国会很少采用这种控制方法。平民院法规会（the House of Commons Select Committee on Statutory Instruments）负责处理有关法规事宜，并批评各部会的法规，法规会委员本身并不能宣布法规无效，但可提交平民院注意，并帮助平民院做决定。行政机关若故意规避这种行为，将会引起国会的不满。

由于委任立法的需要逐渐增加，有时可能侵犯个人权利。为解决机关之间的冲突及个人认为其权利被侵犯时的申诉，各部会皆设有行政法庭（Administration Tribunal）。行政法庭由拥有特别经验或经过有关训练的专家组成，其程序不像一般法庭如此正式，手续较简便，进行快速，费用负担也较轻。

然而，行政法庭的设置却遭受许多批评，反对者认为行政法庭并未依一般法院的程序规则进行，例如，在行政法庭中，无法反告证人，对于证人的评论无法反驳，因此无法证实自己的情况。再如，行政法庭成员由部会首长任命，其公平与否令人怀疑，评事自己搜集证据，对行政部门较有利，而对人民不利。行政法庭在判决时，也常无法兼顾人民权利的保障与行政效率。对于行政法庭的批评，国会接受了某些意见，在1958年通过《法庭及调查法》（the Trobuals and Inquiries Act），规定行政法庭裁判的方法，并做了程序上的改革，对某些法律做司法上的仔细查核，并设置评议会，负责30个行政法庭的工作报告。

三、监察长制的设置

历经改革之后，仍有人对行政法庭制度不满，甚至认为英国自古以来的自由被强而有力的行政机关摧毁。1967年英国决定采用斯堪的纳维亚和新西兰的监察长制（Ombudsman），或是国会行政委员（Parliamentary Commissioner for Administration）（Peele，1995：458～472）。

监察长的权力较受限制，国会的官员只限于调查国会议员所提出之案件，调查之后向国会提出报告，但有关地方机构、国营事业、国家利益、外交关系等事项不在受理范围之内。最初监察长的权力只限于处理不良的行政行为，对于合乎适当程序裁量不得过问。平民院且成立一特别委员会监督他的工作情况，根据委员会的报告，监察长曾在1968年扩大其权限，不但调查所有"恶劣颟顸"（thoroughly bad in quality）的行政行为，而且不论案件是否合乎申请规则，只要认为有刁难、不公平的现象都加以调查，并审核行政机关是否改进，以免再次发生类似的情形。即使这种权限没有扩张，仍有人抱怨监察长已经超出其原有职权，在其调查的案件中，只有10%～13%的控诉案属于"不良的行政行为"。

英国监察长的权力有限，对于行政裁量权的滥用无法有效的防范。监察长权力的加强，或再增设其他新机关以强化对行政裁量的控制。这些改革虽然有限，但确实添加了监督的效用，增加了行政机关的责任。

■ 法国

一、行政法的监督控制

在法国，试图要求行政人员负责的方法是经由行政法或行政法院来发挥控制的效果。然而，此处要强调的是，利用这种途径是为了防止或修正行政权力的滥用或者恶意攻讦，而不是对于行政过程中政策形成面的控制。也就是说，所谓对于行政人员的监督较倾向于个案处理，而非对政策选项的普遍事务做监督。

法国的行政法是有别于一般法律的另一个独立体系。行政法决定国家公仆的权利与义务，同时也决定人民与行政机关的权利与义务关系。形成这种体系的基本哲学是完全不同于英国的"王不能为非"的观念。从法国的观点，国家是一个责任体，而它的行政人员仅是国家机关的工具而已。因此，行政人员不能以个人身份对错误的行为负责。所以，一个特殊设立的法院——行政法院，便用来审理行政法的案例。法国的行政法所涉范畴极广，行政法中除有关于国家及所属机关损害人民权益应负的责任规定之外，还有其他种种规定，如关于行政命令的效力，行政人员越权损害人民的救济办法，私人蒙受公务损害请求赔偿的给与，以及政府人员公私行为的区分等。（罗志渊，1991）

这种制度似乎是源自于法国大革命以及大革命前的事件。纵使是旧的制度，也为法院难以忍受的规定所苦。伴随着大革命而来，所有的改党一致认为法院将会是新制度的绊脚石。这些作为与法国人所了解的孟德斯鸠（Monterquieu，1689~1755）对分权的解释是一致的。也就是说，法院不得干涉行政行为。从理论上来说，在这种哲学之下，政府可以为所欲为而无须顾虑普通法院所施加的压力。但是，在数十年之后，法国人却以确定的程序及持续的法律体系来指导他们而发展出行政法院的一套组织结构。这样的组织结构使得政府能够为他们的行为负责，同时也保障了个别公民免于遭受过当的行政措施之害。

行政法院的作业与普通法院不同。当一个人感受到行政行为侵害时，他可以提出诉愿，指出行政过失之处，并详述所要求之救济。于是行政法院的功能就像一个调查委员会，目的在确定事情的真相。由于诉愿的法律观点是由法院来确认的，诉愿人便不需要雇请律师。等到所有相关资料搜集完毕，法院宣布判决，尔后法院方据此决定行政人员在此案中的行为是否无效。

这种制度的好处是，纵使败诉，所费亦不多。因此，即使是没钱的人也会尽量争取对于行政失当之救济。行政法院秉公断事的精神一直享有极高的声誉。事实上，很多人觉得行政法院的判决比普通法院来得公允。然而，行政法院却渐渐失去原有的一项优点，那就是审理案件的速度愈来愈慢。从诉愿到判决差不多要经过两年的时间，这样的拖延已不是罕见的现象，特殊的案例更是如此。

这种制度的影响被局限在行政法院只适用于行政行为，而不适用于政府行为。行政机关的行为只有在下述四种情况下失效：①行政机关或行政人员对于正在讨论的问题无权做决定；②所规定的程序形式未被遵守；③权力被误用（即法定行为的目的并非法律所预期的）；④法律有所缺失。

简言之，行政法院不可对法律加以挑战，只能对其所实施的方式提出异议。但是，近年来判决已有扩大评议范围的趋势。在判例中较强调案件的价值，而不是判决的技巧。然而，行政法院保障人民自由的功能仍然受到限制，因为在行政法庭内不能对法官及警察的行为提出挑战。举例来说，逮捕与搜索就不在行政法院的管辖范围之内。由于近年来政府已涉入普通法庭适用的范围（如国有化及保护财产权等），民事法与行政法的界线便愈来愈不清楚。例如，政府侵犯了财产权或者公共自由，这个案件便要交由普通法院来管辖，对于案件的管辖若有问题，则交付冲突法庭（Court of Conflict）解决。

二、行政法院

行政法院体系的最高机关是中央行政法院（Council of State）。成员约有200人，区分为五个厅。五个厅之中只有一个与司法业务有关，其他四个厅则针对行政问题向政府提出建议。然而它所提出来的意见对于诉讼厅并没有拘束力。中央行政法院的信誉多半来自于司法厅，尽管此机构的人员是经由司法部长推荐而由内阁任免的，但在处理事情时，中央行政法院似乎能免于行政成见，即使有所偏见，也是着眼于保护人民的利益。

中央行政法院的评事并没有固定的任期，通常是终身职，除非是违法渎职。国家行政学校毕业的佼佼者是中央行政法院评事的主要来源。除此之外，有极小部分人可以被任命为期1年。他们都是在特殊的领域中学有专长的专家。这些人可能成为整个中央行政法院注意的焦点。每一个部为了维护自己的利益，当部在讨论有关事务时均会咨询中央行政法院的意见。

假如行政自由裁量权受到挑战时，中央行政法院将会要求有关部会说明原因，并且搜集该案的资料及档案。凡是保留给行政人员的自由裁量行为，中央行政法院会尽力确保行政行为是合理的。中央行政法院是决定行政人员是否滥权之最后裁判机关，尽管中央行政法院工作困难，但能平衡行政人员与人民的关系并获得他们的信任。这样一个被授权来补偿、救济人民的机关，将有助于使行政人员更加负责。

1954 年以前，中央行政法院审理大部分行政诉讼案件，而轻微的案件则由地方行政法院来审理。就在 1954 年司法管辖权有了激烈的变革。大部分的诉讼案件现在都已经交由地方行政法院审理，一共有 31 个地方行政法院，另外有特别行政法院，如财政方面的审计院（Court of Accounts）、教育方面的国家最高教育会议（Superior Council of National Education），但是中央行政法院仍保有控制权，对于上诉案件必须由他们来审理。同时中央行政法院对于牵涉到数个行政法院的案件可以使用其裁量权，指定其中之一的行政法院来审理。此外，中央行政法院亦受理有关公务人员重要权益争议的第一审工作。

中央行政法院的其他四个厅，其主要的工作是当内阁咨询其意见时提出自己的看法。有些事务，如内阁送交国会的议案、行政法规、非立法性的训令等，内阁都有义务询问中央行政法院的意见。自从 1945 年以来，中央行政法院可以率先领导内阁注意他们认为需要改革的立法或行政方面的事务；但是诚如上面所提到的，中央行政法院的谘意对内阁或司法部门是没有拘束力的。换句话说，中央行政法院的威信是建立在政府不断的接受它的意见。因此，有许多人将中央行政法院视为制衡命令权滥用的一股力量。

行政法院与普通法院系统相比较有下列三种独特之处：①从性质上说，它是一个行政机构，其成员并非司法官的职衔，而是行政官吏，中央政府可以随时解除其职务或调动工作。②从审理的法律依据来看，行政法院裁决案件不是根据普通法院所使用的民法或刑法法典，而是根据行政法院自身所形成的判例，尤其是中央行政法院判例的累积，于是在适用实际案件上较具有弹性。③从职责范围来看，它不能干涉和解释法律，对行政措施所做的任何解释都可以被一条新制定的法律所废弃。（洪波，1993）大体而言，行政法院以审理人民控诉政府机关的诉讼案为主，普通法院以审讯人民相互之间的讼争及国家与人民之间的刑事案为务，但难免有些案件其管辖权之归属颇有疑义。法国为因应两系法院管辖权的划分之需要，乃设有职权划分法院，以解决职权上的冲突问题。（罗志渊，1991）

三、监察长制的设置

法国亦设立了监察长（Ombudsman），任期 6 年。或许有人会认为在法国的行政法系统之下这种职位并不像英国那样需要。然而，法国人在某些案例中已经有机会直接免除不良行政之害，甚至不必经由行政法院准司法性的程序来获得救济。一般法国人对于行政人员有所埋怨并不能直接找监察长，而必须先与国会议员取得联系，由这位国会议员来决定该请求案件是否有足够的价值经由监察长来处理（Rasmussen & Moses，1995：337）。

■ 美国

一、行政机关形象不佳

美国人对于行政体制并未存有好印象，几乎人人都要求监督行政机关，甚至进一步要求改进或改革。2003 年 3 月 1 日，美国政府成立了国土安全部，以作为 2001 年 9 月 11 日恐怖攻击事件的亡羊补牢之计。可是在三年前（2000 年）布什竞选总统之时，布什大肆批评联邦政府太臃肿，没有效率，并且浪费太多，对克林顿政府的批评是，"他们不是政府改造（reviewed），只是改组（reshuffled）"。在 2004 年布什总统竞选连任时，他攻击他的对手民主党总统候选人克里（John Kenny）的行事作风，一如华府老官僚的心态，正如布什 2000 年攻击他的民主党对手一样，似乎攻击行政部门较易获得选民支持（Cummings & Wise，2005：464）。

由 2004 年总统竞选联邦行政机关遭受各方的抨击可看出，若是要揭发社会病态，行政机关和行政人员将是备受攻击的焦点之一。虽然字典上"行政人员"（bureaucrat）是一中性字眼，它的意思虽是执政人员（administrator）而已，但它的言外之意早已超过此一意涵。行政机关和行政人员的意义，对某些人而言，指的是一群自以为重要但却毫无效率、器识窄小而又深陷官样文章的政府官员。行政机关一旦设立后，就会像"帕金森定律"（Parkinson's Law）中所述的：一件工作的完成，会拖延到能填满完成此项工作所有可利用的时间为止（1957：2）。

虽然评语是如此恶劣，但每一政府，无论中央、州或地方，均需要公务员。许多政府方案是高度复杂需要专门技术人员加以管理的。此种状况下，许多政治科学家宁愿以"公共行政"这一字眼来描写行政机关的过程；以公务人员来代表行政人员。毕竟，这些被指责为爱做官样文章的行政人员仍然完成了许多伟大的工作，例如，美国国家太空总署（NASA）把人类送上了月球，田纳西流域管理局（TVA）带给美国无数的活力。

批评政府的情绪可追溯自新政时期（New Deal, 1935～1938）的社会福利方案。社会福利方案急剧地扩展了政府在人民生活中的地位。30 年以来，共和党和保守人士不断地抨击社会福利方案及联邦政府极力的集中。1964 年总统选战中，共和党候选人巴里·戈德华特（Barry Goldwater）责难，在不断地接近集权主义的路程中……政府已变成主人而非仆人。权力正聚集于白宫，而远离城镇、郡、都市和州。我们必须在联邦官僚能主宰我们之前先行控制他们（New York Herald Tribune, 10. 1. 1964：8）。

1960 年代末期，民主党的自由派及新左派人士也开始支持此种看法。因此保守人士和自由派人士联合起来反对庞大的联邦行政体制。1968 年大选年，民主党总统候选人罗伯·肯尼迪提倡将经费回流给小区，而不要给无效率的、叠床架屋的和专制的联邦行政机关。

某些学者，如彼得·F. 德鲁克（Peter F. Drucker）认为，现代的政府已变得难以管制。他同时认为因为行政人员的僵化与无能，政府已无法有效执行其工作，今日已没有任何一个政府能控制某行政体制和各个行政机关。政府中的各个机关具自主性，自己决定目标，受自我权力欲、自以为是和自我狭窄的观点所指引（1969：220）。也许这些批评是稍微过分些，却可引发一个相当重要与有意义的问题：在现代的社会中，行政人员应扮演何种角色？人民不断地向政府要求服务，如社会安全、医疗、教育、住宅，使得这种形式的政府是不可避免了。

传统的行政体制概念发展自德国社会学家韦伯（Max Weber）。他认为行政体制是一严格的层级结构、权威命令和法规系统。在韦伯的眼中，行政体制因为专业知识而掌握权力。政治性的统治者在专业知识上无法与行政体制一较长短。

19 世纪的美国，行政体制的技术能力并未受到如行政体制政治性的同等重视。民选的官员常常以公务员职位作为其支持者的酬庸。17 世纪末期的文官改革运动是以功绩制（merit）来取代政治性，以作为甄补公务员的标准。

20 世纪的前 30 年，公共行政的古典理论植基于此项改革运动。正如瓦尔多（Dwight Waldo）所显示的，早期的公共行政学者认定"政治和行政是分开的"和"政治不应干涉行政"。然而，今日的政治科学家承认政治和行政是不可分的，而且行政的决策包含了政治选择。因为行政在决策上有很大的裁量权，造成了一个正如谢尔（Wallace Sayre）观察到的问题：如何使行政受到公众的控制而能对公众负责，也就是如何调和行政机关与民主的问题（1958：105）。

因为公务人员不是民选产生的，故不受选民的直接控制，属永业性的，有时更成为一个独立的权力中心。总统或国会能够控制它吗？在民主国家中，这是一个严重的问题，毕竟，民主国家的行政机关必须要对人民负责。另外，行政机关滥用它们的权力或误用行政人员的情形也相当严重，尤其是误用警察与情报机关去对付政治上的竞争者，最明显的例子就是1973年的"水门案"。虽然，行政机关在法律执行与管制的功能上必须要对人民负责，但在某种程度上却必须是独立的。如果行政机关过分反应人民的意见，那么它将为各种压力所困惑。

行政人员必须讲求效能，否则政府将无法解决各种问题。例如，一项防治污染方案的实施，虽然增加就业机会，但是却无法防止烟雾。这项方案就是失败的，而且无端增加纳税人的负担。依公共行政的新理论认为，行政机关是为了服务民众而设计的，必须对人性需求和社会不平具敏感性，行政机关的首要目标既非效率也非经济，而是影响和实现更能改善所有人民生活之平等性的公共政策。

二、重组机关

不过，历任美国总统还是加强对行政机关的控制甚至改革，其方式是在寻求重组联邦的行政机关，以使总统更能紧密地控制行政部门，以及使决策权握于联邦政府较高层级的官员手里。国内委员会（Domestic Council）和管理预算局的设置就是这种努力的结果。

美国总统在行政体制的形象，就如同一位船长领导着全然陌生的水手，总统总是设法控制下属的行政人员。肯尼迪总统会被外交政策官员的寡断与拖延所激怒。他说："国务院像一碗果冻，使得在国务院内工作的人不断地微笑，我想我们应该收起微笑，变得更正统些"（Schlesinger，1965：406）。

通常，总统借由行政机关的重组来增加他对行政人员的控制。第二次世界大战后的首次行政改革是1947年的胡佛委员会（Hoover Commission）。该委员会的正式名称为政府行政部门组织委员会（Commission on Organization of the Exective Branch of the Government），由前总统胡佛所领导。它的第一次报告在1949年，向联邦政府提出了近两百项建议。其中的半数获致实行，大多数的建议为如何集中权威和精简组织。

1953 年，政府成立第一次胡佛委员会，并于 1955 年提出报告。由于此次委员会建议联邦政府去除那些与私人企业相互竞争的活动，造成相当大的政治风波。因此，此次建议的影响力相当小。

自从新政时期，联邦政府可随时随地以重组的方式使决策权能握于各部政策层级的官员手里，而非较低层级的行政人员手里。这种做法是假定较高层级的行政人员愈能知晓、愈能反应更大多数人民的利益，而较低阶的行政人员往往只反应某一工业或团体的利益。

从 1918 年开始，国会就间接或直接地给予总统重组行政部门的权力。国会于 1939 年通过一连串的重组法案，使得总统能广泛地使用这项重组权力。1994 年的重组法案增强了总统的这项权力，在该法案之下，行政机关所拟的重组计划，除非国会反对，否则在 60 天内自动生效。1953 年，国会同意了艾森豪威尔政府设立卫生、教育暨福利部。从 1949 年起至 1972 年止，其间的 5 任总统共提出 91 件重组计划，其中的 72 件生效。

三、以预算控制文官

近年来，较醒目的重组计划为 1970 年设立的管理及预算局（Office of Management and Budget，OMB）。该局的设立由总统的行政重组顾问委员会建议，设置的目的在于使总统和他的预算人员更能紧密地控制联邦官僚。OMB 是总统幕僚单位之一，经由该局，总统可全盘地控制行政部门。美国联邦政府的会计年度是从 10 月 1 日起至次年 9 月 30 日止。每年的春天，行政体制中的各个行政机关就开始着手进行 17 个月后才开始实施之该会计年度的预测设计工作。总统的顾问群提出该会计年度的经济预测及收入估计，然后由总统订出预算方针与指示。OMB 再根据这项方针与指示来审查与研究各个行政机关在该会计年度的预算，然后提请总统决定。经过这些程序，预算于来年 1 月送到国会审查。由于各个行政机关均想在有限的预算中多争取一些经费，在各机关战斗与竞争中，总统可透过管理预算局有力地控制行政人员。正如卫达夫斯基（Aaron Wildavsky）所言："预算位居政治过程的中心。"（1979：5）

美国总统使用管理及预算局或其他的方式来控制行政人员，而各个行政机关也亟欲获得总统、管理及预算局或行政部门中的其他机关支持。例如，总统的幕僚单位全要依赖总统，并且当他们迎合总统的意愿时才会比较有权力。美国国家安全会议（the National Security Council）在艾森豪威尔时代是相当风光的，但在肯尼迪时期却形同虚设，尼克松执政时地位则稍有好转。

四、监察长制的设置

此外，由于行政体制的巨大，人们感到自己的渺小，每一个人只是一个社会安全号码而已。行政机关如此的巨大与非人性化，使人们提出的需求得不到行政人员的响应。然而，有几种方式可牵制官僚的权力。首先，行政机关必须和政治系统中的其他优异分子分享权力，不仅仅是与其相互竞争的行政机关，而且也包括了国会、法院和政府外界的团体领袖。当行政机关须从私人工业界或其他服务团体争取政治支持时，它就必须放弃一些独立性和权力。除此之外，行政机关在某种范围之内受到媒体报道的牵制。行政机关唯恐某些不良的事情披露于报端，将引起轩然大波。再者，近年来，公务人员公开揭露他们任职期间所知晓的腐化与贪污的情形有增加趋势。例如，1968年菲茨杰拉德（A. Ernest Fizgerald），一位国防部的官员，揭露了 C-5A 运输计划浪费 20 亿美元公款的弊案。

最后，也有某些内在的制衡方式来牵制官僚。至少在某些范围内，官僚为其所在的政治和社会系统限制其滥用权力。与其他公民一样，官僚们接受类似的政治社会化，因此行政人员也同样尊重个人权利和抱持秉公处理的原则。另一方式为监察长（Ombudsman）的设置，他是官方的申诉表达者，协助公民表达遭致行政机关违法或不当处分的申诉。

只要政府有责任依据价值的权威性分配权力，决定谁得到什么，则官僚就必须协助去制定和执行那些决策。控制官僚和使其为民服务是美国社会持续不断的挑战。随着时代的推演，新问题不断产生，行政机关不断地被要求加以解决。美国的政府与行政机关在此种状况下如何满足人民的需求，将是一大挑战。

■ 俄国

一、总统经由政府办公厅监控

总统经由政府办公厅监督政府工作人员。在切尔诺梅尔金（Chernomildin）政府时期（1991～1995），一度出现了总统尖锐批评政府办公厅主任克瓦索夫（Kvasov）的事件。克瓦索夫生于 1937 年，毕业于古布金石油化学和天然气工业学院，曾在石油天然气系统工作过 19 年，后来曾在苏联政府办公室工作，熟悉政府的办公事务。1993 年 1 月出任办公厅主任，因此他也拥有一般部长所没有的影响政府工作的实权。例如，主管财政权的财政部费奥多罗夫（Feodorov）甚至不知道政府有过关于建造联邦会议大楼的决定。克瓦索夫对政府工作的影响力遭到总统办公厅的批评。1994 年 6 月 10 日，叶利钦总统在一次记者招待会上公开指责以克瓦索夫为首的政府办公厅"贪污受贿，招纳了许多应进行审查的人，必须认真清洗政府办公厅"，并颁布了总统机构和政府机构关系的命令，要求政府机构（主要指办公厅系统）内的人事变动和立法工作应与总统办公厅协调。切尔诺梅尔金一度想保留克瓦索夫的职务，但由于政府办公厅主任属部长级官员，按宪法其任免权在总统手中，总理只有提名权，克瓦索夫还是在 1994 年 1 月被叶利钦免去了政府办公厅主任的职务（叶自成，1997：159）。

二、总统经由情治系统监控

总统利用情治系统即国家安全委员会（KGB）监督政府工作人员。因此，总统必须绝对掌控情治系统，否则必须改组。

1991 年 5 月，俄国成立了自己的情治系统。在"八一九"事变后，原苏联情治系统被俄国情治系统接管。后来，情治系统被分成几个独立的部门，即国家安全部、对外情报局、俄联邦保卫总局、总统保卫局。在这过程中，尤以国家安全机构的改组变化最大，这从该机构领导人的变化中可看出（5 年中就换了 6 位领导人）。

此外，情治系统名称的变化也反映出叶利钦政权对如何改组这一重要机构举棋不定。1991 年 5 月它取名为国家安全委员会，1991 年 12 月为内务与安全部，1992 年 1 月为国家安全部。其部长拒绝对安全机构进行重大改组，并从叶利钦坚定的支持者变为政治反对者。1993 年 7 月 21 日，叶利钦解除巴兰尼克夫的部长职务。同年 12 月，叶氏认为安全部已经不堪改造，于是决定撤销安全部，建立联邦反间谍局，并任命原安全部副部长出任反间谍局局长，把它直接划归俄国总统领导。

反间谍局虽然继承原安全部的机构，但从名称到内容都不同于原来的安全部。在人数上，从 15 万人减为 7.5 万人，其主要职能是发现、预防并制止外国情报机关和组织的颠覆活动以及对俄罗斯宪法制度、主权、领土完整和防御的非法侵犯。也就是说，反间谍局的主要任务是对外不对内，在机构设置上，保留原有下属的反间谍行动局、保卫战略设施的反间谍活动局、军事反间谍局、经济反间谍局、反恐怖局。

但把国内侦查局转归总检察院，把关押国内犯人的监狱交内务部，把特别行动队交总统保卫局；在领导体制上，反间谍局不是政府机关，而是总统直属，局长任免由总统决定。局长之下设第一副局长和 5 名副局长，并由 11 人组成局务委员会这一领导机构，局长、副局长和局务委员均可直接向总统通报对重大问题的看法。但到了 1995 年，俄国联邦反间谍局又被称为联邦安全局，同时还将划归总统保卫局的特种部队又重新划归安全局，这表明俄国安全机构的职能又有变化（叶自成，1997：159~161）。

第五节　政策角色

　　传统学者的观点认为，政策制定过程与政策执行过程是截然划分的。先有政策制定，而后有政策执行。实际上，政策制定与政策执行是连续的。政策制定有政策制定的人员，他们是在设定目标；政策执行有政策执行的人员，他们是在执行目标。不仅各有各的分阶，且所需要的人选、资格、能力、条件亦不相同。政策制定的人员要有高瞻远瞩的政治能力，而政策执行的人员要有理性、经济有效的办事能力。政策制定的人员属于政治层面，介入政治的互动过程中；政策执行的人员属于行政层面，保持中立于政治的互动过程，不受亦不介入党派进退、消长的影响。这种观点尤以威尔逊（Woodrow Wilson，1856—1924）著的《行政之研究》为代表。

　　但由于晚近社会的进步，政治内部的关系趋于复杂。政策制定与政策执行已相互影响，不一定只是上下、先后、连续之关系，而是平面的、互动的、相关联的。持此主张的学者甚多，如林德布卢姆（Lindblom）、中村（Nakamura）、斯莫尔伍德（Samllwood）等人。

■ 英国

一、常务次长

　　英国政策执行人员中，最值得探讨的政策角色是各部的常务次长、机要秘书、法律顾问、副次长等，其次是探讨英国文官的中立性情形。

　　在英国的各部中，部长是政治性首长；而常务次长则是行政性的首长，他是常任的文官，负责机关的组织和行政效率，并以常任文官的身份向部长提出忠告或建言。部门职员和部长接触必须得到常务次长的许可。常务次长因为是常任的文官，又是一个部的行政首脑，对于事情的接触比国务员多，对于政策的形成常有相当的影响力。再者，英国人认为要选任真正有能力的文官，必须是他们在其一职位上已任职很久，并具有某些权力。常务次长的职位正能符合这种条件，所以其在政策形成上具有相当大的影响力，也常能得到人民的信任。

二、机要秘书

首长的工作除了和常务次长接触以外，和机要秘书（Principal Private Secretary）接触最密切。机要秘书是年轻有为的文官，由首长选任为特别助理，其主要工作是帮助首长处理许多不必要的约会和文件工作，常代替首长与常务次长之间保持联系。

三、法律顾问和副次长

首长也常需要和法律顾问和副次长磋商，这些文官常被称为高级文官，他们在重要政策方面能有真正直接的影响力。他们常能得到继任首长的信任，但只有文官保持中立时才能有这种情形。这种情况和美法不同，美国的高级文官难为，但与首长同进退；而法国部长则自带顾问，较不信任部里原有的高级行政人员。

四、文官的中立性

1945 年工党执政，许多人担心文官会破坏政党的国有化政策，所幸这种顾虑并未发生，文官忠诚的协助首长执行工党的经济和工业政策。工党的一位国务员在事后描述其经验认为，如果国务员"知道其想要推行的政策，并了解推行的做法，他可以要求合作并得到文官的支持，在我的经验中，我们的文官常常希望国务员只要是一个橡皮图章就好了"。工党在 1945 年施行钢铁国有化政策，而 1951 年保守党政府则使钢铁非国有化，不论何政策，文官都忠实的施行，由此可见文官的中立性。

1929 年文官委员会（the Royal Commission on the Civil Service）指出："政策的决策者为国务员，而政策的执行者为文官，不论赞成与否，各部要依决策执行。"同时，高级文官对于政策决定也有相当的影响力，"常任官员最大的功能不在执行国务员的决定，而是提供建议"。

五、文官的保守性

高级文官是基于本身的能力被任用的，而其政治监督者则是因选举获胜或其他政治上的考虑而被任命，所以文官对于政策的决定似乎有较充分的知识。再者，高级文官为常任职，通常由 10 年到 15 年，今天所做的决定，必然会考虑长期的后果。任何负责任的高级文官必然会告知国务员有关政策的所有困难，使其做慎重的决定。

高级文官有时也被批评因为长期任职较易日趋保守，过分小心、谨慎，墨守成规。有些工党党员认为这种趋势会妨碍政党主张的社会改革比保守党还严重。我们承认文官应保持中立，但他们认为高级文官应该告诉国务员政策为何无法执行，并不是建议国务员改革的方法。一个坚决有毅力的国务员不会使政策遭受破坏，而一个优柔寡断的国务员则易受制于高级文官。不论文官是否为社会改革的理想工具，英国的文官是廉洁、忠贞、慎重而又颇具智慧的。

■ 法国

一、政策稳定的基石

法国的文官在政策制定中的分量很重。尽管法国政治上党派林立，动荡不安，但中立、优良的文官不受干扰，屹立不动，稳住了法国的政局。法国人以及一般研究法国的学者皆认为，"法国文官是国家真正利益的唯一护卫者"（the only guardian of the true interests of the state）。

第三共和国及第四共和国时期，常任文官的确给不安的政治情况提供了持续稳定的因素，也的确对政府政策有相当大的影响力。文官们经常对那些令他们讨厌的政策敷衍塞责，希望刚上任不过数月之久的部长们会采取以前的做法。假如法国内阁制度像英国一样，则文官的影响力可能要更强，而政策制定者应向选民负责的问题也将日益显现。

二、文官渐具政治性

在第五共和国时期，部的机要处人员与以前颇为不同。部长选任资深的文官作为助手。这些资深文官所关心的不是与国会之间的政治关系，而是部内以及部间的政策连续性。如此表现新的气象，部内机要人员与常任文官没有隔阂，较能步调一致。正如霍夫曼（Stanley Hoffman）所称的"结束了机要人员与常任文官间的冲突局面"。不过，亦付出了相当的代价。法国的文官便逐渐受到政治的影响，渐渐不如以往中立。因为中下阶层的文官久任之后，表现好的升为中上阶层的文官，高级文官受到部长的礼遇，延揽为部内机要处的机要人员。由于文官的层级节制体系，文官的中立性自然受到已晋升为机要的高级文官所影响。

■ 美国

理论上，美国总统制定政策，行政人员负责执行。但实际上，行政人员在政策形成上扮演重要的角色。主要是因为，总统必须依赖行政人员的专业知识制定政策。毛瑟（F. C. Mosher）认为具备专业知识、科学精神和理性的职业倾向表现了多数行政人员的特质（1968：21～109）。

但是，总统若太信任此种专业知识，而忽略了个人的政治判断，将会为他带来麻烦。例如，1960年艾森豪威尔总统命令中央情报局秘密训练武装古巴的流亡者。此计划开始于1960年秋天，准备推翻古巴的领导人卡斯特罗。中央情报局对此计划不太热心的参谋联席会议主席向当时的肯尼迪总统保证这项计划会成功。但1961年的猪湾行动证实此项计划失败了。尽管肯尼迪于公开的场合宣称对这项失败负责，私下里却抱怨"我一生中所知道的比依赖专业人员'所获得的知识'要更多、更好，我怎么会那么笨，让他们来做这件事"。

美国行政人员如想要在政策制定上扮演重要角色，他们必须获得政治上的支持，即须从三方面来争取：舆论、服务团体及国会（Cummings & Wise，2005：470～473）。

一、舆论

联邦政府中的某一行政机关若获得公众广泛支持，其行事较利便。因为国会和总统都对舆论十分敏感。而且受到欢迎与赞赏的机关可能会获得更多的经费，其自主性亦会相对提高。联邦调查局就是一个很好的例子。联邦调查局过去数十年在胡佛（J. Edgar Hoover）的领导下建立了相当好的公众声望。虽然联邦调查局在某些做法上已违反了宪法的规定，但直到1972年胡佛死亡，联邦调查局一直享有高度的自主性。

美国国家太空总署（NASA）在20世纪60年代获得了相当好的声誉，因此能够获得巨额的经费，将人类送上月球（1967年）。虽然当时许多人反对，认为发展社会福利方案的优先性应高过太空发展。可见国家太空总署还是对政策有较大的影响力。

　　行政机关为了建立或改善他们在公众心目中的形象以及支持他们的计划，均雇用了相当多的公共关系人员以及咨询人员。公共关系人员负责发布消息和回答由记者或民众所问的问题。1970 年联邦政府估计大约雇用了 6144 位公共关系专家为内阁各部工作，每年的花费约 18 000 万元。1976 年，美国国防部就正式雇用了 1486 位公关人员，每年经费约 2500 万元。当然，各部在公共关系上实际所用的钱与人必定都超过这些公布的数字。虽然联邦各部花费这么大的心血苦苦经营他们的良好形象，但数次民意测验显示，人民对政府的信赖却下降了。这要归因于民众对公务人员道德与廉洁的怀疑，"水门事件"就是最好的例子。

二、服务团体

　　绝大部分的机关总是尽可能地争取民众的支持，但却难于达到目标。通常，行政机关借着接受其服务的团体之间有力的结合来获取政治上的支持。洛克（Rourke）曾说：接受机关服务的团体，通常是机关获得政治上支持最自然的基础。而机关和这些团体之间也建立起了强而有力的联盟关系（1969：14）。从这个角度来观察，行政机关的行为倒是有几分可预测性。例如，农业部很自然地成为农民的代言人，商业部最关心的则是美国的企业。

三、国会

　　联邦政府的行政机关若能在国会中获得支持，尤其是获得那些具有影响力的委员会主席的支持，则此机关的权力必大。例如，美国的军事机关许多年以来均能够与参议院、众议院两院的国防委员会保持良好的关系。相反地，某一行政机关若不能与国会中有影响力的议员维持友善的气氛，则此机关的权力必定处处受到限制。例如，众议员巴斯曼（Otto Passman）在 1976 年竞选连任失败前，他所领导的众议院外国援助小组委员会（Subcommittee on Foreign Aid）对国际发展署（Agency for International Development）的官员均采取敌对的态度。

　　美国工程师团（The United States Corps of Engineers）就是一个因为赢得国会支持而获得相当高独立地位的行政机关。由于工程师团的河流和港口、航线和洪水控制的计划给地方上带来很大的利益，因此国会议员只要争取到此机关在其选区内工作，必能够讨好选民，而对其有利。行政机关总是挖空心思尽量和国会议员们维持亲密的关系。根据一项研究显示，内阁各部雇用了531人从事与国会的联络工作，而其中的312人（约59%）是为国防部工作的。联络官员一方面监视国会中有关其部会的立法工作，一方面防备国会议员的各种请托。因此，联络官员反应了国会的要求，也表达了行政机关为争取国会支持的努力（Cummings & Wise，2005：470~472）。

■ 德国

德国联邦的政策执行人员在政策制定上亦扮演着重要角色，Renate Mayntz和 Fritz W. Scharpf 认为德国联邦行政人员从资源的处理、信息的搜集和处理、沟通协调及冲突的解决，获得积极介入政策制定的角色（1975：107~120）。

不过，若干观察家批评德国文官并不拥有丰富的想像力、习于权威主义，并受惯例与规则的役使。然而，这并不意味着其文官是新纳粹主义者，虽然解除纳粹制度并未完全解除希特勒时之公务员，而是指此风格不能期待在危机时能有多大的民主支撑力。德国文官并非反民主，仅是缺乏民主的传统而已。然而，年轻的德国人似乎比老一辈更献身于民主价值，文官方面亦同；年轻的官员是民主趋向的，因此政治系统的输出部分也在蜕变中。

■ 俄国

俄国虽然逐渐民主化，但是原有专制独裁的习气仍然很重。与以前不同的是，在苏共统治时期，政治人物不敢公开反对独裁者，而现在则可以。不过，反对者是冒着职位不保的风险，并非自由或生命的不保，这是一项很大的进步。俄国目前政务职位与事务职位仍未能很明显地加以区分，因此探讨政策执行人员的政策角色就很困难。直截了当地说，俄国总统叶利钦是政策决策者，其他都是政策执行人员。可是叶利钦一人不可能日理万机，其身边的幕僚便自然地获得实际的政策决定权，其中最主要的是联邦安全会议、总统办公厅和咨询机构的人员。西方所称政府内部的事务人员在俄国威权体制下，只是奉命行事的执行人员，对政策没有影响力。

一、联邦安全会议

俄国联邦安全会议是宪法上所规定的机构，"俄国总统领导俄罗斯联邦安全会议，采取措施保证俄国的国家安全和社会安全"（《俄罗斯联邦宪法》第

83 条第 7 款）。其组成、人员依联邦安全法规定为：

总统、总理、两院主席、安全会议秘书、安全部长（反间谍局局长）、国防部长、生态与自然资源部长、内务部长、司法部长、外交部长、卫生部长、对外情报局局长、财政部长、经济部长等约 15 至 20 人组成。它的组成说明，总统领导下的安全会议是一个相当重要的权力决策机构，它涉及社会政治经济外交和军事的所有重要领域。因此，人们将俄罗斯联邦安全会议比做过去"苏共中央的政治局"是有其道理的（叶自成，1997：93）。

安全会议下设若干委员会和机构，如对外政策、生态安全、军事政策、经济、联邦事务、国家机密、国防工业战略以及跨部门委员会。安全会议由俄总统主持并领导，但其日常事务由安全会议秘书主持。安全会议秘书不是一般的秘书，而是秘书长，其级别相当于副总理，高于一般的部长，是个很有实权的人。下面是安全会议发挥政策决定作用的几个例子：

1. 决定对外政策的基本方针。俄国外交工作具体由俄外交部负责，但决定俄外交战略和大政方针的是总统及其领导下的安全会议。

表 6-1 俄罗斯联邦安全会议组织表

主席：俄罗斯联邦总统	
第一副主席：总理	
联邦安全会议秘书	
成员	
外交部部长 联邦安全局局长	对外情报局局长 联邦边防局局长
国防部部长 内政部部长 国防工业部部长 司法部部长	财政局局长 原子能部部长 民防、紧急状况及自然灾难部部长

资料来源：林经纬："俄罗斯联邦安全会议之角色与功能"，载《问题与研究》，卷 35，1996 年第 9 期。

2. 安全会议随时讨论国家生活中最突出和亟需解决的问题。

3. 干预政府的人事案。按宪法规定，政府部长、副总理是由总理提名由总统任命的，但实际上，安全会议在此过程中也能发挥较大作用。

4. 决定车臣问题的军事行动（叶自成，1997：97～99）。

二、总统府

总统府，是宪法规定的机构（《俄罗斯联邦宪法》第83条第9款），许多人认为，从表面看来，它似乎只是总统的一个办事机构、秘书机构，但实际上，在总统制的运作中，总统府起着巨大作用，甚至于可以说，没有总统府，俄罗斯总统行使其权力就会十分困难。总统府具有许多正式及非正式权力机构的长处和优点。首先，它完全听命于总统，是直接为总统服务的，从它的工作方针到其组成、人员安排，都完全由总统控制，被视为总统的"家务事"，外界和其他权力机构不便干涉；其次，以总统府名义办事，方式方法更灵活，更不受限制。

表6-2 俄罗斯联邦安全会议与美国国家安全会议比较表

项目＼名称	俄罗斯联邦安全会议	美国国家安全会议
法律依据	联邦宪法与联邦安全法	国家安全法案
主持会议	总统	总统
幕僚机关	设秘书领导幕僚组织及常设委员会	设国家安全顾问领导幕僚组织
会议成员	总统依法提名国会同意后任命，事实上目前悉由总统任命之	除法定人员外悉听由总统任命
会议议题	涵盖国家各项重要政策	国家安全政策及危机处理为主
会议时间	定期并可临时召开	不定期
决议执行	常务成员票决以总统命令发布执行	充分交换意见后由总统裁定交付执行
国会监督	回避抵制	接受监督
会议功能及角色	先期策划协调，建议决策并监督执行，巩固领导抗衡国会	统合情报、危机处理、协调政策、建议决策、监督执行

资料来源：林经纬："俄罗斯联邦安全会议之角色与功能"，载《问题与研究》，卷35，1996年第9期。

总统府有庞大的部门和机构，分别负责某一方面的工作，其中主要有：国家监督局、总统保卫局、财政与预算局、领土事务局、行政管理局、社会生产局、信息管理局、法制管理局、联邦国家服务局、总统分析局、民族事务局等。

总统府的主要职能是：为总统制定和起草文件，承办总统的各种具体事务，监督总统命令和指示的贯彻执行，监督政府有关部委的工作，协调总统与议会和政府的关系，同总统汇报国内国外各方面的信息，保卫总统及其家人的安全等。

总统府是总统制运作的核心，有着极重要的作用。因此，总统府的主要负责人都是总统的亲信。除了总统府主任拥有很大职权外，总统府的许多局长也都拥有很大影响。由于他们有较多机会接近总统，并对总统施加影响，许多局长的职权实际上比一般的政府部长还大，而且比一般部长更得总统信任。因此，总统府办事工作机构常干预政府一些部委的工作，形成无形的"第二政府"，重复进行着与政府机构同样的事情。例如，总统府中设有联邦总统国家法制管理局，其主要职责是替总统起草各种法案，实现总统的立法动议权这一职能；而政府司法部的一个主要职责也是代表政府向议会提出政府的各种法案，职能相重叠。

1996 年 12 月 2 日，叶利钦批准的"总统府条例"使总统府从"办事机构"升格为"确保总统活动的国家权力机关"，成为政治机关，它要"为俄联邦总统确定内外政策的基本方向，为采取措施捍卫俄联邦主权、独立和国家完整创造条件"。这使得总统府的政治地位、政治作用进一步合法化（叶自成，1997：99～104）。

三、总统的咨询机构

（一）总统委员会

俄总统有专门的咨询机构。在1993 年 2 月之前，它被称为总统协商委员会，之后，则称为总统委员会。1993 年 2 月 22 日，叶利钦签署了"完善保障总统活动制度"的命令，取消原来的总统咨询委员会和咨询机构，建立了以总统委员会为中心的新的咨询机构。总统委员会中设立若干小组，其成员可以接触各种信息，为解决俄政治、经济、社会问题向总统提出各种可供选择的方案。总统委员会的成员均是兼职。

（二）行政机构首脑委员会

俄国总统的第二个咨询机构叫行政机构首脑委员会，成立于1993 年 2月，是俄国总统下属的常设协调协商机构。委员会主席由总统担任，成员由俄联邦各边疆区、州和自治专区行政机构的首脑、莫斯科市市长、圣彼得堡市市长、政府总理、联邦安全会议秘书和国家民权政策委员会主席担任。它的任务是保障俄中央与地方执行权力机关的相互合作，协调联邦条约实施的活动，就俄罗斯政治和社会经济发展等重要问题达成协调一致的看法，保障采取不偏不倚的态度和考虑地区利益。

（三）公众委员会

1994年2月17日，俄国总统又有了第三个咨询机构——公众委员会——也是总统的咨询机构。在该机构职掌范围内就具有重要社会意义的广泛问题进行必要的政治磋商，以保障俄国联邦执行机关与社会团体的合作关系，根据公众的意见就极为重要的社会和政治问题做出总统和政府的决定，在社会团体与国家权力机关之间建立由下向上的联系机制。它的主要工作是就政治经济和社会问题提出建议。

公众委员会的成员包括在司法部注册的政党、群众运动、社会组织、企业家团体、青年组织、教会、地方自治组织和全俄工会的代表。它的成员不超过250个。委员会以开会的方式进行工作，会中讨论总统提出的问题，均获该委员会1/4以上的团体的代表支持通过。会议通常由委员会两主席主持。委员会有权向总统提出两主席候选人。委员会的建议由多数代表通过，并由两主席（主席有两人）之一签名后转交总统。俄国总统或他所授权的人宣布对该委员会建议做出的决定。俄国总统可以主持其会议。公众委员会组成15人理事会，设立若干小组，并可吸收专家参与其工作。总统办公厅为其提供工作保障。

（四）其他

为俄总统提供咨询意见、建议、报告的机构还有总统专家委员会、总统专家小组、总统政策分析中心、总统社会经济政策分析中心、总统特别纲领计划分析中心和总统信息中心等。

联邦安全会议→总统办公厅→总统顾问和助理→总统咨询机构，它们形成一个总统制的运转系统，各有分工，各有侧重。咨询机构为总统提供各种信息，安全会议在最高层做出各种决策，而总统办公厅、总统顾问和助理则在此中间起中介作用，并负责使总统的各种决策得到贯彻和落实，协助总统处理各种事务（叶自成，1997：104～109）。

第六节　行政改革

近年来，世界各国都普遍存在财政困难的问题，在此情形下由民间承担政府原本所从事的业务已成为一种新趋势。例如，大量运用志愿者人力、委托民间团体办理特定业务等，并同时对原有过分臃肿庞大的政府机构进行改革，建立小而强的政府。其改革的原则大致为：

1. 发挥"指导性"

政府自己少划桨，多指挥，利用民间资源。在"成事"，而不是在"做事"。

2. 发挥"社区自主性"

鼓励地方政府及民间社团热心参与地方事务，主动积极，分摊原本属于政府的工作。

3. 发挥"竞争性"

政府运用多种诱因鼓励良性市场竞争、地区间竞争以及产业间竞争。引进市场机制观念到政府内部的管理。

4. 发挥"任务性"

政府机构不要一成不变地做事，要有弹性，接受随时指派的工作，以及不时调整工作的优先次序。

5. 发挥"效率"

"成效"比"成本"更重要，亦即要更注重产出，而不仅是投入，政府要论做的事是否有价值与意义。

6. 发挥"顾客导向"

政府的顾客就是民众，民众的权益远比公务机关本身的方便来得重要。政府是服务导向、民众导向，而不是官僚本位主义。

7. 发挥"企业性"

除了节流，更要注意开源。要有企业家的精神与创造力。

8. 发挥"预见性"

事先的防范重于事后的弥补。要有前瞻性，往前发展。

9. 发挥"权力分散"

在适当的监督下，使地方政府或当地机关发挥因地制宜的功能。要放手让执行单位及人员多发挥其作用。

10. 发挥"市场导向"

运用市场力量，鼓励民间相互竞争，择优汰劣。

本节由于受到数据的限制，将探讨英、法、美、日四国的行政改革，德、俄部分有待日后补充。

■ 英国

一、改革的原因

1979 年 5 月英国保守党在大选期间的竞选诺言就是要减少政府的活动、支出与文官的人数。撒切尔夫人担任首相期间（1979～1990）致力于行政改革，使得传统的英国文官制度面临新的转变，因此，现任英国内阁秘书长兼国内文官首长巴特尔（Robin Butler）爵士称此为"管理革命"（management revolution）。其原因如下（黄台生，1994：77～3）：

（一）经济与社会的原因

撒切尔夫人上台之初，当时的英国受到经济不景气的影响，失业问题极为严重，失业率一直维持在 10.5% 以上，失业人口高达三百余万人，均仰赖政府发给失业津贴，以维持其生活。因此，撒切尔夫人于 1979 年 5 月执政以后，基于解决社会失业的问题以及减轻财政负担之双重考虑，遂将行政改革列为其施政重点。

（二）政治与行政的原因

撒切尔政府既定的基本政策就是减低工会的权力，实行货币主义的经济政策，缩减政府在内政上所扮演的角色，加强国防，削弱文官在政策分析及政策建议上的角色，精简政府组织与文官的人数。其目的在于终止政治与行政上的无效能，使新的文官制度能以功绩原则为基础，并迈向新的"专业主义"（professionalism），从而重视绩效、产出与个人责任。

（三）个人的原因

撒切尔夫人本身并不很熟悉英国行政与文官的文化，而中产阶级企业背景使得她对于商业与竞争性的资本主义向来极为重视，并对具有创见、果断、自信的文官特别欣赏；对于英国文官所引以为傲的处事小心谨慎、圆融、通才性质的业余者等传统特质非常蔑视。在其潜意识中，常将高级文官视为新政府的敌人，因此其与高级文官之间的关系并不很融洽，在质疑高级文官的建议时所采取的凌厉态度被许多文官视为对其人格的侮辱。另外，她对于文官利用职权与机会为自己谋福利，诸如使其工作有所保障、待遇与退休金随通货膨胀而调整等，俨然使其成为一个特权团体，而深表反感（黄台生，1994：73～76）。

二、改革进程

撒切尔夫人主政期间所从事的一连串行政革新的具体措施在此以编年纪事的方式略述如次（黄台生，1994：73～76）：

1. 1979 年：保守党政府宣布计划，至 1984 年 4 月为止的五年之内，将文官人数减少 40%。

2. 1979 年：撒切尔首相任命雷纳爵士（Sir Derek Rayner）为顾问，以增进效率、消除浪费为宗旨成立了"效率小组"（Efficiency Unit），"雷纳稽核（Rayner Scrutiny）计划"开始执行。

3. 1979 年：赫塞尔廷（Michael Heseltine）将部长的管理信息系统（System for Ministers，MINIS）应用到环境部（Department of the Environment）。此一系统系将该部中各主要的"司"中有关年度的目标、进度与资源等事宜予以有系统的评估。

4. 1980 年 10 月：英国政府停止执行"文官待遇研究小组"（Civil Service Pay Research Unit）的研究发展，导致 1981 年 3 月 9 日至 7 月 30 日为期 21 周全天候的文官大罢工。英国政府加以压制，部长们不喜欢过去所实施的待遇"公平比较"原则，因为他们认为文官的待遇如与政治性的考虑无关，似乎不太妥当。

5. 1981 年 5 月：成立梅高委员会（Megaw Committee）调查文官的待遇，并于 1982 年 6 月提出报告，建议设立一套新的待遇制度，使部长能更进一步地控制文官的待遇。

6. 1981 年 11 月：裁撤文官部，将有关待遇与人力功能移给财政部掌理，加强了财政部的权力。而有关文官的效率、甄补与选拔功能，则成立一个新的单位即"管理与人事局"（Management and Personnel Office，MPO）来掌理，该部隶属于内阁办公处。

7. 1982 年 5 月：宣布"财政管理改革"（Financial Management Intiative，FMI）方案施行的范围，包括各部会在内。

8. 1983 年：裁撤中央政策审核小组（Central Policy Review Staff），此一相当独立性策略小组的概念不为撒切尔首相所喜爱。

9. 1983 年：在原定精简文官人数 14% 之外，又进一步地提出精简文官人数 6%，使得文官总人数从 1979 年的 734 000 人、1982 年的 635 000 人，递降至 1988 年的 590 000 人。

10. 1984 年：英国政府禁止工会成员加入"政府沟通总部"（Government

Communications Headquarters，GCHQ），宣称它们的存在会危害社会安全。此导致文官工会采取一连串的抗议，停止上班与合法的行动，但是政府仍然不改变其决定。

11. 1984～1985 年：改革文官年度绩效评估制度，规定文官能够自行设定其个人目标，使其在下一年度考绩时能与负责考核的长官相互沟通讨论。

12. 1985 年：实施"绩效奖金实验计划"（Performance Bonus Experiment），实施对象为开放文官第三级至第六级（即司长至科长）。1987 年并扩至第二级的副次长。试办一年之后正式提出评估报告，证实并未获得成效。惟财政部乃开始提出"自由裁量性的待遇制度"（discretionary pay）之建议，以适用于各级文官。同时，常务次长们对于他们必须为功绩报酬制度负起责任深感不满。

13. 1985 年：文官学院（Civil Service College）实行两种新的训练计划，一为高阶管理方案（Top Management Programme），系属于中阶的常任文官晋升至司长所实施的训练；另一种为高级管理发展方案（Senior Management Development Programme），系针对开放级文官第三级与第四级所办理之训练。

14. 1986 年：将"财政管理改革"方案予以审核并扩充，使预算的责任能移给实作的管理者（Line Managers）来负责。

15. 1986 年：英国政府出版"政府私人企业化"（Using Private Enterprise in Government）的评估报告，认为有关政府部门的活动得采竞争性的投标与外包方式来办理。

16. 1987 年：财政部与专业文官协会（Institution of Professional Civil Servants，IPCS，系由工程师、科学家及其他专业人士组成）达成协议，对文官的待遇提出重大的变革，即提出"弹性待遇"（flexible pay），虽引起某些文官工会的若干批评，惟其主要的内容则包括：先将各级文官建立一个共同的待遇结构（pay spine），然后再赋予1/4 的文官享有额外的功绩俸（merit pay）。

17. 1987 年 11 月：裁撤"管理及人事局"，大部分的功能转移至财政部，另外成立文官大臣事务局（Office of the Minister for the Civil Service，OMCS），仍隶属于内阁办公处，掌理人事管理方面之遴选、高级文官、人事措施、行政效率工作、文官训练等事宜。

18. 1987 年：英国政府所发表的公共支出白皮书中包含有 1800 个各部会工作的"绩效指标"（performance indicator），而 1986 年时则只有 1200 个绩效指标，此代表着自从 1982 年实施"财政管理改革"（FMI）方案以来，绩效指标的数目有所增加。

19. 1988 年 2 月：易卜斯领导的"效率小组"（Efficiency Unit）出版了一本报告名为《改进政府的管理：下一阶段计划》（Improving Management in Government：the Next Steps）。该报告提出应成立执行机关来负责政策的实际执行，而仅保留少数的核心部会负责处理策略控制与政策制定。该报告预测在 10 年之内将有 3/4 的文官会转任到执行机关。每一个执行机关将有一名行政主管或执行长（Chief Executive），对整个机关的业务绩效负全部责任，所执行的业务系依据各该所属的部会之授权范围来行事。

20. 1989 年 2 月：某些部会开始自行出版有关专属他们自己部会之资源与规划信息的年度报告，以取代并扩充原刊载于年度公共支出白皮书中该部会的资料。

三、具体内容

（一）民营化

民营化系指在各类公共活动及资产所有权上，政府角色之缩减，而私部门角色之增加。在英国，民营化（privatization）与"非国有化"（denationalization）常被视为同义语。当 1979 年撒切尔夫人首度任阁揆时，即倡议要"缩减国有的疆界"（to roll back the frontiers of the state），并力图"埋葬社会主义"。因此，"撒切尔主义"（Thatcherism）即代表着民营化主义，而民营化政策亦是英国撒切尔政府的行政运作特色。

民营化政策是最具政治性的，因为 1979 年时保守党的政策是力主民营化，而劳工党则持反对的立场。尽管文官支持政府推行民营化政策，但是对于政策议题却是采中立的态度。1979 年当撒切尔首度任阁揆时，全英国 11.5% 的国民生产总值（GNP）是由国营事业所提供的；但当其 1987 年二度连任时，此项比重经其民营化政策之推动降至 7.5%。在此期间公营事业金额超过 128 亿英镑、涉及 65 万国营事业员工转入民间部门。在未来，英国预计除国铁、邮局、煤矿、钢铁、地铁五项国营事业外，其余将全部移转民营（黄台生，1994：76）。

（二）员额精简

员额精简的基本信念就是私人企业经常厉行节约以求生存的做法，值得公共部门仿效。撒切尔首相主政期间即本着上述信念，经由业务移转民营、外包、信息技术的自动化、生产效率化等措施，使文官总人数从 1979 年的 734 000 人、1983 年的 635 000 人，递降至 1988 年的 590 000 人。员额精简措施系通过对各部会之人力评鉴后提出，由财政部主其事。其人力增减数目视各部会业务发展的情形个别考虑，因此绝无分赃式或齐头式增减员额的现象发生（黄台生，1994：76～77）。

（三）效率稽核

撒切尔首相上台之后，任命 Marks and Spencer 这家企业集团的总经理（Chief Executive）雷纳爵士为顾问，由他成立所谓的"雷纳小组"（Rayner U-nit），对各部会进行一连串有关增加效率、消除浪费的研究。他以前亦曾致力于改进文书作业与繁文缛节（red-tape）的工作。在进行调查研究时，该小组要求各部会回答三个过去常为人所忽略的问题，即所从事的业务为的是什么？成本为何？有何附加价值？雷纳于1980年4月所提的研究报告中指出，为加强各部会的管理能力与措施以消除浪费，首先应消除不必要的文书作业，其次应改进政府执行活动的方式，然后改变永业文官的教育与经济，使其成为真正的管理者。截至1982年底雷纳重回企业任职之前，已进行130项稽核，节省了16 000个职位与2亿英镑的经费。雷纳之后，效率小组则先后由工业家伊布斯爵士（Sir Robin Ibbs）与前关税与货物税局主席弗雷泽爵士（Sir Angus Fraser）来领导。

在1982年时雷纳的效率小组已经正式成为隶属于内阁办公处之下的管理与人事部中的一个单位。而"财政管理改革方案小组"（FMI Unit）则为财政部与管理人事部所联合组成之单位，其成员系由3个政府官员与4个来自外界的管理咨询专家组成，以审查各部会所提改善管理与财政责任的计划。效率小组的功能在于促进稽核效率，而不是在于处理稽核；稽核的目的在于增进生产力，使文官对于成本的问题更加重视。换句话说，稽核的目的就是行动，不是研究，因此，它会：①审查某一特别的政策或活动，并对为人视为理所当然的工作加以怀疑；②对任何问题提出解决方案，提出建议以节省支出与增加效率与效果；③在稽核开始的12个月之内，执行大家所认可的解决方案，或开始执行。

1985年时，进行了300项稽核，预估在2至5年内会节省6亿英镑。1986年4月审计部（National Audit Office）预估花费500万英镑的成本，将可节省10亿英镑（黄台生，1994：77）。

（四）财政管理改革方案（FMI）

财政管理改革方案是将经济自由主义应用到文官体系上。前国内文官首长阿姆斯特朗爵士（Sir Robert Armstrong）曾于1987年12月所举行的"行政革新未来形态"（the Future Shape of Reform in Whitehall）研讨会中提及，1981年实施的财政管理改革方案是自从富尔顿（Lord Fulton）主持文官改革之后十多年来最为重要的发展。FMI 为一项具有先见之明的伟大成就，因为尔后英国各项行政革新措施诸如下一阶段计划、财政部对人事与待遇方面的授权甚至于继任者梅杰（John Major）的公民宪章（the Citizen's Charter）等都是以 FMI 为基础。

FMI 的基本原则与目标就是管理者应该：①对于他们的目标有一明确的观点，并尽可能地评估与衡量此一目标之输出或绩效；②有明确的责任对于资源（包括输出的稽核与金钱的价值）做最佳的运用；③拥有信息（特别是有关成本方面）、训练、接受专家的建议，俾使他们能够有效地履行责任。

FMI 在本质上就是要促进责任式的管理（accountable management），为了达成上述原则与目标，必须建立三个主要的机制：高层管理信息系统、分权化的预算控制系统、绩效指针。高层管理信息系统则采用 1979 年赫塞尔廷担任环境部长时所引进的"部长的管理信息系统"（MINIS）为蓝本。分权化的预算系统则在于建立一种以目标管理为导向的成本中心层级节制体系。发展绩效指标在于对效率与效果的评估。为了协助各部会执行 FMI，则成立"财政管理小组"（Financial Management Unit），前所述系由财政部与管理人事部共同组成，1985 年则由"联合管理小组"（Joint Management Unit）所接续，后来则由财政部的"财政管理局"（Financial Management Group）来负责（黄台生，1994：78~79）。

（五）下一阶段计划

财政管理改革方案与永业文官两者之间的观点似乎不太相称，尤其在 1987 年撒切尔夫人第二任期之末更为明显。假如保守党政府希望推动革命性的变革，则政府各部会与公共服务的重新建构在逻辑上则称为下一阶段（the next steps）。1988 年 2 月时，撒切尔夫人宣布将进行一项有史以来最激烈的行政革新计划，这项计划是以伊布斯（Robin Ibbs）所领导的"效率小组"所提出的《改进政府的管理：下一阶段计划》研究报告为基础，其目的在于改进文官管理方式，以提高效率与增进服务质量。效率小组建议采取瑞典的模式，将文官的结构区分为政策制定与政策执行两种人员。政策制定人员留在部会核心办公室（core office），其余人员则转任到个别的"执行机关"（agency），负责政策的实际执行。这些独立机关的运作方式系学习民间企业的经营方式，并赋予其较大的人事与财政自主权，亦即每一个执行机关的目标与任务、待遇、甄选、责任与财政程序、训练及其他人事授权与工业关系的安排，均由该执行机关自行决定。每一执行机关设置一名行政主管或执行长，依据各该所属部会之授权范围来执行业务，并承担该机关经营绩效的责任。

英国财政部与文官特别委员会（the Treasury and Civil Service Select Committee）指出，下一阶段计划是 20 世纪中最有企图的文官改革，它使得文官组织体质由水平性转变成垂直性。换言之，从过去工作条件、待遇、职等结构与工作实务完整一致的部会转变成目前核心的部会之下辖有若干个执行机关。

每一执行机关官员的角色已产生变化。例如，司长的角色目前之独立性与控制权力及业务执行有效系建立在其与部长的个人契约上。此一契约明定存续期间、对某一特定目标要求绩效，并给予一些绩效奖金。目前执行机关的执行长有 60% ~ 70% 系以公开竞争方式进用，大约 35% 系来自外界（非文官体系）（黄台生，1994：79 ~ 80）。

（六）文官改革

撒切尔夫人对公共官僚政治（特别是中央政府行政部门）无好感。她认为，文官对公共政策的影响力过大，而公部门的工会亦太有影响力了。因此，欲使上述两者回归于原点，首先，在工会方面她采取措施减少工会的权力，借着让步（如果生产力增加则对工会让步）、击退、惩罚罢工者、通过地域性之差异来破坏全国性待遇协商等策略，来确保政府在公共部门工业关系的权威；其次，在文官改革方面，她引进外来者担任决策职务及改组高级文官制度。她并加强内阁办公处的功能，以取代过去完全由财政部控制的局面。1981 年裁撤文官部，将有关待遇与人力功能移给财政部掌理，另外成立"管理与人事部"，隶属于内阁办公处，掌理管理与组织、整体效率与人事政策（包括甄补与训练）。管理与人事部寻求开放高层职位给自命不凡者与有能力的人；强调绩效与结果；提倡"新的专业主义"（new professionalism），使纳税人与公民所支付的金钱将更有价值；而最终的目的则在于重视绩效、产出与获得可欲的结果之个人责任。1987 年 8 月管理与人事部被裁撤，大部分功能则转移至财政部，另外成立"文官大臣事务局"或称"文官大臣办公室"，仍旧隶属于内阁办公处，掌理人员甄选、培训高级文官、政府组织等方面的业务。内阁秘书长为国内文官首长，承首相之指示掌理"文官大臣事务局"之事务，仍隶属于内阁办公处，负责提供甄选、训练与职业卫生等方面的业务，并制定人员的发展、管理及公平机会的政策（黄台生，1994：11）。公共服务及科学局亦负责推动有关"公民特许小组"、"效率小组"与"下一阶段计划"等方面的工作，以促进行政效能与效率的提高以及服务质量的提升（黄台生，1994：80）。

（七）公民宪章

1991年梅杰（John Major）续任保守党政府的首相，他一方面承袭过去十多年来的改革作风，另一方面为显示自己新人新作风的特色，乃向英国议会提出"公民宪章"（Citizen's Charter）的改革计划。保守党在1992年的政纲中宣称："公民宪章是有史以来为改善公共服务质量广度最深的计划。"

公民宪章是"下一阶段计划"的延续，其宗旨在改善公共服务的质量，期望将任何公共服务接受者视为消费者，赋予其自由选择服务提供者的权力。因此公民宪章标榜四项主题：①提升服务质量；②享用服务时有更多的选择机会；③人民可以要求知晓服务的标准；④确保经费运用的妥适性。为达成上述四项目标，公民宪章提出应由下列改革途径达成：更多的民营化；更广泛的竞争；更多的契约外包；更多的绩效俸给做法；公布预期的绩效目标；出版有关服务标准达成度的详尽信息；提供民众更有效的申诉程序；进行更多与更严厉的独立调查工作；矫正错误的服务措施。

公民宪章提出公共服务必须遵行的六项指导性原则。这些原则是：①确立服务标准；②行政透明公开化；③相关信息易懂且普及化；④服务具有可选择性与谘商性；⑤平等对待民众无歧视性；⑥服务易使用与接触性。为推动公民宪章工作，内阁办公处的公共服务与科学局成立一个"公民宪章小组"负责，同时稍后也设立一个公民宪章投诉处理工作小组，专司了解投诉制度的运作状况。

公民宪章推行后，各种公共服务的公民宪章不断成立，截至1995年底已有40个公民宪章成立，尤其是前述续阶改革所成立的附属机关不断地应用公民宪章的作法，由此也可见改革阶段的连续性；例如，"旅客宪章"、"纳税人宪章"、"国宅租户宪章"、"学童家长宪章"、"福利给付总署消费者宪章"，等等。每一公民宪章都会标示服务标准、服务指标等，每年就是否达成绩效相比较，也周知给民众，并且逐年调整其宪章内容，以提供更高的服务品质（施能杰，1998：28～43）。

■ 法国

一、改革之进行

1995年5月7日希拉克（Jacques Chirac）当选总统。在其竞选总统的口号中即承诺要进行政府再造，要求政府工作解除黑箱作业，透明化，简化行政程序，精简组织，以响应选民强烈的批评：政府太复杂、颟顸、低效率。因此，他上任后，即任命朱迪尔（Alain Juppe）为内阁总理，主持政府改造的工作（Frentz, 1996：117～120）。

1995 年 7 月内阁总理朱迪尔发出指令，要求各部提出改革计划。各部所提计划中，有十项措施被总理接受，并予推行。此十项措施为：①政府业务的部分民营化；②检讨行政部门所签订的行政契约；③法令规章的编纂事宜；④在法案通过之前，彻底完成法案的影响评估；⑤设立地方公务员制度；⑥推行高阶公务员的亲民措施；⑦中央政府的组织精简；⑧精简公务员员额；⑨公务人力资源管理的授权问题；⑩成立"政府改革基金"（Government Reform Fund）以备改革所需。

同时成立"政府改革署"（Government Reform Department），直接对内阁总理负责，进行改革事宜，并与公务员、中央地方机关联系协调。政府改革委员会（Government Reform Commission）负责：①汇编国会议员、审计院、中央行政法院、经济社会委员会、各部会等有关公务员绩效之问题、改革方案之报告；②鼓励各部长提出该部之改革方案；③确认改革方案之优先次序及该方案之任务、执行方法、进程；④成本效益分析；⑤提出改革方案给政府改革部长（Minister for Government Reform）、内阁总理及相关部长；⑥草拟长期改革方案给内阁总理，由总统批准，并交由政府执行。以上过程在 1995 年 10 月至 1996 年 2 月进行。政府改革署与各部会紧密配合实施，尤其是内政部、财政部和文官部。

1996 年三四月，各部就该部与其公务员、公务员联盟、中央与地方政治人物、企业界、学术界人员讨论。到 5 月底时，咨询阶段已近完成，内阁总理及其政府便实行此改革方案。但困难在执行，政府改革署必须协助各部执行，给予咨询意见，找出障碍所在，并提出克服障碍之方案。

二、法国行政革新的目标

1. 厘清国家的角色与公共服务的角色：①由中央政府与地方政府一起来厘清责任；②对于公共服务的基本概念，应成立一个公共团体，由部长级人士来担任主席；③如何使建立欧洲联盟的补助金发生效果。

2. 更符合民众的期望与需求：政府制定公民宪章，使民众与政府交涉时权利有所保障。

3. 重新考虑中央政府的角色：给予地方公共服务更多的自主权，通过分权化使地方拥有更多人事与财政的权力。针对此一要求，必须重新界定中央政府的结构与功能，中央政府的角色应着重于建立规章、监督与评估的工作。

4. 责任下授：针对中央派驻地方的服务机关予以重组，并且加强地方首长的权力。增加其人事管理与财政的自主权。

5. 公共管理的更新：首先是针对文官的进用、薪俸、生涯发展等予以现代化。其次是现代化的过程不造成损害公务员的利益。再次是编列预算的程序透明化。最后则是国有财产应予以改革。（黄台生，1997）

三、政府改革委员会（1995.9～1998.9）

（一）成员

改革署署长由总统任命，配合内阁总理、政府改革部长工作。其成员包括 13 名高阶公务员和 10 名行政人员。

（二）职责

1. 一般性：①总结报告、长期观点、国际关系；②界定国家任务，中央组织原则；③公共管理（人力资源、财务、人民关系）；④地方政府组织与中央之关系。

2. 部会性：①国务部会：国防部、外交部、海外属地事务部、法务部；②财经福利部：财政部、预算部、工业部、贸易部、就业辅导部、卫生部、福利部；③文化科技部：教育部、科研部、文化部、基础建设部、住宅部、运输部、农业部、环境部。

（三）沟通

内阁总理实行政府改革委员会所提之改革措施，必要时内阁总理得召开部际之部长会议。政府改革委员会得召开一个常务工作小组（包括预算、文官、内政、区域发展），讨论部际之措施，以提供内阁总理和部际会议决策之用。

政府改革委员会应随时与各部之机要处处长联系，以了解各部之现状。政府改革委员会之代表应就改革事项所需与各部之机要处处长及其他官员联系。

四、改革内容

1. 改进公务员与民间之关系

①服务公职之条件；②改善延误；③简化行政手续。

2. 处理公务人力资源

①减少行政部门之员额；②重新设计公务员等级制度；③高阶公务员管

理的改进。

3. 赋予更多责任

①改进地方政府处理地方事务之能力；②改进中央与地方有关服务契约之关系，赋予地方较多的财政自主权，但要求地方服务较精确具体；③更新国家与公营企业间之关系；④地方政府组织结构的重组。

4. 增进公共事务的经济效益

①改进预算准备和实行过程；②简化并强化稽核审计方法；③改进财产管理方式；④改进公共决策过程的质量（Frentz，1996：117～120）。

■ 美国

美国联邦政府自 1993 年以来所推动的行政改革系由副总统戈尔（Al Gore）主持，在"国家绩效评估"（National Performance Review，NPR）所规划的大架构下进行超过十项具体行政改革工作，其基本主张为：让政府变得更像企业一样的运作。

"国家绩效评估"的推动在策略上是以国会立法的途径进行的。许多"国家绩效评估"的构想实际上均已形成法律，迄今国会至少已通过 75 项相关法案。此举一方面让国会也参与行政改革，另一方面增加国会与行政部门的沟通机会，是一大特色。许多企业界实行的管理制度——包括人事、组织与财务预算——变成法律后，各机关必须执行法律，这使得负责行政改革统筹协调的机关（尤其是联邦管理暨预算局 OMB 和人事管理局 OPM 等），更能有效推动工作。

配合"国家绩效评估"的相关法令中包括几项重要的法案，如《政府绩效与效果法》（Government Performance and Results Act of 1993，GPRA，Public Law 1994，103～162）、《联邦政府人力重整法》（Federal Workforce Restructuring Act of 1994，103～226）与《政府管理改革法》（Government Management Reform Act of 1994，103～356）。

一、国家绩效评估

克林顿总统于 1993 年就职时，其所面临的是一个"政府财政赤字庞大"、"国家竞争力降低"、"各级政府面临预算删减"的窘迫环境。美国人对联邦政府的信心低落，每 6 人中有 5 人希望联邦能有彻底改变。因此戈尔于 1993

年9月7日第一次检讨与建议报告——《从繁文缛节至具体成果：创造撙节成本、提升效能的政府》提出384项改革建议，包括：①提供快速且适当的服务给人民；②使公务人员对达成的结果负责；③简化复杂的系统；④使机关解除繁重的管制以追求其任务；⑤赋予公务人员活力；⑥运用先进科技减少成本支出；⑦使高架式组织结构扁平化；⑧削减重复工作。同时全部168页报告中包含了：①删减法规、简化程序；②顾客至上、民众优先；③授权员工、追求成果；④撙节成本、提高效能。

基于上述联邦人力精简政策目标之要求，国家绩效评估（NPR）1993年报告提出下列五项关于人事政策之建议，包括：

（一）逐步淘汰（phasing out）美国联邦人事手册

NPR认为，联邦人事法律已累积厚达850页，而联邦人事管理局的人事规章也厚达1300页；联邦人事手册更厚达10 000页。国家绩效评估主张通过分权（decentralized）及加强业务单位主管的人事联邦控制，让联邦人事手册废止后，人事管理局（OPM）将与各机关合作一起努力，针对公务人员需要量身制作（tailored to user needs）人事规章，提供自动化人事作业与电子化决策支援系统。

（二）加强对各部会、各机关考选任用之授权

废止集中注册制及应征联邦工作的标准申请表格（SF-171），上述表格为联邦人事管理局人事管理之特征，故予废除。依国家绩效评估计划，各机关得请求人事管理局提供公务员候用名册，且有权自行开列候选名单。另为取代公务人员任用证明集中注册单，国家绩效评估建议人事管理局成立一跨部会之公务人员任用信息系统，美国公民在任何一地区皆可查询所有联邦工作机会。

（三）简化联邦联位分类制度，加强对各机关职位分类的授权

国家绩效评估要求各机关持续进行有关职位分类之实验，同时放宽职位分类之限制，提供各机关在求才、留才及奖酬方面更大的弹性，以使机关组织更趋扁平化，达到国家绩效评估报告所言，"排除人事管理局担任职位分类警察角色"（1993：24）。

（四）授权各机关自行设计绩效管理与奖酬制度

现行绩效考评制度下，多数联邦公务人员都能获得平均值以上分数，因而使考评作业变得毫无意义。国家绩效评估主张考评制度应达成改进个人与组织绩效的单一目标。将考评权限移至各机关而使考评制度更能符合机关需求，反映机关特定文化。

（五）缩短因绩效不佳被免职公务人员或主管之离职时间

国家绩效评估主张立法将免职处分之预告期间缩短为 15 至 30 天。

二、政府绩效与效果法

政府绩效与效果法的最重要概念，就是要求联邦政府各机关必须采行策略管理（strategic management），将企业界实施多年的管理理念首度全面性引进政府的管理运作过程。

（一）立法缘由

1. 联邦政府许多计划的浪费与缺乏效率已损及美国人民对政府的信任感，并且影响政府充分解决大众需求的能力。

2. 联邦政府管理人员由于面对着计划目标不够清楚和计划绩效资讯不足，在改善计划的效率与效能常陷于严重的无力感。

3. 计划绩效与效果未受国会之重视，结果严重影响国会本身关于决策、经费支用与计划监督的能力。

（二）立法目的

1. 有系统地通过要求联邦政府各机关必须对其执行的计划绩效与效果负责，改善美国人民对政府的信心。

2. 经由一系列的试行专案（pilot project）开始计划绩效之改革，这些专案内容应包括设定计划目标、衡量计划绩效，并公开报告计划的进展状况。

3. 经由倡导重视计划效果、服务品质与顾客满意等新的重点，改善联邦政府各项计划的效能及其责任性。

4. 透过要求联邦政府管理者设定达成计划目标的行动计划，并提供管理者关于计划效果与服务品质的资讯，协助其改善计划的执行传递。

5. 经由提供关于法定目标达成度以及联邦政府各项计划与经费使用效能与效率的客观资讯，改善国会的相关决策。

6. 改善联邦政府的内部管理。

（三）策略计划

为达成上述立法目的，政府绩效与效果法（GPRA）要求各机关拟定中长期策略计划，并以此为工作推动的指引。此一策略计划也是各机关与中央控制机关（联邦管理暨预算局）、总统和国会的契约书和沟通文件。

（1）各机关首长在 1997 年 9 月底前须向联邦管理暨预算局局长与国会递送一份该机关执行各项计划措施的策略计划书。该计划书必须包括下列六项内容：

（1）说明机关主要职掌与业务运作的完整性任务。

（2）指陈机关主要职掌与业务的一般性总体目标与细部目标，包括预期成果的目标。

（3）详述前述各层次目标如何达成，包括为达成该目标所需的运作过程、技能与技术，以及人力、资本、资讯和其他资源。

（4）详述各项总体与细部目标的绩效计划与绩效目标。

（5）详列机关所无法控制但却影响其目标达成甚巨的外部重要因素。

（6）详述用以设立或修改目标的计划评估内容，并列出计划评估的时程。

2. 策略计划书的期程应是 5 个会计年度，每 3 年应重新更新与修正。

3. 绩效计划书应与策略计划书的内容配合。

4. 机关在拟定其策略计划书时，应先与国会谘商，并且向受该计划书潜在影响或该计划书感到兴趣的相关人士与单位征询及考量其意见和建议。

总之，政府绩效与效果法强调政府管理必须改变为成果导向的管理（result-oriented）。政策与计划成果代表的是国会和民选行政首长向选民所做的政治承诺，选民以此检验政府的回应能力。通过策略管理理念与技术，专业行政人员、民选政治领导人士与民众间可就各机关要做什么、应如何做等"成果"议题先取得共识。这种改革乃能切合各方的需求，而不是只有反映官僚体系的专业判断（施能杰，1998a：30～34）。

三、联邦政府人力重整法

1993 年的 NPR 报告即提出于 1999 年会计年度前节省 1080 亿美元之政治承诺。而此项政治承诺是否能实现，端视 6 年内精简 12% 公务人力、250 000 人计划是否能有效执行。NPR 报告提出之精简措施包括：①缩减联邦机构不必要之管理层级；②赋予管理人员决策弹性，建立流线型（streamline）政府；③以策略规划方式决定裁减对象；④购买年资金额，提供联邦公务人员提早退休之财务诱因。此项购买年资金额从数百美金到最高 2.5 万美金不等，视员工薪俸高低及服务年资而定。

1994 年国会通过《联邦政府人力重整法》，国会与行政部门协商决定将裁减人数提高为联邦政府全职人力 272 900 人，并规定联邦管理暨预算局与人事管理局谘商后必须向总统与国会提送执行报告。任何一年度若未达成目标时，任何机关均不得进用任何公务人员。但两种情况并不在此限：总统认为国家遇有紧急情况发生，或者机关基于某一特定职位或某类职位严重影响机关职掌之达成或效率。

美国联邦政府员额精简，从 1993 年至 1998 年 3 月之间，除司法部等少数机关之员额呈现正成长外，其他各部会均有人员削减情形，其中人事管理局减少 47.6%，绩效最佳。同时，各机关采行成果导向的分权化管理结构，3 年间裁减超过 4.5 万个，占全部精简职缺 23% 的督导职位。又依联邦政府人事统计，从 1993 年克林顿政府上台以来，截至 1999 年 1 月 3 日，共已减少 33 万个职位，亦即在不到 5 年时间，已精简 15% 公务人力，超越原定 6 年内精简 12% 之目标。美国州及地方政府减税运动，与克林顿总统进行的联邦政府再造，形塑出美国公务人力精简运动，具有下列三项意涵：

1. 迫使政府管理者提升政府效率之最佳方式就是纳税人不再同意加税，并对政府支出制定上限。1995 年克林顿总统为争取连任所提出的中产阶级减税支票，就是依靠裁减联邦机构一部来达到减税目标。

2. 由于政府长程计划难以在短期内见效，民选官员多喜好提出短程计划，以博取选票。精简策略获得民选官员采用，理由就在于其对政府绩效有立竿见影的效果。

3. 公务人力精简在促进各级政府更加重视与提升政府服务品质与能力（范祥伟，1998：10～14）。

■ 日本

日本于 1996 年 11 月 21 日由首相桥本内阁设置"行政改革会议"并担任会长。他于 12 月 25 日提出"行政改革计划"，揭示下述行政改革的目标：①实现对应新时代简洁而有效率的行政；②实现尊重国民主体性的行政；③实现开放并为国民所信赖的行政；④实现对国民便利的高品质行政。

为实现上述目标，将"顾客导向"的行政改革列为六大改革之一。六大改革是行政改革、财政结构改革、社会安全制度改革、经济结构改革、金融体系改革、教育改革。历经一年的期间，各委员会不断地检讨审议，终于在 1997 年 5 月 12 日经众议院通过为《行政改革基本法》。对于"行政改革"部分在提出《中央省厅等改革基本法》。所谓"一府十二省厅"的新体制定于 2001 年 1 月 1 日开始实施。

一、改革契机

目前各国均在以强化国际竞争力为首要目标，"小而强"的政府成为主要动力。然而，日本在 21 世纪来临之际，却面临经济零成长、国民价值观多样化、产业空洞化、高龄化、财政恶化、高度资讯化和社会不安扩大等经济社会情势问题。因此，通过政府改革，迎向 21 世纪，在全球变迁的环境中继续领先，有其改革的必要性。1996 年 10 月 20 日，日本众议院改选，自民党在 500 席中获 239 席，再加上争取无党籍议员等的支持，自民党自可控制过半数席次。11 月 7 日的首相选举，自民党总裁桥本龙太郎果然在众议院 500 席中获得 262 席之支持，在参议院 252 席中获 145 席之支持，在参议院、众议院两院均获过半数之支持，拥有雄厚之民意基础，桥本龙太郎终于可以大力改革。

二、桥本内阁改革的共识目标

1. 自由主义、个人主义应予以公平发展机会，以展现社会的活力。
2. 实现多元价值、自由公正的机会。
3. 实现自由效率、确保公正安定、贡献国际和平发展。
4. 继续扩大经济活动，确保社会安定。
5. 就业确保并重视安心安全的环境。
6. 促进无性别歧视和开放的社会。
7. 促进宪法原则的实现。

三、行政改革的理念

（一）行政国民化

桥本的行政改革期望将官僚主导的政治转换为民主主导的政治，而在行政决策过程却能促进国民参与。日本宪法虽然架构上是三权分立，但实质的立法权是由官僚机构所主导。法律案、预算案和各种行政政策事实上也是由各省厅所决定，这就是所谓议会机能空洞化和内阁权限形骸化。

（二）行政公共化

"小而能政府"是桥本行政改革的目标，为此必须导入市场竞争原理，扩大民间参与行政事务的范围以减轻公共部门的负担。准此，解除管制、扩大民营化、受益者负担原则和财政赤字优先减少等乃成为行政改革的基本观念。

（三）行政公正化

由于过去太强调行政"封密性"和"独善性"，以致政治丑闻事件不断，例如，1995 年的大和银行事件，住宅处理失败问题，大藏省、通产省和厚生省的官商招待事件，引起民众对行政的不信任。行政透明化成为桥本行政改革的主要目标之一。1997 年 3 月，《情报公开法》（资讯公开法）的通过即希加强监视和行政监察，使行政走向公正化。

（四）行政分权化

桥本的行政改革企图将集权型行政转变为分权型行政。根据分权原则，对于权限和财源进行必要的转移，并促进地方行政效率化，强化"广域行政"和"产业基盘"原则，进行市町村合并，以提升地域连带感。日本宪法的"法律主义原则"强调，地方自治团体住民的平等权应受保障。然而，当前日本中央和地方的政治关系，质量都不相等，有违宪法理念。

（五）行政国际化

《日本国宪法》的前言主张自由民主主义、和平主义、国际协调主义及对人类的贡献。日本为争取 21 世纪国际社会的"名誉地位"，对新国际秩序的促进、对外开发援助、协力保全地球良好环境、人道援助、战略援助和国际资讯秩序的维持等议题，都成为桥本行政改革的理念之一。

四、行政改革的内容

（一）实现对应新时代简洁有效率的行政

1. 中央省厅再造：为实现简洁有效率的行政，桥本首相于《中央省厅等改革基本法》中，将现有 1 府（总理府）22 省厅，精简重组为 1 府 12 省厅之体制，并于 2001 年 1 月 1 日实施。图 6-6 为日本省厅精简重组图，而图 6-7 则为日本省厅体制的结构图。

2. 创设"独立行政法人制度"：行政改革委员会主张中央省厅改革的首要原则是将"政策企划"和"实施执行"机能分开，以强化行政民营化，因而乃新设"独立行政法人"制度，使其法人化，由政府全额出资设立，并受所管省厅监督，协助行政业务减量。

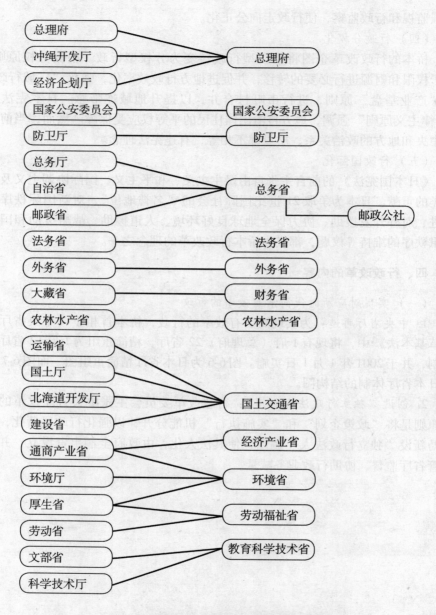

图 6-6　日本 2001 年中央政府体制改革图

资料来源:《朝日新闻》1997 年 12 月 4 日。

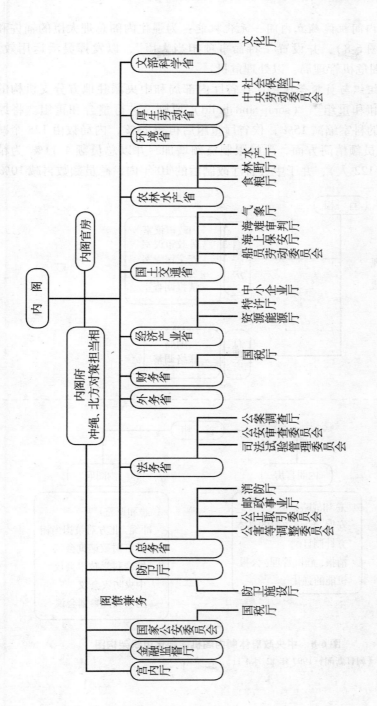

图 6-7　日本 2001 年中央政府结构图

3. 强化内阁机能确立内阁一元化机能：为强化内阁总理大臣的辅佐和支援体制（如图 6-8），并设置"特命事项担当大臣"，以发挥灵活运用效果，以及设置内阁危机管理局，以处理危机。

4. 行政组织与员额合理化：各省厅内部局和中央派驻地方分支机构的改革应依"拆卸和重组"（scrap and build）原则，进行整合和重组。将原有1200 个左右的科室缩减 15%，俟省厅重组后再减 23%，内局数由 128 个减少至 90 个。在员额精简方面，严格限制员额增加，并以总员额 4.11% 为精简目标（约 35 122 人），并于中央省厅改制后的 10 年内，总员额数再减 10%。

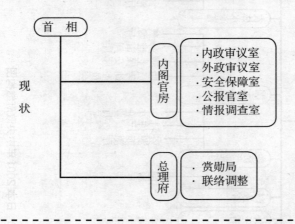

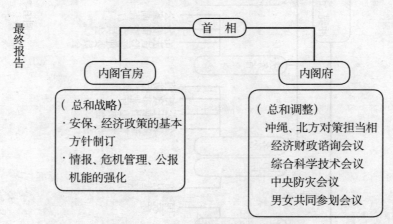

图 6-8 中央政府体制内阁机能强化组织架构图

资料来源：《朝日新闻》1997 年 12 月 4 日。

5. 国家公务员制度改革：为积极引进国外学成硕士和博士人才，以提升处理国际问题的能力，公务员试验应减少法学部出身的比重，增加经济类科人才。

（二）实现尊重国民主体性的行政

1. 修正 1995～1997 年度的"规制缓和推进计划"，对于资讯、通信、物流、金融、土地、住宅、雇佣、医疗和福祉等各项事业，进行解除管制利用市场机制。

2. 1998 年国会通过"地方分权推动计划"，使地方自治团体主动进行机关体制与权限、组织员额及待遇的合理化、财政补助金效率化、地方税扩充和地方债认可、警察跨区域搜查等。

3. 1996 年内阁提出"行政参与的适当基准"，对于公私部门活动的基准厘定三项原则：

（1）民间能够参与的事项就让民间去做。

（2）有效的行政应以国民为主，亦即公共部门应以最小成本来推动政府事务。

（3）行政活动由国民所付托，因而民间参与的责任仍应由官僚来承担。

（三）实现开放并为国民所信赖的行政

1997 年通过《情报公开法》（行政资讯法），1993 年充实《行政手续法》，各省厅的审议会的审议记录每半年公布一次，特殊法人财务内容公开。推动加强国民对行政体制和公务员行为恢复信赖方案，以有效匡正纲纪和预防意外事件发生。

（四）实现对国民便利的高品质行政

1997 年提出"申请案件的国民负担减轻对策"，改善申请方式、申请书电脑化和窗口服务，迈向简单化、统一化、共通化、电子化和表格化。1999 年度"行政情报化推进基本计划"确实完成下列事项：①申请、申报手续电脑化、网络化应早日实施，并以单一窗口完成数个服务程序为目标；②利用行政资讯网络和光碟（CD-ROM）等电子媒介，提供国民行政资讯，并应扩大提供机关范围和充实提供内容；③为加速行政机关内部的决策过程，公文书交换应通过电子文书交换系统以提升效率；④强化"各省厅间的网络系统"（WAN）和"机关内部的网络系统"（LAN），并应及早与地方分支机构、地方自治团体和特殊法人连线作业（柯三吉，1998：2～16）。

表 6-3　各国中央政府设部名称表

国家	部数	部名称
英	10	1. Constitutional Affairs　　5. Work and Pensions　　9. National Health Service 2. Education and Skills　　6. HM Treasury　　10. Office for National 3. Trade and Industry　　7. Home Office　　　　Statistics 4. Transport　　8. National Audit Office （http：//reform. moodia. com/wesite/links/ukgovernment. aspx）
法	6	1. Foreign Affairs　　　　4. Defence 2. Interior　　　　5. Justice 3. Economy, Finance and Industry　　6. National Education （http：//en. wikipeida. org/wiki/Minister_ of_ the_ Interior_ %28France%29）
美	15	1. Agriculture　　6. Health and Human Service　　11. Labor 2. Commerce　　7. Homeland　　12. State 3. Defence　　8. Housing and Urban Development　　13. Transportation 4. Education　　9. Interior　　14. Treasury 5. Energy　　10. Justice　　15. Veteran （http：//www. whitehouse. gov/government/cabinet. html）
日	12	1. Agriculture, Forestry and Fisheries　　7. Foreign Affairs 2. Defence　　8. Health, Labor and Welfare 3. Economy, Trade and Industry　　9. Internal Affairs and Communications 4. Education, ports, Science and Technology　　10. Justice 5. Environment　　11. Land, Infrastructure and Transport 6. Finance　　12. National Public Safety （http：//www. kantei. go. jp/）
德	13	1. Consumer Protection, Food and Agriculture　　8. Finance 2. Defence　　9. Foreign Affairs 3. Economic Cooperation and Development　　10. Health and Social Security 4. Economics and Labor　　11. Interior 5. Education and Research Environment　　12. Justice 6. Nature Conservation and Nuclear Security　　13. Transport, Building and Housing 7. Family Affairs, Senior Citizens, Woman and 　　Juvenile （http：//www. bundesregierung. de/en/The-Fedual-Government/）

续表

国家	部数	部名称
俄	17	1. 外交部　5. 经贸发展部　9. 文化新闻部　　13. 天然资源部　17. 资讯科技部 2. 国防部　6. 能源工业部　10. 卫生社会发展部　14. 司法部 3. 财政部　7. 紧急救难部　11. 教育科学部　　15. 内阁幕僚长 4. 内政部　8. 交通通讯部　12. 农业部　　　　16. 地区发展部 （http：//www. mofa. gov. tw/webapp/ct. asp？xItem = 102&ctnode = 423）

表 6-4　各国人事制度组织比较表

国别	宪政体制	人事法制	组织结构	组织形态	任务功能	备注
英国	内阁	各种文官服务与管理相关法规	内阁事务部	首长制	1. 考试权（由所属"文官考选委员办公室"负责）（委员制），负责考试任用升迁申诉等政策及其督导，其负责考试执行机关"文官考选服务处"则改为民营 2. 绩效管理、考选政策与监督、高等文官任用、人事训练与发展	三权分立
			各部会首长	首长制	各部会公务员之分类等级、差假、福利、工时、工作条件	
			财政部（公职司）	首长制	公务员俸给、退休、服务品质等	
法国	内阁	文官法	人事部	首长制	考选、任用、俸给、考绩与抚恤	1. 三权分立 2. 趋向总统制
	（人事暨国家改革部）		国家改革部	首长制	政治行政组织改革、地方分权、施政革新等	
			最高人事协议委员会等多个委员会	首长制	员工关系与集体协商	

国别	宪政体制	人事法制	组织结构	组织形态	任务功能	备注
美国	总统	《文官改革法》（Civil Service Reform Act，1978）	人事管理署（署长由总统提名，经参议院同意任命）	首长制（部外制）	1. 第一至十五职等文职人员考选，及十六至十八职等高级官员之遴选 2. 人事资格与忠诚调查 3. 特别资格任用事项 4. 人力训练发展、福利、激励与绩效管理	三权分立
			功绩制保护委员会（委员3人与特别检察官1人，由总统提名，经参议院同意任命）	委员制（部外制）	1. 独立行使职权，对所执掌事项进行听证及裁决，具有准司法监督功能 2. 研究文官体系与功绩制及向总统与国会提出年度预算与立法建议 3. 审查人事管理局制定之规章	三权分立
			联邦劳动关系委员会（委员3人，由总统提名经参议院同意任命）	委员制（部外制）	劳动关系与工会之督导	三权分立
日本	内阁	1. 国家公务员法 2. 地方公务员法	人事院：人事官3人（内阁提名国会同意后任命），内阁任命其中一人为"人事院总裁"综理院务	委员制（部外制）	1. 人事院规章制定、修正与废止 2. 向国会、内阁及有关机关首长提出建议、决定考选标准与考选机关、俸给、训练进修、保障、惩戒与临时任用等事项 3. 设"事务总局"实际执行人事业务	三权分立

续表

国别	宪政体制	人事法制	组织结构	组织形态	任务功能	备注
日本	内阁	1. 国家公务员法 2. 地方公务员法	内阁总理大臣（总务厅人事局）	首长制（部内制）	1. 公务员效率、福利、卫生服务 2. 各行政机关人事管理方针计划与人事记录 3. 政令指定其他机关设置人事管理官	
德国	内阁	联邦公务员法	内政部	首长制	1. 联邦公务员制度与政策 2. 联邦公务员分类分等 3. 提名、监督联邦人事委员会 4. 与财政部协调公务员薪给法 5. 与公务员工会协商	1. 三权分立 2. 各机关人事行政业务部分采分权制
			联邦人事委员会（内政部提名，总统任命）	委员制（部内制）	1. 主要为公务员与人事法规之统一与实施 2. 办公室设置于内政部	

第七章　司法制度

第一节　涵　义

人类若是善良，社会就不需要政府，也不需要法律与司法制度来加以保护。但是，人并非皆为善良不犯错，故需要政府建立司法制度来制定法律。在民主国家，较强调法治，不像威权或独裁国家所强调的是人治。在法治国家，政府权力的行使都讲求依法行事或于法有据，并特别着重在法律规定的限度内以法定程序行事。唯有如此，关系双方人的权利义务才能得到保障。在本章中，我们将探讨：①各国司法制度特质；②各国司法组织结构；③各国司法评审制。在现代社会，主持公道与正义或解决冲突的职责都是由司法机关来承担。司法制度在以"诉讼程序"解决冲突。其主要内容在：

一、特性

（一）是英美法系，还是大陆法系

英美法系从普通法引申而来，由判例汇集而成。大陆法系从制定法而来，要有完整的法典，以备遵循。

（二）是保障个人自由权利为着眼点，还是保障整体社会安全福祉

不同的着眼点其所采用的审判诉讼制度便不同，前者是当事人进行式的诉讼制（adversarial system），后者是职权进行式的诉讼制（inquisitorial system）（Ranney，1996：327~329）。

（三）是司法一元制，还是二元制

一元制指只有普通法院体系，二元制是除普通法院体系外，尚有行政法院体系。

（四）司法制度是一元制，还是二元制或折衷制

如果是联邦国家，其司法制度又有不同特性，有一元制如奥地利，有二元制如美国，有折衷制如德国。一元制指虽是联邦国，但司法制度如同单一

国。二元制指联邦与各邦各有各的司法体系，折衷制指下级法院体系各邦不同，但到最高法院则共同为联邦最高法院。

（五）是否有司法评审制

英国没有司法评审制，法、美、日、德则有。

二、司法体系

各国之法院组织均为层级系统，各有各的司法体系，法官的来源亦不相同。

三、司法评审制，释宪机关

在有司法评审制的国家，其具有司法评审权的机关的组成和职权亦不相同。

第二节　司法制度特质

■ 英国

一、判例法

英国采判例主义，法律不是由立法机关根据抽象的原理而制定，乃是法院就具体的事实下以判决而渐次形成。法院宣告判决后，若发生同一法律事实，以前判例可拘束此后判决，所以英国法律的主要渊源为法院的判例法（case law）。

制定法（statute）为自 19 世纪末叶以来，为次要的法源。英国法律共有两种：一为判例法，即不成文的习惯法；另一为国会通过的制定法。

判例法有二：一为普通法（common law），一为衡平法（equity）。在 1066年诺曼人征服英国以前，英国有地方法院及封建诸侯的法院，各自适用不同的习惯法。这个时候，虽然也有全国共通的习惯法，但其为数甚少，而内容又欠明确。诺曼人征服以后，亨利二世（1154～1189）极力扩张王权，设置国王法院（King's Court），令法官巡回国内各地审理案件。这些法官在审判时，对于各地习惯加以引用，遂成为习惯法，为大家共同遵守的法普通法。这些普通法虽不是国王或立法机关所制定的法律，只是习惯的结晶，但具有法律的效力，常由国王法院适用之。

　　一般人民在普通法法院若不能得到妥善的救济，或认为普通法的规定有欠公平，可以直接向国王提出诉愿。国王乃"正义的源泉"（fountain of justice），当然可凭自己的良心亲自审问案件，而不受普通法法院的拘束。后来（大约在1280年以后），国王因为政务多端，无暇处理每个案件，遂将审问之责委于大法官（Chancellor），而大法官遂被世人称为"国王良心的守门人"（the keeper of the king's conscience）。后来案件逐渐增多，大法官无法单独处理案件，乃任命几个法官助理其事，于是成立了一个常设的衡平法庭（court of chancery）。衡平法庭本来不受普通法的拘束，只根据道德、正义或公平的观念来审判案件。其后也渐次产生一种判例法——衡平法。衡平法的作用在于补救普通法之不足，以及纠正普通法之刻板，故可视为普通法的补助法。现今衡平法所管辖的范围限于普通法或制定法所没有规定的一部分民事案件（但对于某几种民事案件，如关于信托或监护之案件，衡平法有专管权；而关于某些案件，诉讼当事人尚得任意选择普通法法院或衡平法院，向其提起诉讼），而对于刑事案件则完全没有管辖权。

　　二、司法一元制——没有行政法院

　　英国普通法中有两个重要原则：一为国王无误（king can do no wrong），国王不能为非，不能在法庭中被诉，即政府官吏合法权力的运用亦为国家行政之一种，所以亦不能在法庭中被诉。二为法律之前人人平等，只受一个法律的支配，一切官吏及人民只受普通法的支配，人民权利受侵害，不论加害者为人民或官吏，均应起诉于普通法院，谋求救济。所以，英国没有行政法院，著名的法学家戴雪（Dicey）特别推崇英国的平等主义。

　　实际上，英国虽无行政法院，但人民的权利因政府官吏之作为而受到损害时，得向普通法院提起诉讼，逐渐产生一部行政行为争议的判例法。加之1947年工党提出《国家责任法》（Crown Proceeding Act），规定除英王个人不能要求出庭外，对公务员的依法行为产生侵权后果者，法院可判令国家负赔偿之责。所以英国有行政法之实，而无行政法院之名。

　　三、没有司法评审制

　　传统的"国会至上"（parliamentary supremacy）原则，法官没有权力审查国会制定的法律是否违宪。法官虽可以解释法律，但法官的解释并不具有最高效力，国会可通过新法律加以推翻。可见英国司法界之情况，认为司法者职司执法，而造法则是立法者的工作。法官对国会的制定法，不至于有意以普通法的观点去曲解。

■ 法国

一、法国法律的渊源

法国法律有着整套的体系，并且经过多年的演进，其渊源得分为数项说明之：①罗马法的影响：法国地区于公元前曾被罗马恺撒所征服，嗣后的数个世纪皆隶属于罗马帝国。罗马法属于"法典法"的形式，法国法律采用法典主义，即是受到罗马法作风的影响，其风格条理分明、体系完整，与英国的判例法迥然不同。②习惯法的成份：罗马帝国瓦解后，法国地区成为典型的封建国家，使得各地的领主各自行使地方性的习惯法，非王室所能充分管辖，领主往往为其领域的法官。此一现象直到法国大革命，才予以整饬。③敕令的法律效力：直到法国大革命，法国固然没有如英国通行于全国的普通法，但法国皇室常颁布"训令"、"教谕"、"命令"加诸于各地的习惯之上，而这些敕立具有法律的效力。④革命初期的整理法律：法国大革命乃志在推翻过去时代的社会经济体制，虽然规范私人之间的各种法律仍然存在，但其基本精神与人权宣言所宣告的个人权力相违背，所以大革命之后到拿破仑时期，陆续起草部分法案。⑤《拿破仑法典》：拿破仑出任第一执政官时，广延法学名家，建构一个委员会负责修纂法典，有时拿破仑亲自主持会议。世之论者，多认《拿破仑法典》的贡献远胜于其武功的表现。（罗志渊，1991）

二、成文法典

由于其植基于罗马法，形式上为法典法，故其法律均有明文规定。法官判案时，只须选择适用之法律，而不须参考先前之判例。

三、司法二元制

分为普通法院体系与行政法院体系，普通法院体系管理一般人民之争讼，行政法院体系则站在国家立场，以行政诉讼承办人民与公务员之纠纷。其与英美之仅有普通法院不同。

四、着重"社会公权力",维护社会之整体利益

强调社会公权力,以抑制犯罪。公权力代表社会对嫌犯起诉,而警察之搜索、逮捕均视为正当,无人身保护法(Habeas Corpus)来保护被告。重视证据的取得。而不论取得程序是否合法,其司法审判程序采行职权进行式诉讼制(inquisitorial system)。凡涉及社会整体之利益,国家之公权力强行介入诉讼过程,个人自由权利因而较易遭受牺牲(Ranney,1996:328~329)。

1789 年的《人权宣言》以及 1973 年《法国批准人权相关条约》,对于被告的人权较有保障。司法程序之进行一直是以发现犯罪事实为目的。但仍不若英、美在犯罪事实未确定前均视被告为无罪而加以保护。法国采职权进行式诉讼制,是由法庭以较积极主动态度搜集证据、询问证人当做其判决的基础(Rasmussen & Moses,1995:329~332)。

法国的诉讼程序是,警方先通知检察官,某个人可能犯了某项罪行。若是检察官同意警方说法,就会通知调查法官,开始进行初步侦查工作。通常调查工作的范围是远超过"大陪审团"(grand jury)听审所需的内容,而且法院是在不公开的状态下审讯被告及证人。此外,调查法官可以借由拆阅私人邮件、监听电话、委任专家组成委员会做报告等措施来了解事情的真相。不同的证人如果提出相互矛盾的证词时,调查法官方可以一直询问,直到他认为出现伪证或是证据不符的情况降至最低。当侦查结束,调查法官才会决定这件案子是否交付审判;若是交付审判,则表示被告被认定可能有罪,接下来的审判,就不一定会比在调查时期所得的资料来得重要。

法国的诉讼制度与其他民主国家的当事人进行式诉讼制(adversarial system of justice)不同:

1. 在决定一个人是否犯罪时,法国是由一位专职的法官代表司法部,而非由一群民众组成的大陪审团加以裁定。

2. 能够决定被告命运的证据和凭证本身是由法官保存(无论是在调查期间或后来的审判阶段)的,而非由对抗双方分别存放。因此,当法官需要最原始的证据时可以方便取得,做公正的裁定。

3. 被告或原告有没有能力请到具有丰富技巧经验的律师来代表他们,对审判结果所产生的影响比辩论式诉讼制小得多(Ranney,1996:327)。

我们无法明确定地说明,在惩罚恶人和保护无辜时,采用辩论式或是审问式何者较为有效,然而对于不同民主国家使用的两种诉讼制而言,如何有个公平审判程序和公正结果,都是两者所企求的。

■ 美国

一、判例法（Case Law）

美国亦为英美法系国家，系以判例法体系呈现司法特质，与英国所不同的是美国为联邦体制。

二、注重个人自由权利义务之保障

美国与法国（大陆法系）注重社会权利义务之保障有很大差异。诉讼程序采当事人进行式诉讼制。

1. 在美国、英国及一些早期英国的殖民国家，都是以当事人进行式诉讼制的司法审判为主。当事人进行式诉讼制是允许被告与原告，双方当事人为获得有利于自己之判决而进行辩论，法官只能就双方所提出之论点及证据以第三者身份下决定的一种制度。

2. 当事人进行式诉讼制的基本含义，法院的任务是在解决法律纠纷。而法律纠纷的起因是原告认为被告以不合法方式伤害到原告，进而提出控诉，两者在法庭上相互辩论。

3. 在刑事案件（Criminal Case）中，政府是通过检察官来控诉被告破坏法律；而在民事案件中，则由一方对另一方提出对自身或财产伤害的控诉。就辩论双方而言，审判就是一种两造当事人之间的竞赛（the trial itself is a contest between the two adversaries）。两造均想尽办法呈现并加强自己的论点，由证人或证据中找出有利证据来支持自己的论点，并且试着经由交叉审讯证人、向其证据挑战以及反驳其论点来诋毁对方，使对方丧失信用。

4. 法院的功能就是仲裁这种竞争，并且宣布谁是优胜者。这场竞赛可以确定辩论双方在呈现自己、攻击对手的同时均是依据已建立的游戏——真实的证据、论点、态度等规则来进行辩论。法庭则是根据它所了解的真相和出现在辩论中与双方相关之法律做判决。

5. 这种法系的刑事案件是依据英美法系诉讼系统来判定嫌疑犯是否有罪。警方先调查事实，然后向检察官报告。检察官又必须获得足够的证据，取信于大陪审团，以期能对其指定之人提出控诉。被提出控诉的人就是被告，接下来的审判，政府就扮演原告的角色。

6. 法庭（由法官单独主持或是再加上陪审团）倾听辩论双方提出论点和

证据，再判定被控诉的被告是否有罪。若正式判决是"无罪"，则被告就可自由。若是"有罪"，法庭就依法律所设定的范围给予固定刑罪。但是，法庭本身并没有任何权力制造证据、交叉审讯证人或扮演除辩论双方竞赛中第三者中立角色之外的任何身份。

三、联邦制——二元制

德国亦采联邦制，但其司法体系因各邦隶属联邦体制之下，也算是其附属。美国却是各州、联邦各自独立为一体系。两体系之连结，均通过宪法规定。《美国宪法》第6条规定，本宪法与依据本宪法所制定之合众国法律，及以合众国之权力所缔结或将缔结之条约均为全国之最高法律，纵与任何州之宪法或法律有所抵触，各州法院之法官，均应遵守而受其约束。此一最高条款不仅连结联邦法院及州法院，亦为州法院上诉联邦法院的依据，而州法院法官的判决亦受联邦法院的约束。

■ 日本

一、法典法体系

日本属于大陆法系，与德、法一样具有完备的法律，汇编成法典法体系（Code Law System），不是英、美法系之有普通法之判例法体系（Case Law System）。

二、强调保障基本人权

日本宪法明定基本权之保障规定为最高法规，不得侵犯。其宪法第97条明白显示，宪法"对于日本国民所保障之基本人权，乃人类为争取自由，经多年努力获得之成果。此等权利曾经过多次严正之试验，兹赋予现在及将来各代之国民，作为不可侵犯之永久权利"。

三、司法独立

1. "一切司法权属于最高法院及依法设置之下级法院。""特别法院不得设置。""行政机构概不得被授予终审之裁判权力。""一切法官，凭其良心，独立行使其职权，仅受本宪法及各项法律之拘束。"（《日本国宪法》第76条）

2. "最高法院，就关于诉讼手续、施行办法、律师、法院内部纪律等细则及司法事务处理，订立规则之权限。"(《日本国宪法》第 77 条)

3. "法官之惩戒处分，不得由行政机关为之。"(《日本国宪法》第 78 条)

四、司法一元制

关于行政案件之裁判，不仅不设置行政法院，且禁止行政机关之终审裁判及特别法院之设置。(《日本国宪法》第 76 条第 2 款)

五、最高法院有司法评审权

撷取美国司法评审制之精神，予以最高法院违宪法规之评审权。最高法院为具有决定任何法律、命令、规则或处分是否适合宪法权限之终审法院。(《日本国宪法》第 81 条)

■ 德国

一、法典法

德国法律体系属于大陆法系，采法典法（Code Law），而不是判例法（Case Law）。其本质系自古以来，即传入罗马法以为民法的根基。但诉讼法及刑事法、行政法方面则颇受法国法律的影响；而政治上的各种法制，如人民自由权利、分权原则、地方自治等规则，则颇受英国法的影响。因其为法典法，整体而言，法典极为完备。

二、强调个人基本权利的保障

为确保个人之基本权利与自由，处于行政机关与人民之第三者地位的法院成为被害者请求救济之圣堂。故基本法第 19 条第 4 款规定："凡权利受公权力之侵害者，均得向法院请求救济；如无其他法院管辖时，由普通法院审理之。"借此一宪法条文，概括地给予人民最广泛的诉讼权利。法院既然向人民打开一切救济之大门，则法院之数量与种类必须相应增加。所以，第二次世界大战战后西德努力于建立完善的裁判系统，创设新的行政、财务、社会、劳工等诉讼制度。法院之种类与数量之繁多，亦成为今日德国司法制度之一大特色。

三、司法权之优越

由于历史教训，德人对立法与行政两权均深怀戒心，因而寄望于司法权，欲借司法权之提高，以收牵制其他两权之功效。基于这种理由，维护宪法之责任，基本法已不再如同魏玛宪法，将之托付联邦总统，改而专设宪法法院，使其审理国家机关之违宪行为、解释宪法、解决国家机关间权限之争议等。所以，宪法法院权限之广泛，成为今日德国司法权之一大特征。

德国于第二次世界大战后，国权崩溃，政令失效，公权力几乎成真空状态。唯政治色彩比较淡薄之司法机关，在国社党高压统治下，对审判独立之维护，仍留有喘息之机会。战后全国一切公机关均纷纷瓦解之际，法院独能继续存在，填补国权之真空，维持秩序，造成司法权优越之局势。在这种情况下，德人体验到审判与行政之不同、法官与一般公务人员之差异。因此，基本法第92条特别揭示，仅由法官组成之法院，始得行使审判权。

四、折衷的联邦法制

联邦国的司法制度可以分为三种：一是联邦主义，例如，美国联邦有联邦的法院，各州有各州的法院；二是统一主义，例如，奥地利，其司法制度与单一国相同，一切司法权均属于联邦；三是折衷主义，德国乃介于联邦主义与统一主义两者之间，各州设置的法院有区法院、地方法院、高等法院三级，联邦只设联邦法院（基本法第92条）。但是一切法院均依联邦所颁布的法院组织之，而民法、刑法、诉讼法亦由联邦与邦共同制定（基本法第74条）。不过各邦法院的法官由邦政府任命，其判决的宣告亦用邦政府的名义，所以可视为一种折衷制度。

■ 俄国

一、司法独立

司法由法院掌理（《俄罗斯联邦宪法》第118条）。分四种不同诉讼程序：宪政、民事、行政、刑事。法院由联邦宪法及法律设立，不得设特别法院（庭）（《俄罗斯联邦宪法》第118条）。法官独立审判，只遵循联邦宪法与法律（《俄罗斯联邦宪法》第120条）。法官依法获得保障，不得免职（《俄罗斯联邦宪法》第121条）。

二、大陆法系性质

法律法典化。除普通法院（包括民事、刑事、行政）外，又分宪法法院以及最高仲裁法院。最高仲裁法院是审理经济纠纷之最高法院（《俄罗斯联邦宪法》第127条）。

三、司法评审制

联邦宪法法院由19位法官组成，审理有关是否符合宪法规定之案件，由此可以审查联邦法令、共和国宪法、法令等之合宪性（《俄罗斯联邦宪法》第125条）。

第三节　司法组织结构

■ 英国

民刑事案件之审理及其上诉，民、刑事案件分别审理。

一、刑事案件

（一）最下级为简易法庭（Magistrates Court）

1. 受理轻罪案，刑罪约在6个月内或1000镑以下。全国约七百个简易法庭，处理人员为治安法官（magistrate），为没有薪俸之名誉职（但在伦敦有些治安法官为有给职），由司法大臣（lord chancellor）任命不须具备专门法律知识、多为地方之德高望重的绅士担任。简易法庭亦受理民事审判，且多属家事方面。

2. 不服简易法庭之判决可上诉。若刑事案件关于判决是否正确、量刑是否过重有疑义，可上诉至皇室法院（Crown Court）；民事案件则上诉至高等法院的家事庭（Family Division of the High Court of Justice）。

（二）皇室法院（Crown Court）

1. 严重之刑事案件由皇室法院初审；最重之刑案则交由上诉法院，一名法官独任审理；较轻者如伪证罪，则交由巡回法官审理，两者均须有陪审团。

2. 皇室法院分为三阶层（tiers）：第一厅设于大城市中，审理刑事案；第二厅位于小城市，审理刑事案；第三厅则位于一般城镇中，只审理较轻之刑案。

3. 上诉：不服判决，同上诉法院的刑事庭。

（三）上诉法院（Court of Appeal）

上诉法院分两庭：刑事庭与民事庭。刑事庭审理罪刑较重之初审案件，以及由皇室法院送来之上诉案件；民事庭审理民事上诉案，法官有 22 位。

二、民事案件

（一）最下级者为郡法院（County Court）

1. 由司法大臣任命巡回法官（Circuit Judges）一人独任，处理 2500 镑以下的案子。全国约三百个县法院。

2. 上诉：可直接上诉至上诉法院。

（二）高等法院（the High Court of Justice）

1. 较重要民事案件由高等法院审理初审。初审由法官一人单独处理，上诉案件则由二至三个法官一同审理。

2. 分为三庭：女王座庭（Queen's Division）管辖商事法，衡平庭（Chancery Division）审理财产、遗嘱等纠纷事项，家事庭（Family Division）则审理离婚与监护。

3. 上诉：可上诉至上诉法院之民事庭。

三、最后上诉机关：最高法院（Supreme Court of the United Kingdom）

1. 为了贯彻三权分立，于 2005 年修法，并在 2009 年 10 月 1 日正式设立最高法院。

2. 除了苏格兰的刑事案件外，为英国的终审法院。

3. 目前的 11 位法官，除了克拉克勋爵（Lord Clarke）原来是担任卷宗主事官（Master of Rolls），其余 10 位法官皆是原来的贵族院的法学贵族（Lords of Appeal in Ordinary）。

四、法官来源

英国的律师分为小律师（Solicitor）及大律师（Barrister）。小律师不出庭，只替当事人写诉讼状，大律师才有资格出庭。小律师须加入法律协会（Law Society），以维持其职业道德。大律师多出身于法学院（Inns of Count）。法学院为专门训练法律人才的独立书院，所有法官及律师都是法学院出身并持有证书，且接受该校的制裁，以维持司法道德。

根据 1971 年的《法庭法》（the Courts Act of 1971），唯有大律师且具有 10 年的经验方能出任法官。小律师可任书记官，兼任较低级的法官，有 3 年经验后，可任命为巡回判席的专任法官。由于法律协会及法学院的监督制裁作用，使英国能拥有优异的司法人员。

表 7-1　英国大小律师之比较表

	大律师	小律师
A	出身于法学院（Inns of Court）	不是出身于著名法学院
B	专于出庭	仅可从事撰写诉讼状的工作
C	须加入法律学会，注重自治	须加入法律协会
D	任满 10 年，且表现佳者，可被选为法官	任满 3 年，且表现亦佳者，可被选为简易法庭之法官

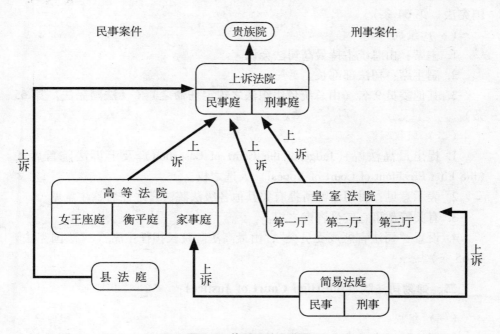

图 7-1　英国司法组织图

资料来源：http：//en. wikipedia. org/wiki/File：Courts. jpg.

　　英国法官不同于美国法官之由民选，但似乎涉及政治，因为司法体系的首长——司法大臣是内阁阁员。大多数法官是由司法大臣提名任命，一些高级法官甚至首相咨询司法大臣后任命，且任命不须经立法机关之同意。事实上，英国法官是独立的，1701 年的《王位继承法》（the Act of Settlement）使得司法不再受君主控制。法官为终身职，除非经两院投票通过，否则不能将其解职。

　　各国之司法制度所注重之司法人员互异。例如，英国是以法官（推事）、律师为同一系统，而法务部职员与检察官为另一系统，性质不同。

■法国

一、最高司法会议（the High Council of the Judiciary）

　　总统为司法机关独立之保证人。由最高司法会议襄助处理司法事务（《法国宪法》第 64 条）。

　　（一）组成

　　1. 主席：由总统主持最高司法会议。

　　2. 副主席：司法部部长。

　　3. 其他委员 9 名（由总统依组织法之规定任命之）（《法国宪法》第 65 条）。

　　（二）职权

　　1. 提出最高法院（Judge of the Court of Cassation）及上诉法院首席长（the First President of Court of Appeal）人选之权。

　　2. 表示意见：对司法部所提有关其他各级法院法官之任命签注意见。

　　3. 有关特赦事宜应受咨询之权。

　　4. 设置"司法官惩戒委员会"，由最高法院院长担任主席（《法国宪法》第 65 条）。

二、弹劾司法院（the High Court of Justice）

　　（一）组成

　　1. 司法院组成人员在国会两院每次全部改选或局部改选后，由国民议会及参议院之议员中选出同额委员而组成。

　　2. 弹劾司法院院长则由委员互选之（《法国宪法》第 67 条）。

（二）职权

1. 弹劾总统

（1）要件：须为叛国方可。共和国总统执行职务，仅对其所为之叛国行为负有刑责。

（2）程序：须经国会两院采公开、同时投票方式并获两院议员绝对多数表决通过，始能成立，且由弹劾司法院审判之（《法国宪法》第68条）。

2. 弹劾总理与阁员

（1）要件：犯罪、违警、危害国家安全。"政府阁员执行职务，若其行为当时被认定具有犯罪或违警之情事，须负刑责。如有危害国家安全之行为，政府阁员及其共犯依上述之诉讼程序处理。"

（2）程序：如同上述，弹劾司法院应依据犯罪或违警定义及罪刑之确定，以及犯罪时之现行刑法有关条文处理之（《法国宪法》第68条）。

三、普通法院

（一）基层法院（the Court of First Instance）

基层法院取代第四共和国时期治安法官的地位，现共有471个。每一个法院有数位法官，他们必须常驻在该法院。每一个案件由一位法官来审理。基层法院只处理轻微民事案件，争讼标的约五六百元。

（二）第一审法院（the Court of Major Instance）

第一审法院共181个。这些法院掌理整个省的司法案件，较大的省可以有一个以上的第一审法院。它们初审一些比较重要的民事案件以及上诉案件，如从基层法院或商事法院、劳工法院等转来的案件。每一个案子由3个法官来审理，采取多数裁决的方式。

（三）警察法院（the Police Court）

刑事案件依轻重之分而由不同的法院审理。较轻案件在警察法院处理，其最高刑为两个月有期徒刑。

调查法官（examining magistrate）在刑事诉讼程序上，当警察机关逮捕嫌犯时，则依检察官的通知，将该案件交予调查法官调查。这种法官，在小地方是由第一审法院的法官兼任，在较大地方则由他完全担任调查工作，具有颇大的权力，得发令逮捕、搜索、查封、传唤及审问证人。当犯案证据充足时，即决定应交由矫正法院或巡回法院办理，否则犯人即被释放。

（四）矫正法院（the Correction Court）

于矫正法院审判之案件最高刑为5年。此法院之层级和第一审法院相同。

每一个案件亦由 3 位法官采多数决之方式审理之。

（五）巡回法院（the Assize Court）

巡回法院非常设的司法机构，每年定期开庭，是重大刑事案件的终审法庭。巡回法庭由 1 名审判长、2 名上诉法院法官和 9 位陪审员所组成，用投票的方式来进行判决，需 12 票中的 8 票方能定罪，只有在不符合法律的情况下才可以上诉到最高法院。（洪波，1993）

（六）上诉法院（Court of Appeal）

民事、刑事案件合并于上诉法院，共有 34 个，每一个司法管辖区便有一个。受理来自刑事法院（巡回法院除外）、民事法院以及其他特别法院如农地租赁法院、商业法院等之上诉案。每一个上诉法院常分设民事厅（Civil Section）、刑事厅（Criminal Section）及起诉厅（Indictment Section）。其事实审为终审，而其审理若有问题则可上诉于最高法院。上诉法院有时会接获最高法院送来之另一个上诉法院之判决而加以审议。

（七）最高法院（the Court of Cassation）

最高法院是全国普通法院系统中最高一级的审判机构，设于巴黎。它有变更全国普通法院判决的权力，与上述法院不同的是，它只审查原案判决所引用的法律是否得当，而不审查原案的事实，它是法律的裁判者而并非事实的裁判者。在任何情况之下，它不得以自己的判决来代替原判决，如果认为下级法院没有错误，就做维持原判来处理，案件也就终结。如果认为原判不当，不做另行判决，只能撤销原判并将原案及法律上的"正当解释"一并发给一个与原判法院同级的法院再审。

四、行政法院

（一）省区行政法院（Interdepartmental Prefectoral Council）

省区行政法院共有 31 个，每一个法院有一个院长及若干个推事。每一个案件由 3 个人处理，其判决非为最终审，可以上诉。

（二）特种行政法院

特种行政法院与省区行政法院地位相当，如审计法院（the Court of Account），审理有关会计方面的案件。

（三）中央行政法院（the Council of State）

中央行政法院约有 200 人，5 个厅；但只有第五厅即司法厅真正办理行政诉讼。人员系由总统于部长会议中任命之，而其是由司法部提出的。中央行政法院不受政府管辖，独立于其外。一般来说，其中成员多为终身职，除非他有不法行为而被免职。大部分的人是经由考试由国立行政学校中遴选。其职权有初审权、上诉审权及对特种法院的判决评论及撤销权,而此主要由第五厅担任,其他四厅则与各部之行政、立法有关,对各部的起草法律与发布行政命令负有监督建议的任务。

五、职权划分法院(Court of Conflict)

大体言之,固然行政法院以审理人民控诉政府机关的讼案为主,普通法院以审讯人民相互间的讼争及国家与人民之间的刑事案为称,但难免有些案件其管辖之谁属颇有疑义。为因应两系法院管辖上之划分需要乃设立职权划分法院,又称为"冲突法院"。由8个法官及2个候补法官组织之;其中有6个是由中央行政法院、普通法院和最高法院各3人充之,再由此6人选举其余人员。以司法部长为当然院长,除法官意见分为同数两派时,平常是不到院主持会议的。

六、法官的来源

在法国,法律和司法专业顾问就有明显的区分。法国的年轻人如果对法律感兴趣,会及早在其学习生涯中决定要成为一名律师或是法官。若是选择律师生涯,他们就会修习适当的课程,通过考试,以便成为诉状律师、出庭律师、代书(专精于法律文件的起草和注册);若是选择了司法生涯,在完成法律专业训练后,他们尚须进入国立司法研究中心(Center National d'Etude Judiciaires)4年。顺利毕业后还须先成为司法部的文职人员,再被分派到第一审法院,朝向高等法院的资深职务努力,就如同其他部会的资浅文职工作者一样。

七、司法专业人员的职务

法国的司法专业人员(magistrature)包含了三种不同的职务:①"坐着的法官"(sitting judge),即法庭法官主持法庭,如同英美的法官一般;②"站着的法官"(parquet),形成每个法院的检察官职位;③司法部的职员。都被视为同一部门之下的文职人员,而任何一个司法专业人员的成员均可担任这三个职位。事实上,对一个司法专业人员而言,由他的法庭法官席位调至另一个法院的检察官职位,再调至司法部的职员,这也是常见的情形。当然,也可能调回原来高等法院的职位。法国普通法院的法官和检察官都是司法部官员,两者的功能就不像英语系国家划分得如此清楚。

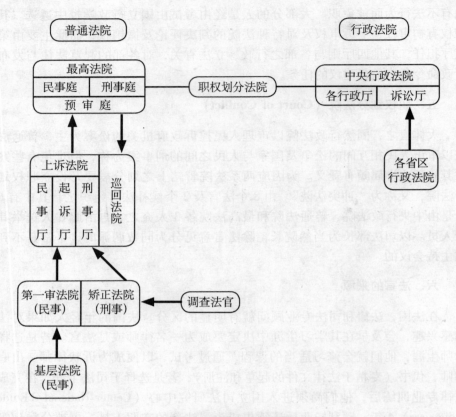

图7-2　法国司法组织图

■ 美国

　　美国司法制度为联邦法院及州法院并行之二元体系，且其司法权独立。行政机关主动做事，而司法机关被动不告不理。美之司法权，属于最高法院与国会随时所制定、设立之下级法院，且其法官之任职为终身职（《美国宪法》第3条第1款）。

　　根据联邦宪法的规定，美国国会在1789年通过《法院法》，设立美国联邦最高法院及其整个联邦司法系统。联邦与州法院各分为三级：区法院、上诉法院、最高法院。其中最高法院为宪法所明定之设置机关，而其他法院为依国会所制定法律而设置的下级法院。以下分述之，如图7-3：

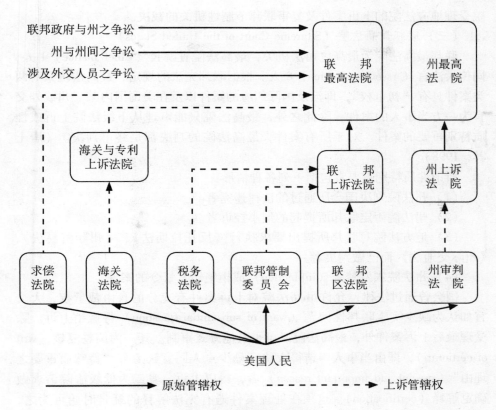

图 7-3　美国司法组织图

一、联邦普通法院体系

（一）联邦区法院（District Court）

美国各州共设 93 个区法院，此外在哥伦比亚特区（District of Columbia）、波多黎各（Puerto Rico）、巴拿马运河区（Canal Zone）、维尔京群岛（Virgin Islands）及关岛（Guam）亦各设一区法院。半数以上的州只有 1 个区法院，而人口多的州，如纽约州，便有 4 个区法院。推事人数由 1 至 27 人不等，总数计 520 人。审理的案件：不同州人民的争议及触犯联邦法律者，如民权、专利权、著作权、仿冒、移民等。

（二）联邦上诉法院（U. S. Court of Appeal）

全国依地域区分为 11 个司法区（Judicial Circuit），另加哥伦比亚特区，各置一个上诉法院，推事人数 3 至 15 人不等，通常由 3 人开庭审判。上诉法院受理地方法院的上诉案件及复审联邦节制性机关的裁决。

（三）联邦最高法院（Supreme Court of the United States）

联邦最高法院为最高之司法机关，最高法院置院长（Chief Justice）1 人，同僚大法官（Associate Justice）8 人。根据联邦宪法的规定，最高法院只对两类案件具有"初审权"，即涉及国际纠纷的案件以及在美国国内某一州或外交官为一方当事人的案件，除此之外，最高法院只能审理从下级法院上诉或性质特别重要的案件。对于所有案件，最高法院的判决都是终审判决。（唐士其，1998）

所谓性质特别重要者包括下列各种情形：

（1）州法院判决国会所通过的法律违宪者。

（2）州法院否定联邦所提起的刑事控诉者。

（3）地方法院对联邦所提出要求执行《反托拉斯法》、《州际贸易法》、《州际交通法》而已做判决者。

（4）州法院颁发禁令（injunction）或拒绝颁发禁令的案件。

国会曾通过法律，允许最高法院对上诉案件有充分的自由裁量权，大法官如认为缺少实质联邦性问题（want of substantial question）得撤销上诉。除受理最后上诉案件外，最高法院又可采其他方式审判。其一为调卷复核（writ of certiorari），即由当事人声请得大法官最少 4 人同意认为有"特殊而重要之理由"（special and important reason）者，得以上诉。其二为低级法院请求做确定解释（certification）。这须在处理案件遇有宪法解释的疑难时始可为之，当事人不得为确定解释的申请。

二、州法院体系

州法院在各州法院组织和司法程序均有不同，但由于联邦法院对于地方法院的影响，已逐渐使州法院在组织和程序上渐趋一致。各州法院大致分为三级：

（一）州审判法院

州审判法院为其最基层的司法组织，处理轻微的民事刑事诉讼案件，没有陪审团。

（二）州上诉法院（第二级）

州上诉法院名称极不一致，有的称为郡法院（County Court），有的称为区域法院（District Court），有的并称高等法院（Superior Court）或巡回法院（Circuit Court）。审判各种民事和刑事案件，并可复审下级法院的判决。关于事实问题，其判决为终结；关于法律问题，则可上诉于州最高法院。

（三）州最高法院（the Supreme Court of the State）

州最高法院法官 5 人至 9 人不等，一切判决由多数通过。其主要职掌乃是案件已经过下级法院辩论过，并经判决，但败诉的一方认为判得不公允时，就提到最高法院来审理，所以最高法院大部分是听审上诉的案件。亦有权复审下级法院的判决，目的是保障两造都不致受到不公平的判决。这种请求复审权，普通称为上诉权。因为最高法院的主要任务在听审关于法律问题的上诉，很少直接承审案件，同时又不管事实问题，故不采陪审制。关于完全与宪法和州法律有关系的问题，不涉及联邦问题，则其判决为终结。若与联邦宪法和法律有关系的问题，则可呈发错误文状（writ of error），再上诉到联邦最高法院。

三、联邦特设法院

联邦特设法院依国会立法设立，首先包括求偿法院（Court of Claim），公民可对联邦政府之损害提起民事控告。其次为海关法院（U. S. Custom Court），复审涉及进口货物税之行政裁决。海关与专利上诉法院（Court of Custom and Patent Appeal），复审海关法院专利局（Pantent Office）关税委员会（Tariff Commission）的决定，属上诉法院。另外为军事上诉法院（Court of Military Appeal），复审军事审判庭（Court Martial）所判决的案件，及处理租税之税务法院（Tax Court）。

四、法官选任

联邦法院法官都由总统提名，经参议院过半数同意后任命，州法院法官的选任方式则纷繁而复杂。以州最高法院法官言，有 16 州由州长任命。康涅狄格州（Connecticut）是由州长提名，经州议会同意任命，而罗德岛（Rhode Island）、南卡罗来纳（South Carolina）、佛蒙特（Vermont）、弗吉尼亚（Virginia）等州则由议会选出，其余 29 州则由公民投票选举。

大多数低级法院法官经公民选举产生，但也有由上级法院、市议会或地方政府选出者。《美国宪法》第 3 条第 1 款虽曾提及法官职位及薪给的保障，可是对法官所需资格条件并无规定，事实上大多数法官来自律师业。

美国之司法审判程序采当事人进行主义诉讼制，属英美法系，对于个人权利保障颇为完善。法官位居中立、客观超然的立场审理案件。国家之公权力除非必要时，否则绝不介入其诉讼过程。

■ 日本

一、最高法院

1. 最高法院（最高裁判所），以院长（最高裁判所所长）和法官（裁判官）14 人组成。最高法院法官见识广，有法律素养，年满 40 岁，由内阁任命，但其中至少必须有 10 人是资深法律专家。

2. 院长由天皇依据内阁之提名而任命（《日本国宪法》第 6 条），法官由内阁任命，天皇认证（《日本国宪法》第 79 条）。

3. 最高法院之审理及审判由大法庭或小法庭主其事。大法庭由全体法官组成（含院长 15 人），小法庭由法官 5 人组成。是否违宪之争议案件由大法庭审判。

4. 职权

（1）一般审判权：对上诉及依诉讼法所特别规定之抗告案件有审判权。

（2）司法规则制定权：最高法院就关于诉讼手续、施行办法、律师、法院内部纪律等细则及司法事务之处理，有制定规则之权限。法官应遵守最高法院制定规则之权限。最高法院得将制定关下级法院规则之权限委任于下级法院（《日本国宪法》第 77 条）。

（3）司法评审权：见第四节。

（4）下级法院法官之提名权：下级法院法官由内阁依据最高法院提出之名单任命（《日本国宪法》第 80 条）。

（5）司法行政监督权：最高法院依法有监督其职员、下级法院及其职员之权。

二、下级法院

（一）高等法院（高等裁判所）

高等法院由院长及相当人数之法官（判事）组成。原则上，审判时由法官三人组成之合议庭行之，掌控诉、抗告及上诉案件之审判。

（二）地方法院（地方裁判所）

地方法院原则上为第一审法院，以单独审判为原则。

（三）家事法庭（家庭裁判所）

家事法庭是为了审判及调解依家事审判法所规定之有关家事案件，或审判依少年法所定之少年保护案件等而设置之法庭。由法官及候补法官组成，并以单独审判为原则。

（四）简易法庭（简易裁判所）

简易法庭对于轻微之案件，简单且迅速地审判。为第一审法庭，由相当人数的简易法庭法官组成，也是单独审判。

三、法官来源

（一）最高法院之法官

1. 最高法院，除院长外，所有法官（须年满40岁）均由内阁任命。

2. 最高法院法官任命后，在众议院议员总选时，同时交付国民审查，决定其是否适任职务。适任者继续任职，不适任者去职。此后再过10年，于众议院议员总选时，同时进行国民审查，其后亦同。

3. 最高法院之法官已达法定年龄（70岁）时，即行退休（《日本国宪法》第79条）。

（二）下级法院之法官

1. 下级法院法官，由内阁依据最高法院提出之名单任命之。其任期10年，有权连任，但已达法定年龄者，即行退休。

2. 下级法院法官之退休年龄，除简易法庭之法官为70岁，其他法官为65岁（《日本国宪法》第80条、《日本裁判所法》第50条）。

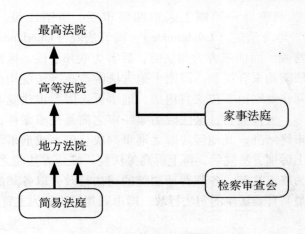

图7-4　日本司法组织图

■ 德国

依照基本法第92条的规定:"司法权授予法官;司法权由联邦宪法法院、本基本法所定之各联邦法院及各邦法院分别行使之。"

一、联邦宪法法院

联邦宪法法院于下节探讨释宪机关,叙述之。

二、联邦法院

(一) 联邦最高法院

联邦最高法院 (Highest Court of Justice the Federation—Joint Panel) 设有联邦普通法院 (Federal Court of Justice)、联邦行政法院 (Federal Administrative Court)、联邦财务法院 (Federal Fiscal Court)、联邦劳工法院 (Federal Court) 和联邦社会法院 (Federal Social Court)。

(二) 联邦法院

联邦设置联邦工业财产法院,并得设置管辖武装部队之军事法院作为联邦法院。联邦普通法院 (Federal Court of Justice) 为这些法院之上级联邦法院。联邦并得设联邦法院受理联邦公务人员惩戒诉讼及诉愿案件。

(三) 普通法院之制度

民事诉讼、刑事诉讼原则上采取四级审制。所谓四级,系指区法院 (Amtsgerichte)、地方法院 (Landerichte)、高等法院 (Oberlandesgerichte) 与联邦最高普通法院。而前三者为邦法院,后者为联邦法院。区法院采取独任制,其他普通法院均采合议制。原则上地方法院与高等法院均由3位法官组成审判处,联邦法院则由5位法官组成,刑事诉讼因参审法院与陪审法院之制度,例外较多。大体而言,区法院为第一审之简易民事案件,仅得上诉地方法院而为二审终结外,其他区法院之刑事判决、民事或刑事之裁定以及非讼事件,皆得上诉地方法院后,再上诉高等法院。唯地方法院之裁定或处分,均以高等法院为终审法院。各邦普通法院的司法行政,以各邦的司法部为主管机关;联邦最高普通法院的司法行政,即由联邦司法部为主管机关。

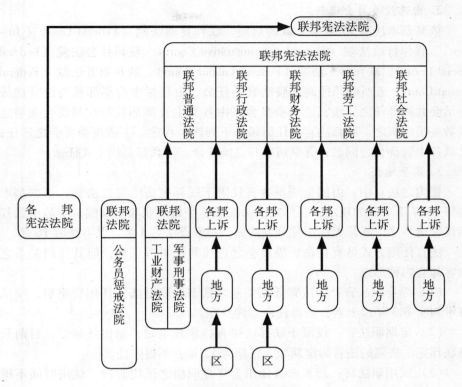

图 7-5　德国司法组织图

三、法官来源

基本法第 98 条第 1 款与第 3 款规定：联邦与各邦法官之法律地位，由联邦与各邦，各以特别法律规定之。经法学者专家多年之研讨，联邦议会终于在 1961 年通过《德国法官法》，为德国司法制度之现代化树立新的里程碑。

德国之法院种类颇多，但其法官之任用资格，至为划一：①在大学修读法学七学期以上；②国家司法考试及格；③实习两年半以上；④国家司法考试复试及格。

法官之选任方式有三种：

1. 由司法行政机关任命

大部分邦之法官，采取传统选任方式，由司法机关直接任命之。因德国各邦之法院均为初审或第二审之法院，故司法行政首长任命之法官原则上皆系从事初审或第二审工作之法官。

2. 由选拔委员会选任

依其基本法第 95 条第 2 款的规定，联邦普通法院（Federal Court of Justice）、联邦行政法院（Federal Administrative Court）、联邦社会法院（Federal Social Court）、联邦劳工法院（Federal Labour Court）、联邦财务法院（Federal Fiscal Court）五所联邦最高法院法官的任命，由联邦主管部部长与法官选拔委员会共同选任之。法官选拔委员会系由各邦主管部部长与联邦议会选举之同数委员组织之。联邦法官之任命须经下列四个程序：①选拔委员会之选任；②联邦主管部部长之同意；③呈请联邦总统任命；④联邦总统正式任命。

3. 国会选任

德国之法官中，由国会选举者，仅限于联邦宪法法院之法官。根据基本法第 94 条第 1 款的规定：联邦宪法法院法官半数由联邦众议院、半数由联邦参议院选举之。联邦宪法法院分成两庭，每庭设法官 8 名，共有法官 16 名。

法官任用方式虽有任命、委员会之选拔与选举等三种，但其任用关系之内容却有四种形态：

（1）终身职法官：为法官任用关系之常态，取得法官任用资格后，须从事审判实务 3 年以上者，始得任命为终身职。

（2）定期职法官：仅限于联邦法律有特别规定时，始得任命之。目前只有联邦宪法法院的法官为定期职，任期为 12 年，不得连任。

（3）试用职法官：乃系未被任用为终身职前之试用阶段，试用时间不得逾 6 年，届满 6 年如尚未被任命为终身职法官，则应予免职。

（4）备用职法官：为具有法官任用资格终身职行政官，转任终身职法官之过渡试用阶段。

德国对于法官之任用无最低年龄之限制。但依法官法之规定，终身职法官年龄已近 30 岁。联邦最高法院（行政法院、劳工法院、社会法院）之组织法中皆规定，其法官应年满 35 岁。联邦宪法法院则在其法官之任用资格中规定，应年满 40 岁。

民主法治国家之宪法无不揭示法官之独立性。基本法第 97 条规定：①法官应独立行使职权，并只服从法律；②正式任用之法官，非经法院判决，并根据法定理由依法定程序，在任期届满前，不得违反其意志予以免职，永久或暂时予以停职或转任、令其退休。法律得规定终身职法官退休年龄。遇有法院之组织或其管辖区域变更时，得转调法官或命其停职，但须保留全薪。准此原则，德国法官法对于法官之免职、停职、转任、退休等事项均做详尽的规定。

■ 俄国

一、联邦宪法法院

联邦宪法法院（the Constitutional Court of the Russian Federation），由法官19 人组成。裁决联邦法律、联邦总统、联邦院、下议院、联邦政府、联邦条约之合宪性，并裁决联邦政府各机关间、联邦政府与各联邦主体间、联邦主体之间等纠纷案件，人民自由权利案件，释宪案件等（《俄罗斯联邦宪法》第125 条）。

二、联邦最高法院

联邦最高法院（the Supreme Court of the Russian Federation）是审理有关民事、刑事、行政诉讼案件之最高法院（《俄罗斯联邦宪法》第 126 条）。

三、联邦最高仲裁法院

联邦最高仲裁法院（the Highest Court of Arbitration of the Russian Federation）是审理有关经济纠纷案件等之最高法院（《俄罗斯联邦宪法》第 127 条）。

四、法官之任命

联邦宪法法院、联邦最高法院、联邦最高仲裁法院之法官，均由总统提出人选，由联邦院任命。其他联邦法官由总统依法任命。联邦宪法法院、联邦最高法院、联邦最高仲裁法院以及其他联邦法院由联邦宪法规定其运作程序（《俄罗斯联邦宪法》第 128 条）。

第四节　司法评审制

■ 英国

英国并无司法评审制。盖英国国会至上，英国国会所通过的法律，除国会再予以修正或废止，任何机关不得终止其效力。

■ 法国：宪法委员会

一、组成

1. 宪法委员会共有委员 9 名、任期 9 年，不得连任。宪法委员会委员每 3 年改任 1/3。宪法委员中，3 人由共和国总统任命，3 人由国民议会议长任命，3 人由参议院议长任命（《法国宪法》第 56 条第 1 款）。

2. 除上述 9 名委员外，历任共和国总统为宪法委员会之当然终身委员。宪法委员会主席由共和国总统任命之（《法国宪法》第 56 条第 2、3 款）。

3. 宪法委员会委员不得兼任政府阁员或国会议员。宪法委员会委员不得兼任之其他职务，以组织法定之（《法国宪法》第 57 条）。

二、职权

1. 宪法委员会监视共和国总统选举，务使依法进行（《法国宪法》第 58 条第 1 款）。

2. 宪法委员会审理总统选举纠纷，并宣布选举结果（《法国宪法》第 58 条第 2 款）。

3. 国民议会及参议院议员选举发生争议时，由宪法委员会予以裁决（《法国宪法》第 59 条）。

4. 宪法委员会监督公民复决运作过程，务使依法进行，并宣布其结果（《法国宪法》第 60 条）。

5. 各组织法在公布前，以及国会两院规程在实施前，均须送请宪法委员会审议，并将各条款之合宪性予以宣告（《法国宪法》第 61 条第 1 款）。

6. 基于同一目的，法律在未公布前，得由共和国总统、总理、国民议会议长、参议院议长、60 名国民议会议员及 60 名参议院议员，提请宪法委员会审议（《法国宪法》第 61 条第 2 款）。

上述可由下表之分析加以表示。

表 7-2 　法国宪法委员会各项职权性格表

司法性格之职权 ←——介于两者之间之职权——→偏政治性格之职权		
审理选举诉讼 审理公民复决之争议 确认总统不能视事 去法律化审查	条约、国际协定、法律、国会规则之审查 议员提案或修正案不予受理争议之审查	对紧急措施之意见

三、宪法委员会对法律规范的三阶段控制

第五共和国宪法对于行政权与立法权的分野，是采限制立法权范畴的做法，即除了立法权的范畴之外就是行政权范畴的设计，而其仲裁行政立法分野的机关就是宪法委员会。对于法规的内容是否合宪，可区分为宪法委员会的三阶段规范控制：

第一阶段：在国会的立法过程之中，如果议员的提案或修正案不属于《法国宪法》第 34 条的规定范畴之内，或者是违反了先前国会已依《法国宪法》第 38 条所对政府的授权，此时政府可以提出"不予接受之宣告"（《法国宪法》第 41 条第 1 款）。此际政府与国会之间有所冲突，政府与相关议会之议长可以协调，若不能达成协议，宪法委员会可依一方之申请，在 8 天之内作出判决。

第二阶段：当法律、条约与国会规则已经由国会所通过，但尚未由总统公布之前，此时依据宪法第 54、61 条，总统、总理、两院国会议长或 60 位参议员或国民议会员可将这些法规送交宪法委员会审查其合宪与否，宪法委员会必须于 1 个月内作出判决；于紧急状况时，期限缩短为 8 天。

第三阶段：此阶段是针对已经生效的法律形式法规，但却不是第 34 条所规范的法律范畴之内，宪法第 37 条第 2 款规定，具法律形式惟属行政规章事项之条文，在征询中央行政法院意见后，得以命令修订之。另一方面是第五共和国宪法生效以后，则须经宪法委员会宣告其具命令之性质以后，方可以命令修改。此一去"法律化程序"，学者认为是法国第五共和国宪法的"事后审查"。

表 7-3　法国宪法委员会对法律规范的三阶段控制表

阶　段	职权内容	法条依据	功　能
第一阶段	法案是否符合"法律"与"行政规章"的区分	宪法第 41 条第 2 款	事前审查：控制行政立法的权力界限
第二阶段	条约、国际协定、法律、国会规则的合宪性审查	宪法第 54、61 条	事前审查：控制条约、国际协定、法律、国会规则之合宪
第三阶段	宣告具法律形式之法规是否合宪	宪法第 37 条第 2 款	事后审查：控制已生效之"法律"不得含有"命令"范畴之条文；亦即控制行政与法律权力界限

资料来源：钟国允，2001。

四、裁决效力

1. 经宣告为违宪之法规，不得公布或付诸实施（《法国宪法》第62条第1款）。

2. 宪法委员之裁决，不得上诉，并对公权机关及一切行政、司法机关具有拘束力（《法国宪法》第62条第2款）。

五、第五共和国违宪审查制度的特色

1. 原则上属于预防性的审查；也就是原则上属于"事先审查"，其中只有行政规章去法律化方属于"事后审查"。

2. 抽象的违宪审查权：由于是事先审查，所以无法附随在具体的争讼个案之上。

3. 原则上属于非强制性的审查：其中组织法与国会议事规则属于"义务性审查"，不待特定人之申请，在立法程序中即应提交审查。而法律及国际条约或协定属于"选择性审查"。

4. 仅有权机关方得以提请审查：分别为共和国总统、内阁总理、国民议会议长、参议院议长。此外60名以上的国会议员也有提请审查的发动权，但范围仅限于未公布之法律案及国际条约或协定。

5. 审查有法定期间之限制：强制期间分为1个月或8日两种。（周家寅，2001）

■ 美国：联邦最高法院

一、来源

美国宪法不明定法院有司法评审权。美国自1803年起已开始行使这项权力。此权力归功于联邦最高法院马歇尔（John Marshall）院长，他在马布里诉麦迪逊（Marbury v. Madison，1803）案例中，初次主张法院有这种权力，并且行使了这种权力。以后的法官萧规曹随，逐渐确立了司法评审制。

原来美国联邦党于1800年和民主共和党角逐竞选，不但失去了总统的宝座，而且丧失了国会的控制权，便退守司法堡垒中，以图自保。于1801年1月23日修改1789年的《司法条例》（the Judiciary Act of 1789），增设巡回法院6所，共增加法官16人。又于2月27日通过法律，授权总统任命他认为必

要的华盛顿首府治安法官若干人。联邦党的亚当斯（John Adams）总统跟着任命其国务卿马歇尔为最高法院院长、联邦党员 16 人为巡回法院法官、42 人为治安法官。到 3 月 3 日夜晚方赶完任命官吏的签字盖印等手续。因为时间过于仓猝，任命状未及发出，仍留在国务院里。杰弗逊（Thomas Jefferson）于 3 月 4 日就任总统，接获报告知道这一事实后，命令新的国务卿麦迪逊（James adison）发出其中的 25 件，扣留其中共和党顽固政敌的 17 件，包括任命马布里、蓝赛、胡倚、哈泼（William Marbury, Lnnis Ramsay, Robert T. Hooser and William Harper）为治安法官的 4 件。这 4 人以 1789 年《司法条例》为依据，具状请求最高法院颁发令状（Writ of Mandamus），以命令麦迪逊国务卿发给他们任命状。

这是令人困扰的案件，马歇尔觉得左右为难。他如果判决马布里胜诉，麦迪逊会拒绝遵守，直接给予他和法院一大打击。因为他曾命令麦迪逊说明为何不发出那些任命状（实则大家晓得，这等于对杰弗逊总统下命令），麦迪逊已不予理会，马歇尔徒呼无可奈何。

马歇尔院长最后还是判决了，并很巧妙地判决了本案。他于判决书中提出三个基本问题：

1. 马布里有没有请求并且领到任命状的权利？

2. 如果有，其权利受侵害时，有没有法律的救济？

3. 如果没有，是不是应由联邦最高法院颁发令状加以救济？

马歇尔并且分别解答这些问题如下：

1. 派马布里为治安法官，已经由参议院同意，总统已于其任命状签字，国务卿已在任命状盖上国玺，任命官员的法定手续全部完成了，已赋予马布里任法官的权利。

2. 马布里既有任法官的权利，就当然有权利请求并且领到其任命状，以便就任执行任务，扣留其任命状就是侵害了他的权利，法律对于侵权行为的受害者，自应给予救济。

3. 应不应由最高法院颁发令状以救济马布里呢？

为了解答这一问题，就要确定最高法院颁发令状的对象和法院的职权，所以必须辨明 1789 年《司法条例》的规定。该条例第 13 条规定，最高法院得对任何法院和美国官员颁发令状，国务卿为联邦官员，最高法院依据这一规定当可对他颁发令状，但是《美国宪法》第 3 条第 2 款已规定，最高法院的初审管辖权只包括大使、公使、领事和州等当事者的案件，不包括对联邦官员颁发令状的案件。这种颁发令状的案件是属于下级法院初审管辖范围，所以司法条例的规定牴触了宪法。牴触宪法的法律是无效的。最高法院不得适用无效的法律，于是不能依照马布里的请求对国务卿麦迪逊颁发令状。

马歇尔这种判决，表面上是共和党的胜利，实际上是联邦党与共和党政治斗争的一种结果，是他在政治斗争中的明智因应，而形成"司法审查制"。可见，司法审查制不是制宪者预期的制度，只是政治斗争的副产品。从此，确立法院拥有宪法之最后决定权，以判决法律或命令是否有违宪的问题。

二、最高法院法官之任命与政党之关系

虽然法院极力避免卷入政治漩涡，但是，法院始终未能摆脱政治的影响。换言之，总统和国会常利用政治上所能运用的势力影响法院。首先，联邦最高法院法官是由总统提名，并经参议院的同意任命。而总统之提名与参议院之同意，莫不带有政治意味。因此，美国总统以联邦法官任命作为政治报酬，也可能是接受助选功臣之推荐作为报酬。其次，国会也能有效影响法院的运作，它可设置或撤除联邦下级法院；也可依照宪法规定，决定最高法院的管辖权。最后，国会更有权决定最高法院法官的员额，这些皆可直接影响法院的运作，作为政治的筹码。

三、司法评审权与政策决定

司法评审权对国会之政策决定有很大的牵制作用。政策可能为总统所提出，为国会中多数党所通过。但法律若违背宪法之规定，法院可判定违宪，使政策无法实现。如罗斯福总统推行新政时，法院即判决其《工业复兴法》、《农业调整法》违宪，致使一切新政均告停顿。另外，法官由总统任命，由国会制定薪给之后，法官即可自由运作司法权，不受任何机构干涉。然而，最高法院是由 9 人组成，若法案之判决有 5 人赞成，即可不管其他 4 人之意见，而决定该法案之命运。因此，政策制定虽在国会中获得多数通过，却可被少数人予以否决。此是否合乎民主，颇有争论。但显然美国人认为法院仍应有其独立地位，虽然其行动较为迟缓、顽固且保守。

■ 日本：最高法院（裁判所）

一、依据

《日本国宪法》第 77 条规定："最高法院为具有决定任何法律、命令、规

则或处分，是否适合宪法权限之终审法院。"

二、目的

维护宪法尊严及正常运作。《日本国宪法》第 98 条规定："本宪法为国家最高法规，凡违反其条文之法律、命令、敕诏及关于国务之其他行为，全部或一部，均无效力。凡日本国所缔结之条约，及已经确定之国际法规，应诚实遵守之。"第 99 条规定："天皇、摄政、国务大臣、国会议员、法官及其他公务员，均负有尊重并维护本宪法之义务。"

三、审理程序

是否违宪之争议案件由最高法院之"大法庭"审理，由院长及全体法官（14 位）组成，判决时应有 8 位以上法官具有相同意见始得成立。

四、效力

最高法院判决为违宪之任何法律、命令、规则或处分为无效（《日本国宪法》第 81、98 条）。

■ 德国：联邦宪法法院

一、组成

（一）法庭之组织
1. 联邦宪法法院分设两庭。
2. 每庭各选任 8 名法官。
3. 每庭中之 3 位法官应选自联邦最高法院之法官，且应在联邦最高法院服务 3 年以上。
（二）法官资格
1. 法官应年满 40 岁，具有联邦议会议员之候选资格，并以书面表示愿意担任联邦宪法法院法官。
2. 法官应具备法官法所规定担任司法官之资格。
3. 联邦宪法法院法官不得在联邦议会、联邦参议院、联邦政府或各邦之相当机关兼职。其经任命为联邦宪法法院法官时应解除在上述机关之职务。
4. 除在德国大专院校担任法律教师外，法官不得从事其他专职性工作。

联邦宪法法院法官之职务应较大专院校之职务优先处理。

（三）法官任期

1. 法官任期 12 年，并不得逾服务年限。

2. 法官不得连任，亦不得再度选任。

3. 法官年满 68 岁之最后一个月月底为服务年限。

4. 法官在服务期满后继续执行职务至继任人任命时为止。

（四）法官之选任

1. 各庭法官由联邦议会及联邦参议院各选出半数。就联邦最高法院之职业法官中由联邦议会选出 1 名法官，由联邦参议院选任 2 名法官，其余法官由联邦议会选任 3 名，由联邦参议院选任 2 名组成两庭。

2. 法官应在其前任法官任期届满 3 个月前选出，如联邦议会在此期间解散时，应在新联邦议会第一次会期后 1 个月内选出。

3. 法官在任期未满前离职时，应由该离职法官之原联邦机关在 1 个月内选出继任人。

（五）联邦议会之选举程序

1. 由联邦议会选举之职业法官，依间接选举方式选出。

2. 联邦议会依比例选举规则选出 12 名联邦议会议员为选举人。联邦议会内之每一党团均得提出推荐名单。各名单上之当选人数，应就对各该名单所为之投票数依最高商数法（d'Hondt）比例计算分配之。当选者以在推荐名单上依顺序排列有姓名者为限。选举人中有退出或因故不能行使选举权时，由同一推荐名单上之次一位递补。

3. 选举人中之最年长者应速定一星期之召集期间，召集选举人举行选举，并主持选举事宜，至全部法官选出时为止。

4. 选举人委员会人员，关于因参加选举人委员会活动所获知关于候选人之个人资料，以及在选举人委员会所为对候选人个人关系之讨论，以及投票内容，均应保守祕密。

5. 当选联邦宪法法院法官至少应获得 8 张选举人票。

（六）联邦参议院之选举程序

由联邦参议院选举之法官，应获得联邦参议院 2/3 之票数始为当选。

（七）联邦宪法法院之提名权

1. 联邦宪法法院法官任期届满后或任期未满前离职后 2 个月内，如未依《德国联邦宪法法院法》第 6 条规定选举继任人时，选举人中之最年长者应迅速请求联邦宪法法院提出选举之推荐名单。

2. 联邦宪法法院联合庭应以简单多数决决定参选法官之推荐人选。仅有一名法官时，联邦宪法法院应推荐 3 名；同时选出数名法官时，联邦宪法法院应依应选人数加倍推荐候选法官。

3. 法官应由联邦参议院选举时，准用上述之规定，并以联邦参议院院长或其他代理人，行使选举人最年长者之权限。

4. 选举机关有权选举联邦宪法法院推荐人选以外之人。

（八）推荐名单

1. 联邦司法部长应将具备上述所定要件之所有联邦法官编列一份名单。

2. 联邦司法部长应将联邦议会党团、联邦政府或各邦政府所推荐担任联邦宪法法院法官职务且具备上述之要件者，编列另一份名单。

3. 上述两份名单应随时补充，并应至迟在选举前一周送交联邦议会及联邦参议院院长。

（九）联邦宪法法院院长及其代理人之选举

1. 联邦议会与联邦参议院轮流选举联邦宪法法院院长及其代理人，应自院长所不隶属之法庭中选出。

2. 第一次选举时，联邦议会选举院长，联邦参议院选举院长之代理人。

3. 选举程序与联邦议会和参议院选举联邦宪法法院法官同。

（十）任命

当选人由联邦总统任命之。

二、职权

联邦宪法法院裁判基本法所规定之下列案件：

1. 关于宣告剥夺基本权利之案件（基本法第 18 条）。

2. 关于宣告政党违宪之案件（基本法第 21 条第 2 款）。

3. 对于联邦议会就选举效力或就取得或丧失联邦议会议员资格之决议所提起之诉愿案件（基本法第 41 条第 2 款）。

4. 关于联邦议会或联邦参议院对联邦总统提起之弹劾案（基本法第 61 条）。

5. 就最高联邦机关或其他依基本法或依最高联邦机关之处务规程规定，具有一定权限之当事人，因权利及义务范围发生争议时，关于基本法之解释（基本法第 93 条第 1 款第 1 项）。

6. 对于联邦法或邦法在形式上或实质上是否符合基本法，或邦法是否符合其他联邦法，发生争议或疑义，经联邦政府、邦政府或联邦议会议员申请者（基本法第 93 条第 1 款第 2 项）。

7. 关于联邦及邦之权利及义务所生之歧见，尤其是邦在执行联邦法及联邦在行使联邦监督时所发生之歧见（基本法第 93 条第 1 款第 1 项及第 84 条第 4 款）。

8. 关于联邦与各邦间、各部相互间或一邦之内所生公法上争议，而无其他法律救济途径者（基本法第 93 条第 1 款第 4 项）。

9. 关于宪法诉愿案件（基本法第 93 条第 1 款第 4 项及第 4 项之 2）。

10. 对联邦法官或邦法官提起之法官弹劾案（基本法第 98 条第 2、4 款）。

11. 经由邦法将裁判权移转给联邦宪法法院时，就一邦内之宪法争议案件（基本法第 99 条）。

12. 关于联邦法或邦法是否符合基本法，或邦法律或其他邦法规是否符合联邦法，由法院提起申请者（基本法第 100 条第 1 款）。

13. 国际法上某项规则是否为联邦法之构成部分，或此项规则是否直接创设个人之权利及义务发生疑义，由法院提起申请者（基本法第 100 条第 2 款）。

14. 邦宪法法院于解释基本法时，欲与联邦宪法法院或其他邦宪法法院所为不同之裁判时，由该邦宪法法院提起申请者（基本法第 100 条第 3 款）。

15. 对于法律是否继续具有联邦之效力，发生歧见者（基本法第 126 条）。

16. 其他依联邦法律规定由联邦宪法法院裁判之案件（基本法第 93 条第 2 款）。

第八章 中央与地方关系

第一节 涵 义

政府权力的分配，一方面涉及中央政府各部门的权力划分及彼此间的关系，另一方面又涉及中央与地方政府权力的划分及两者间的关系。大多数的国家都是以领土为基础来划分中央与地方的机制。然而，这种划分法因各国的历史、文化、地理、经济与政治因素等不同而有所差异。这些差异情形都与宪法关于国家结构的设计有密切关系。详言之，包括在宪法的架构下中央与地方关系，每个层级政府的职能与责任，各级政府任命与甄选人事的方式，中央政府运用政治、经济、行政和其他权力来控制地方政府，以及地方自治团体享有独立性的程度。中央与地方关系的比较，至少包含有下列三方面：

一、国家性质——中央与地方权限分配

如果国家为单一国，如英国、法国及日本，地方政府只是中央政府之分支机关。中央随时可依立法收放权力。在单一国家中，英国因较有地方自治的基础，地方政府的自主性高，日本次之，而法国最低。而联邦国家，如美国、俄国及德国，宪法上同时保障了联邦与各邦的权限。保障之方式，各国规定不同。联邦与邦在宪法均取得原始的"固有权"，不受侵犯。

二、地方自治

地方政府取得地方自治的情况不同。在单一国家，地方政府的地方自治系由中央政府所赋予，而在联邦国家则各地方（邦）政府有其与联邦、其他各邦之法定关系，故能保障其自主的统治权。

三、中央对地方监督

不管是单一国或联邦国，既为一个国家，其内部总要维持一个相互和谐

的政治体制。因此，中央或联邦便须对地方加以监督，以求立法、行政、司法等方面的一致性与因地制宜，而不是相互冲突、矛盾、抗争、疏离，甚至分崩离析。

第二节　权限分配

■ 英国：分权的地方自治

英国中央与地方权限分配可从它的地方自治来说明。

一、关于权限的分配

英国虽然个别地指定地方管辖事项，地方政府也只能对于国法所指定的事项行使自治权；但是，地方政府可向国会提出私法案（private bill），以取得新权限，因之地方政府随时有扩张权限的可能。

二、关于地方政府的组织

依 2000 年《地方政府法》（Local Government Law），英国地方政府的层级与组织方式均由居民决定，有只有一级的，称单一政府（Unitary Authority），在英格兰有 46 个，威尔士有 22 个，苏格兰有 32 个，北爱尔兰有 26 个。大伦敦地区称大伦敦政府（GLA），大都会地区称大都会区政府，有 36 个，大伦敦政府下设 32 个伦敦区和一个伦敦市。而议决机关同时又成为执行机关。换言之，地方议会不但有立法权，同时亦有行政权，可由各种委员会执行自己的决议。

三、关于中央的监督

英国偏重于立法监督，即监督机关以国会为主，而中央政府为副。地方自治行政大都由国会以法律定之，地方政府在法律范围内较有弹性。中央政府固然可以监督，但是其监督范围不大。

各级政府（或机关）间的权责划分为：中央政府只做立法（法制）并执行具有全国整体性质之事（如外交、国防、国际贸易）。而地方政府职责的划分，是以事业之"专业"性质划分。有些专业涵盖范围较大的，自归于上级政府；有些事业涵盖范围较小的，较可因"小地"制宜者，自划归于下级政府。上下级政府应是"分工"，而不是各级政府均有"相同且重叠"的业务。

在英国，如表8-1所示，在英格兰之"非大都会区"之二级政府，清运垃圾是由下级地方政府"区"负责，而垃圾处理由上级地方政府"县"负责，不必每个"区"都有垃圾处理厂或焚化厂。再以治安、公共安全、交通言，在"大都会区"政府层级1986年废除后，大伦敦区（GLC）设有32个区（borough）及一个伦敦市（city），而其他6个大都会区（MCC）分设36个大都会区议会（metropolitan district council），各区议会不可能都各设局处来管自己的治安、公安、交通，于是跨区设了若干个专业机关（joint authority）（Wilson & Game，2002：67）。

权限的划分脱离传统的统治（governing）方式，而采用分工治理的方式，有些公共事务由议会（council）来管，有些事务由政府（authority）来管，例如，大伦敦政府（Great London Authority）管大伦敦各区、市某些公共事务，伦敦以外的大都会地区亦设有跨区的专业机关（joint authority，或称当局）来管共同的事务（Wilson & Game，2002：117）。

表8-1　英国地方政府层级表（2002）

伦敦	英格兰其他地区	威尔士	苏格兰	北爱尔兰
大伦敦政府（Greater London Authority） 32个伦敦区（borough） 1个伦敦市（city）	大都会地区： 36个大都会区议会 非大都会地区： 46个单一议会（unitary council） 34个非都会地区县议会（county council） 下辖238个区议会（district council）	22个单一议会（unitary council）	32个单一议会（unitary council）	26个区议会（district council）

资料来源：Wilson & Game，2002：161.

表 8-2　英国地方政府职责划分表（2002）

	大都会区		伦敦		县		单一议会
	区议会	专业机关	区议会	大伦敦	县议会	区议会	
教育	*	无	*	无	*	无	*
住宅	*	无	*	无	无	*	*
社会服务	*	无	*	无	*	无	*
高速公路	*	无	*	*	*	*	*
行人交通	无	*	无	无	*	无	*
策略/结构规划	*	无	*	*	*	无	*
地方规划/发展控制	*	无	*	无	无	*	*
消防救灾	无	*	无	无	*	无	*
图书馆	*	无	*	无	*	无	*
博物艺文	*	无	*	无	*	无	*
休闲	*	无	*	无	无	*	*
废弃物收集	*	无	*	无	无	*	*
废弃物处理	*	*	*	无	*	无	*
消费者保护	*	无	*	*	*	无	*
环境卫生	*	无	*	*	无	*	*
税捐稽征	*	无	*	无	无	*	*

资料来源：Wilson & Game, 2002：117.

■ 法国：中央集权制

　　法国与其他国家比较为中央集权的国家，地方政府只是中央政府在地方的分支机关。地方在宪法保障甚少。宪法第 11 章虽规定"地方组织"，但甚为简单，例如，宪法第 72 条规定：

　　1. 共和国之地方组织为县市（commune）、省（department）及海外领地（oversees territory）。所有其他地方组织（territorial unit）依法律设立之。

　　2. 地方组织，由民选议会依据法律规定实施自治。

　　3. 在各省及各海外领地内，政府所派代表负责维护国家利益、行政监督及法律之遵守。由此，地方所受的保障是来自于"由民选议会依据法律规定实施自治"。1982 年因有《地方分权法》，地方自治范围较先前为宽。

■ 美国：联邦制

美国是联邦国家。联邦及各州之间权限的分配，宪法在积极方面，列举联邦有某种权限；在消极方面，禁止各州行使某种权限。联邦权限采列举方式，而各州的权限则采概括方式。某一权限是否属于联邦，若有疑问，必须积极地证明宪法规定联邦有此种权限，而后这种权限才属于联邦。某一权限是否属于各州，只要消极地证明宪法未曾禁止各州行使这种权限，这种权限就属于各州。详细规定分述如下：

一、联邦独占的权限

凡事项的性质关系全国利益而须全国一致办理者，管辖的权限完全属于联邦，纵令联邦未曾行使，各州也不得行使，如外交、宣战、货币的铸造、国际贸易及州际通商的管理。

二、各州独占的权限

宪法未曾规定联邦行使而又未曾禁止各州行使者，当然属于各州（《美国宪法修正案》第 10 条），如各州教育、警察、地方行政、州内通商的管理、民法刑法的制定等。

三、联邦与各州共同行使的权限

有些权限虽然宪法规定由联邦行使，但是未同时禁止各州行使，联邦与各州得于一定范围内，各自行使本身的权限，如租税的征收、公债的筹募、法院的设置等。但是联邦与各州行使同一事项的权限时，如两个法律相互牴触，则联邦法律可推翻各州法律。

四、禁止联邦行使的权限

联邦的权限既然列举于宪法之上，则联邦所得行使的权限自当以宪法列举者为限。其不得行使的权限，宪法没有列举的必要。但是又唯恐宪法条文解释之后，可能发生种种问题，所以对于联邦不得行使的权限范围又加以明文规定，如联邦对于各州的出口货不得征收税金（《美国宪法》第 1 条第 9 款第 5 项），联邦于通商方面不得给予任何一州特权（《美国宪法》第 1 条第 9 款第 6 项），人民的信教自由、言论自由、出版自由、集会自由以及请愿权利不得限制（《美国宪法修正案》第1条）等。

五、禁止各州行使的权限

各州政府不得行使的权限可以分为下述两种：

1. 凡权限由各州行使但可能破坏国家统一者，绝对禁止各州行使之，如缔结同盟、订立条约、发行货币等（《美国宪法》第1条第10款第1项）。

2. 凡权限不应属于各州但是各州行使时，不致破坏国家之统一，各州政府经国会同意后，可以行使之，如各州未得国会同意，不得征收出口税与入口税等（《美国宪法》第1条第10款第2项）。

六、禁止联邦与各州行使的权限

在美国，不论联邦政府或各州政府，权力都是有限制的。许多权力乃保留于国民（《美国宪法修正案》第9、10条），除了国民用合法手段或革命手段修改宪法之外，联邦政府及各州政府均不得行使。例如，联邦与各州不得制定公权剥夺令（bill of attainder）与溯及法（ex post facto law）（《美国宪法》第1条第9款第3项、第1条第10款第1项）；不得颁布贵族称号（《美国宪法》第1条第9款第8项、第1条第10款第1项）；不得因种族或性别之不同，而限制人民的投票权（《美国宪法修正案》第15条第1款、第19条第1款）；非经过正当法律手续（due Process of law）不得剥夺人民之生命、自由、财产（《美国宪法修正案》第14条第1款、第5条）等。

七、权限分配及于该事项之立法权、行政权和司法权

联邦议会对于某一种事项若有立法权，则联邦政府对此有行政权，联邦法院对此有司法权。各州议会对于某一种事项若有立法权，则各州政府对此有行政权，各州法院对此有司法权，即联邦与各州对一定事项有独立完整的统治权。

八、权限的保障

宪法虽然分配权限于联邦与各州之间，而使联邦与各州的权限受到宪法的保障。但是联邦可用修改宪法扩充自己的权限，因此各州的权限保障仍视联邦宪法修改的难易程度而定。例如，宪法修正案通过后，尚须经各州批准，达3/4州批准时方能生效。且宪法修正案在联邦参议院表决时，各州有平等投票权。各州平等权非得该州同意，不得剥夺。因此，各州权限受到保障。

■日本：地方自治

日本中央与地方的权限分配在宪法列有专章（第8章）讨论，其内容为：

1. 关于地方公共团体组织及其经营事项，应依地方自治之本旨，以法律规定之（第92条）。

2. 地方公共团体，依法律之规定，设置议会，为其议事机关。地方公共团体之行政首长、议会议员及法律所规定之其他地方官吏，由该公共团体所辖地区之居民直接选举之（第93条）。

3. 地方公共团体有处理其财产、事务及行政之权限，并得在法律范围内制定各项条例（第94条）。

4. 仅适用某一地方公共团体之特别法，非依法律规定，获得该地方公共团体选民投票过半数之同意，国会不得制定之（第95条）。

■德国：联邦制

一、立法权的分配原则

德国联邦与各邦权限的划分在基本法中有很清楚的规定：

1. 基本法未赋予联邦立法权之事项，各邦有立法权（第70条）。

2. 联邦与各邦权限之划分，依基本法有关独占立法与共有立法之规定决定（第70条）。

3. 联邦独占立法事项，各邦惟经联邦立法明白授权，并在其授权范围内，始有立法权（第71条）。

4. 共同立法事项，各邦惟在联邦未行使其立法权时，并就其未行使范围内，始有立法权（第72条第1款）。

5. 共同立法事项，联邦基于下列理由之一，需要联邦法律规定时，有立法之权：

（1）各邦个别立法未能有效规定之事项。

（2）一邦法律规定，可能损及他邦或各邦利益之事项。

（3）保持法律或经济统一有此需要，尤其维持生活情况一律，而此生活情况超越一邦领域者（第72条第2款）。

二、行政权的分配

联邦国分配其行政权可为两种：①联邦对某事项若有立法权，则其执行权亦在于联邦，称作"直接行政"；②联邦只有立法权，而将执行权委托于各邦，称作"间接行政"。德国联邦虽有广泛的立法权，而其行政权则除联邦法律有特别规定之外，均委托各邦行使（基本法第 83 条）。只有外交、联邦财务管理、联邦铁路、联邦邮政、联邦水路运输管理，必由联邦直接执行（基本法第 87 条）。由此可知，德国联邦行政乃以间接行政为原则，而以直接行政为例外。

三、财政权的分配

财政权的分配在德国基本法中列有专章（第 10 章），为德国基本法特色之一（另外，日本宪法财政亦列为专章，此为该两国在第二次世界大战后复原很快的原因之一）。分述如下：

1. 联邦关于关税及财政专卖有独占立法权（基本法第 105 条第 1 款）。

2. 联邦关于下列事项有共同立法权，并有分配比率：

（1）消费税与交易税，但地方性之税，尤其是地价增值税与消费税，不在此限。

（2）所得税、财产税、遗产税与赠与税。

（3）不动产税，但厘定税率除外。

以上各税以联邦主张将其全部或一部充作联邦岁出，或有基本法第 72 条第 2 款之情形者为限（基本法第 105 条第 2 款）。

3. 联邦关于赋税立法，如其收入之全部或一部归于各邦或各社区使用者，应经联邦参议院之同意（基本法第 105 条第 3 款）。

4. 联邦与各邦在理财方面自给自足，互不依赖（基本法第 109 条）。

5. 邦税之保障。邦税之收入，在税收机关于各该领域内（地方收入）所收之税范围内，属于各邦。经联邦参议院同意之联邦立法，得详细规定特定税收划归地方收入及其分配额（基本法第 107 条第 1 款）。

6. 各邦财政合理平衡。经联邦参议院同意之联邦法律，应确保财政富裕各邦与财政贫弱各邦之间取得财政合理平衡，并对各乡、镇（乡、镇联合区）之财政能力及需要予以适当注意。该项法律应规定财政富裕之邦缴纳平衡款项，补助财政贫弱之邦保其平衡；该法并应明定要求平衡补助与缴纳平衡款项之条件，及决定平衡给付数额之标准。该项法律并得规定，由联邦以联邦经费补助财政贫弱之邦，以弥补其一般财政需要之不足（协款补助）（基本法第 107 条第 2 款)。

■ 俄国

联邦制俄国政府以 1993 年 12 月通过的新宪法中，明确指出联邦主体及权限：

1. 俄罗斯联邦之组成，有共和国、边区、省、联邦直辖市、自治省、自治区——各为权利平等之俄罗斯联邦主体。

2. 共和国（国家）有自己之宪法与法律。边区、省、联邦直辖市、自治省、自治区有自己之宪章与法律。

3. 俄罗斯联邦之联邦政体奠基于其国家之完整，国家权力制度之一致，俄罗斯联邦之国家权力机关与俄罗斯联邦主体之国家权力机关间管辖事项与权限之划分，俄罗斯联邦各民族之平等与自决（《俄罗斯联邦宪法》第 5 条）。

尽管俄国宪法规定采行联邦制，但是在实际的运作过程中，权力仍有集中化的现象。虽然省、边区议会代表是由选举产生，但是省、边区行政首长仍由总统派任，因而与西方联邦制的分权精神仍有差异。俄国地方的行政权仍操纵在中央与总统的手中，但是俄罗斯联邦有其专属管辖权范围（《俄罗斯联邦宪法》第 71 条），以及俄罗斯联邦与俄罗斯联邦各主体共同管辖权范围（《俄罗斯联邦宪法》第 77 条），均在宪法中明白规定。

一、专属于俄罗斯联邦管辖范围

1. 通过与修改俄罗斯联邦宪法及联邦法律，并监督其遵行。

2. 俄罗斯联邦之结构与领土。

3. 人与公民权利与自由之规范与保护，俄罗斯联邦内之国籍，少数民族权利之规范与保护。

4. 设立联邦立法、行政及司法权力机关体系及其组织与活动程序，组成国家权力之联邦机关。

5. 联邦之国家财产与其管理。

6. 确立联邦政策基本原则及俄罗斯联邦国家、经济、生态、社会、文化及民族发展领域内之联邦纲领。

7. 建立统一市场之法律基础；财政、货币、信贷、关税调控、货币发行、物价政策原则；联邦经济服务，包括联邦银行。

8. 联邦预算，联邦税捐，联邦地区发展基金。

9. 联邦能源系统，核子能源，核子分裂物质；联邦运输，交通道路，资讯与通信；太空活动。

10. 俄罗斯联邦对外政策与国际关系，俄罗斯联邦国际条约，战争与和平问题。

11. 俄罗斯联邦对外经济关系。

12. 防卫与安全，国防生产，武器、弹药、军事装备及其他军事财产出售与采购程序之确定，毒品及麻醉品之生产及其使用程序。

13. 界定俄罗斯联邦国界、领海、领空、排他性经济区与大陆架之状态并予以保护。

14. 司法制度，检察机构，刑事、刑事诉讼程序及刑事执行立法，大赦与赦免，民事、民事诉讼程序及仲裁诉讼程序立法，智慧财产之法律规范。

15. 联邦法律冲突处理法。

16. 气象勤务，标准规格，度量器，度量制，时间计算法；大地测量与制图；地理标的之命名；官方统计与簿记核算。

17. 俄罗斯联邦之国家奖赏与荣衔。

18. 联邦国家服务。

二、俄罗斯联邦与俄罗斯联邦各主体共同管辖范围

在《俄罗斯联邦宪法》第 72、73、75、76、77 条中，分列了属于联邦与联邦主体共同管辖之权力，最重要的是第 73 条以排除方式说明了联邦主体所具有的权力，包括下列几项重点：

1. 确保共和国与之宪法法律，边区、省、联邦直辖市、自治省、自治区之宪章、法律及其他规范性之法律文件符合俄罗斯联邦宪法与联邦法律。

2. 保护人民及公民之权利与自由，保护少数民族之权利，确保法纪、法制、社会安全、边境规则。

3. 土地、地下资源、水及其他天然资源之拥有、利用与处置问题。

4. 国家财产之划分。

5. 天然资源之利用；环境保护与经济安全之确保，特殊保护天然区；历史与文化古迹之维护。

6. 养育、教育、科学、文化、体育及运动之一般问题。

7. 保健之协作问题；家庭、母亲、父亲及儿童之保护；社会保障，包括社会安全。

8. 执行反灾害、天然灾难、流行病及其善后之措施。

9. 规定俄罗斯联邦税捐之一般原则。

10. 行政、行政诉讼程序、劳动、住宅、土地、水域、森林立法，关于地下资源与环保之立法。

11. 司法与执法机关之干部，律师与公证制度。

12. 保护人数极少之民族群体之历来居住环境与传统生活方式。

13. 设定国家权力与地方自治机关体制之一般组织原则。

14. 协调俄罗斯联邦各主体之国际与对外经济联系，履行俄罗斯联邦之国际条约。

在俄罗斯联邦管辖及俄罗斯联邦全权范围以外，但为俄罗斯联邦与俄罗斯联邦主体共同管辖之事项，俄罗斯联邦主体拥有国家权力之一切全权（《俄罗斯联邦宪法》第73条）。

三、各联邦主体权力

宪法规定，在俄罗斯联邦管辖范围以外及俄罗斯联邦与联邦主体共同管辖范围所拥有的权力之外，由俄联邦各主体行使全部国家权力。

第三节　地方自治

■ 英国地方政府

英国分为英格兰（England）、威尔士（Wales）、苏格兰（Scotland）和北爱尔兰（Northern Ireland）。威尔士、苏格兰和北爱尔兰均设有办事处，为虚级，称威尔士办事处（Welsh Office）、苏格兰办事处（Scotland Office）和北爱尔兰办事处（Northern Ireland Office）。

英格兰分大都会地区与非大都会地区。大都会地区除大伦敦（Great London）外，有大曼彻斯特（Greater Moncherster）、默西赛德（Merseyside）、中英格兰西部（West Midland）、泰恩-威尔（Tyne & Wear）、南约克郡（South Yorkshire）和西约克郡（West Yorkshire）。英格兰的地方政府有：

1. 首都，大伦敦政府（Great London Authority，GLA），其下有32个伦敦区（London Boughts）和一个伦敦市（City of London Corporation）。

2. 大都会地区有 36 个区议会（district council）。

3. 非大都会地区有：

（1）46 个单一议会（unitary council，没有下级地方政府）。

（2）34 个县议会（country council），其下有 238 个区议会（district council）（Wilson & Game, 2002：161）。

威尔士设 22 个单一议会（没有下级地方政府）；苏格兰设 32 个单一议会（没有下级地方政府）；北爱尔兰设 26 个单一议会（没有下级地方政府）。

英国地方政府采用权力一元制，各级地方议会为各该地方自治团体之唯一统治机关。以县为例，县的统治机关为县议会。县议会由县议员所组成。地方政府的组织方式，分三种：

1. 议长（council leader）加地方内阁（cabinet）：议员由选民直接选举产生，任期 4 年。议长系由县议员选举产生，每年改选 1 次，得连选连任。议长任命议员为地方内阁成员。县议会设有各种委员会，处理地方政府的行政业务，采合议制。

2. 市长（mayor）加地方内阁（cabinet）：市长由选民直接选举产生，内阁成员由市长任命，成员不限议员。

3. 市长（mayor）加议会经理（manager）：市长由选民直接选举产生，议会经理由议会任命，负责实际政务（Kingdom, 2003：613）。

■ 法国地方政府

法国地方政府，在 1982 年以前为两级：省和县市，1982 年以后为三级，省之上有行区（region），地方自治范围较大。其重要内容如下：

一、1982 年《地方分权法》

分行区（region）、省（department）与县市（commune）三级。

二、行区（共有 26 个，本土 22 个，海外 4 个）

1. 行区议会（Regional Council）：议员 31～209 名，任期 6 年。

2. 行区议长（President）：亦是行区行政区长，由议会选举产生。

3. 行区议会秘书处：处理行区一般事务。

4. 行区经济与社会委员会：系咨询机构，置委员 40～110 人，任期 6 年。

三、省（共有 100 个省，本土 96 个，海外 4 个）

1. 省议会（General Council）：省议员人数 17～109 名，任期 6 年，每 3 年改选半数。

2. 省议长（President of the General Council）：1982 年将原省长（Prefect）行政职移省议长，废省长。

四、共和国专员（Commissioner of the Republic）

1982 年废各省之省长，改设共和国专员，每行区亦设共和国专员。惟行区之共和国专员驻地之省，不另设省之共和国专员，由该行区之共和国专员兼理之。

共和国专员为：

1. 中央派驻行区或省之代表。
2. 监督中央政府下达之政令是否确实贯彻之权。
3. 有处理防卫、治安、民防之权。
4. 为行区、省、县市三级地方之仲裁者。
5. 有行区、省专员公署处理各项事务。

五、县市

1. 县市议会（Municipal Council）：泛指大大小小之社区议会，议员任期 6 年。
2. 县市长、副县市长：由议会选出，任期 6 年。

■ 美国：州

美国是联邦国家，所谓"地方自治"应指各州（邦）对联邦得以"自主"的权限。

一、自主组织权

凡地方团体的根本组织法由地方团体自由选择而制定者，称地方团体的自主组织权（right of self organization）。在美国，各州宪法均由各州制定，联邦宪法只要求各州采用共和政体（《美国宪法》第 4 条第 4 款）。

各州有州政府、州议会。州议会均采两院制，但内布拉斯加（Ne-braska）采一院制除外。上院称参议院，下院称众议院。

二、参政权

联邦最高机关有国会、总统及最高法院。国会之参议院完全代表各州，不问州之大小，每州均有参议员 2 人。此种平等代表权，非经各州全体同意不得变更。众议院议员虽依各州人口多寡彼此不能一律，但是每州至少有议员 1 人（《美国宪法》第 1 条第 2 款第 3 项）。而选举方法亦由各州议会定之（《美国宪法》第 1 条第 4 款第 1 项）。总统虽由人民间接选举，而各州选举"总统选举人团"时，并不是完全依照人口多寡，其人数乃与各该州所应选派的国会两院议员人数相等（《美国宪法》第 2 条第 1 款第 2 项），因此最小的州亦得选举"总统选举人" 3 名，由此预防大州操纵选举。最高法院法官虽由总统任命，但总统任命最高法院法官应征求代表各州的参议员同意，所以各州又得利用参议院监督联邦司法权的行使。

三、领土权

联邦须保全各州领土的完整，要在一州之内设立一个新州，或要合并数州或数州的一部分，成立一个新州，均应征求各该议会同意（《美国宪法》第 4 条第 3 款第 1 项）。

四、保护请求权

联邦须保护各州，防御外患，平定内乱（《美国宪法》第 4 条第 4 款）。外患来临，总统得以全国陆海空军元帅之资格（《美国宪法》第 2 条第 2 款第 1 项），调遣军队，保卫该州。各州发生内乱，该州议会得请求总统派兵平定之；倘该时议会适值闭会，该州政府有请求权（《美国宪法》第 4 条第 4 款）。

■ 日本：地方自治

一、《日本地方自治法》

日本政府于昭和 22 年（公元 1947 年）4 月 17 日颁布《日本地方自治法》，翌年 1 月 1 日施行。其特点为：

1. 行政机关除置都、道、府、县知事及市、町、村长外，复设有各种委员会及监察委员，处于相当独立的地位，分别行使特定的执行权，成为特别的行政机关，因此行政机关有分割之现象。

2. 地方议会对地方行政机关首长为不信任之议决，而首长不于法定期间内解散议会则应辞职，具有责任内阁制的意义。但地方行政机关对于议会制定的法案有异议时，得于法定期间内要求议会复议，是则于责任内阁制的安排下，又采用总统制的制衡办法。

3. 各级地方均有民选的议会，以为代议制的立法机关。但于代议制之外，选民又有创制复决之权，而且选民对于议会议员、行政首长以及其他行政人员得行使解职请求权。此外，选民得行使议会解散请求权，并有监察请求权。其直接民权行使之广泛，亦为各国所罕见。

二、地方政府层级

日本地方政府分为两级，第一级为都、道、府、县，第二级为市、町、村，东京都内又有区（见图8-1）。《日本地方自治法》第1条之2谓："地方公共团体为普通地方公共团体及特别地方公共团体。普通地方公共团体为都道府县及市町村，特别地方公共团体为特别区、地方公共团体联合组织及财产区。"其中东京都内的23个区虽然亦被视为"基础地方公共团体"，但是比起市町村，其权限却受东京都的更大幅度地限制。

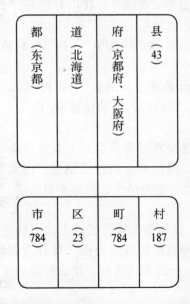

图8-1　日本地方政府层级图

资料来源：http://www.soumu.go.jp/gapei/.

三、地方政府组织

（一）地方自治权限

地方自治权限有下列四项：

1. 立法权：制定行政权行使上所必要条例的权力。

2. 行政权：地方处理公共事务、委任事务与行政事务的权力。

3. 组织权：在法律范围内设机关、置人员的权力。

4. 财政权：行政权行使所需要的经费之措施及有关支出之权力。

（二）地方议事机关

《日本地方自治法》第90条明文规定，各都、道、府、县议员人数以及各市、町、村议员人数，均依人口多寡定其数额。议员为直接民选，任期4年。由议员选出议长、副议长各一人。都道府县议会为处理议会事务，设事务局。地方议会均设各种常任委员会及特别委员会。地方议会之职权有：①议定权（议决各议案）；②同意权（同意各委员会人选）；③监督权；④意见提出权；⑤调查权；⑥请愿权；⑦不信任议决权。

（三）地方执行机关

1. 首长：在都道府县称"知事"，在市町村称"长"，由选民直接选举，任期4年，并得罢免。

2. 副首长：在都道府县称"副知事"，在市町村称"助役"，由首长提议后任命之，任期4年。

3. 财政主管：都道府县置"出纳长"，市町村置"收入员"各1人。町村得依条例不置收入员，由町村长或助役兼掌。

（四）委员会

设有教育委员会、选举管理委员会、人事委员会、公平委员会、地方劳动委员会、收用委员会、海区渔业调整委员会、内水面渔场管理委员会、农业委员会、固定资产评价审查委员会、监察委员会等。

（五）直接民权

《日本地方自治法》及其他法律，根据宪法所确立的民主政治最高原则，于选举之外，又施行多种直接民权的办法，可分为创制复决权——条例制定或改废请求权、罢免权——解职请求权、议会解散请求权、监察请求权四种。

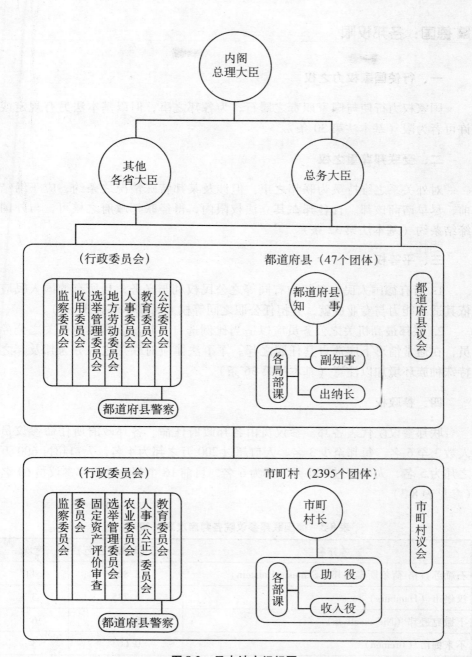

图8-2 日本地方组织图

■ 德国：各邦权限

一、行使国家权力之权

国家权力行使与国家职责之履行，为各邦之事，但以基本法另有规定或许可者为限（基本法第 30 条）。

二、受联邦尊重之权

对外关系之维持虽为联邦之事，但涉及某邦特殊情况之条约，应于缔结前，尽早谘商该邦。且各邦在其立法权限内，得经联邦政府之核可，与外国缔结条约（基本法第 32 条）。

三、平等权

1. 所有德国人民在各邦均有同等之公民权利与义务，且所有德国人民应依其适当能力与专业成就，有担任公职之同等权力（基本法第 33 条）。

2. 联邦最高机关之公务员应以适当比例选自各邦。联邦其他机关之公务员，在通常情形下应选自其任职之邦。军事法律应对联邦之区分为邦及邦之特殊种族环境加以注意（基本法第 36 条）。

四、参政权

联邦参议院代表各邦。参议员由各邦政府任命。各邦政府所任命参议员人数 3 至 6 名。每邦至少 3 名，人口超过 200 万之邦为 4 名，人口超过 600 万之邦为 5 名，人口超过 700 万之邦为 6 名，目前 16 个邦总计联邦参议员 69 名（参见表 8-3）。

表 8-3 德国联邦参议院各邦席次表（2005）

各邦名称	人口（1.000 百万）	席次
石勒苏益格-荷尔斯泰因邦（Schlesig-Holstein）	2.829	4
汉堡市（Hamburg）	1.735	3
下撒克逊邦（Nieersachsen）	8.001	6
不来梅市（Bremen）	0.663	3
北莱茵邦（Nordrhein-Westfalen）	18.075	6

续表

各邦名称	人口（1.000 百万）	席次
黑森邦（Hessen）	6.089	5
莱茵-法尔兹邦（Rheinland-Pfalz）	4.061	4
巴登-符腾堡邦（Baden-Wuertemberg）	10.717	6
拜恩（巴伐利亚）邦（Bayern）	12.444	6
萨尔邦（Searland）	1.056	3
柏林市（Berlin）	3.388	4
梅克伦堡-前波莫瑞邦（Mechlenburg-Vorpommern）	1.720	3
勃兰登堡邦（Brandenburg）	2.568	4
撒克逊-安哈尔特邦（Sachsen-Anhalt）	2.494	4
图林根邦（Tueringen）	2.355	4
撒克逊邦（Sachsen）	4.296	4
总额（2004 年 12 月 31 日人口统计资料）	82.501	69

资料来源：www.destatis.de/e_home.htm.

■ 俄国：地方自治

俄罗斯联邦内承认并保证地方自治，地方自治在其全权范围内独立自主（《俄罗斯联邦宪法》第 12 条）。在与联邦国家权力机关之相互关系上，俄罗斯联邦各主体彼此平权（《俄罗斯联邦宪法》第 5 条第 4 款）。

此外，在新宪法第 8 章中有地方自治的专章，指出地方自治的权限，约略有下列数点：

一、立法权

1. 在俄罗斯联邦内，地方自治确保居民独立决定地方意义之问题，拥有、利用及处置市有财产。

2. 地方自治由公民经由全民投票选举，其他直接表达民意之方式，通过地方自治之选举及其他机关行使之（《俄罗斯联邦宪法》第 130 条）。

二、财政权

1. 地方自治机关单独管理市有财产，制定、批准及执行地方预算，规定地方税捐，维持社会秩序以及决定其他地方意义之问题。

2. 地方自治政府可依法分享部分国家全权，并获得行使该权力所需之物质及财政资源。该权力之行使受国家监督（《俄罗斯联邦宪法》第 132 条）。

三、受联邦尊重之权

俄罗斯联邦内之地方自治因享有司法保护权利，国家权力机关决定所引起额外开支之补偿权利，禁止限制俄罗斯联邦宪法与联邦法律所规定之地方自治权利而获保证（《俄罗斯联邦宪法》第 133 条）。

至于宪法的修正与修订，可由俄罗斯联邦总统、联邦院、国家杜马、俄罗斯联邦政府、俄罗斯联邦各主体之立法（代表）机关，以及不少于 1/5 联邦院成员或国家杜马代表之群体提出（《俄罗斯联邦宪法》第 134 条）。对俄罗斯联邦宪法第 3～8 章之修正，则按联邦宪法法律之程序通过之，俟不少于 2/3 俄罗斯联邦主体之立法机关批准后即可生效（《俄罗斯联邦宪法》第 136 条）。

四、联邦与地方自治问题

由于省、边区行政首长仍由总统派任，而非由选民选举产生，即使在国家杜马有选举产生的代表，但是和西方国家之联邦制意义仍有差距，地方的行政权实际是操控在中央及总统手中。而即将在联邦会议审议的"地方自治法"，也仅涉及城市、乡村自治规则，未论及省、边区之行政首长选举。亦即，中央、省市、边区的行政系统是统一的命令体系。

俄罗斯联邦与各联邦主体实际运作情形出现"弱中央－强地方"的封建化现象，再加上联邦主体"民族"、"区域"之间出现的不均衡现象，普京欲以联邦制度改造的方式，一方面强化总统的执行权力，将数目不等的联邦主体整合在一个直接由总统监管的机制下；另一方面，透过降低"民族"联邦主体的政治地位，来缓和与区域联邦主体不平衡的现象。（赵竹成，2001：192）其具体方法，一为组建"联邦区"，发布《俄罗斯总统在联邦区的全权代表》的第 16724 号总统令，二是规范驻在联邦区的总统全权代表职权。这个计划的意义在于，将多个联邦主体整合在一个直属联邦总统的全权代表下，必扩大全权代表的权力，然后提出三项重要法案，《关于俄罗斯联邦会议联邦委员会组成原则》、《关于俄罗斯联邦各主体政府立法及行政机构组成原则》以及《关于俄罗斯联邦地方自治通则增修》，改造国会之上院，使其丧失代表联邦主体利益的宪法意义，压缩联邦主体在中央机构的影响力。

第四节　中央对地方监督

■ 英国

英国中央政府对地方政府的监督采用三种制度：

一、采纳法案（adoptive acts）制度

采纳法案制度是指，国会关于地方自治行政制定法律之后，地方政府得按照本地情况，因地制宜，斟酌采用之。

二、私法案（private bills, private acts）制度

私法案制度是指，地方政府关于地方行政，得提出法案于国会，以谋取某种特权（privilegium）。

三、条件法（provisional orders）制度

地方政府提出法案，须经过相当期间才做表决，所以在必要时得要求中央政府暂时承认其效力，尔后再由国会议决之。由此，英国中央监督地方行政之权乃在于国会。

英国中央对地方的行政监督方法有两种：

（一）认可

英国固然是用个别的法律指定管辖的事项，但是一方中央议会绝对不可因地制宜，制定许多不同的法律；同时，地方团体因财力及人力之不同，也不能执行全国一致之事务。因此，国会就不能不承认中央政府关于地方行政有一种认可权。例如，国会制定公共卫生法规之后，地方机关得制定其施行细则，但须经卫生部大臣认可。

（二）训令

地方政府执行职务之时，中央政府得依照自治法规，给予训令。例如，病疫流行之时，卫生部大臣对于地方政府机关得发布训令，促其防疫。地方政府若不肯履行国会或中央政府依法给予的义务，在英国，只能以执行的方法迫使第三者履行义务，而向该地方政府征收费用，或停止补助金的给予，

迫使地方政府愿意服从。若地方政府有违反法律之事，中央政府可以起诉于普通法院，以司法之力加以制裁。

■ 法国

一、立法监督

一般法律，如涉及中央与地方权益者，"在未公布前，得由共和国总统、总理、国民议会议长、参议院议长、60名国民议会议员或60名参议院议员，提请宪法委员会审议"（《法国宪法》第61条）。由此，中央可以监督地方事务。

二、行政监督

行政监督大致上有下列三种方式：

（一）共和国专员监督

共和国专员（Commissioner of the Republic）系中央派驻各行区及省之代表，其职权依宪法第72条为：①维护国家利益；②行政监督；③监视国家法律，地方应遵守。

（二）内政部监督

内政部管辖各地方行政，地方行政要受内政部的监督。

（三）中央行政法院监督

地方的政令是否符合国家政令，事先要请示中央行政法院意见，或事后要备查；如发现未能符合国家政令，中央行政法院签注意见，循行政系统，令其改进。

三、司法监督

地方行政事务如有违法情形，由相关当事人依诉讼程序提起行政诉讼，有地方行政法院、中央行政法院加以审理、裁判，令其改进。

■ 美国

一、司法监督

《美国宪法》中"法"的位阶最高，而联邦法又高于州法。凡州法抵触联邦法，倘其所抵触者为联邦宪法，州法当然无效。若其所抵触者为联邦法律，必须审查联邦法律有否抵触联邦宪法，最后审查联邦法律之权属于联邦最高法院。

二、行政监督

某一州法经联邦最高法院宣告无效之后，如果该州拒不受命，总统可用兵强制之。因为，总统须注意联邦法律是否忠实施行（《美国宪法》第2条第3款）；又须竭力维护联邦宪法（《美国宪法》第2条第1款第8项），州既然违反联邦宪法，而致联邦法律不得施行，总统当然可用兵力强制之。

■ 日本

一、立法监督

《日本地方自治法》明文规定：

1. 给予地方当局技术性的建议或劝告，使其有适当的考虑，俾有所助于地方公共团体之组织与管理合理化。

2. 给予地方当局之情报，使对于地方公共团体组织与管理之合理化加以注意。

3. 倘若需要，可使地方当局提出关于财政或生产、公文书及记账事务之报告，并审查其有关财政之事务，或承认其实际经营之收入与支出。

4. 注意地方公共团体事务之处理或地方公共团体首长事务之管理与行政有无违反法令之情形，或注意其执行事务之是否适当有无显著地损害公共的利益。例如，不合法之支出或公共财产之不适当处理，可以使利害关系之公共团体或其首长采用必要之手段，以改正或改进其不合法之事项。

5. 分担全部或局部之费用要求实行国家委托的事务，并对地方公共团体予以补助，以为支持此项计划者之鼓励。

6. 有权监督委托地方公共团体首长之事务，并有权暂行停止或取消不合法或不适当之处理。

7. 允诺地方公共团体之地方分担税，具有保证收入来源及地方财政之功效。

二、行政监督

日本总务省（其结构见图8-3）为地方政府之主管监督机关，下设自治行政局、自治财政局、自治税务局，以及地方财政审议会、国家地方系争议处理委员会。其对地方政府监督之权限为：

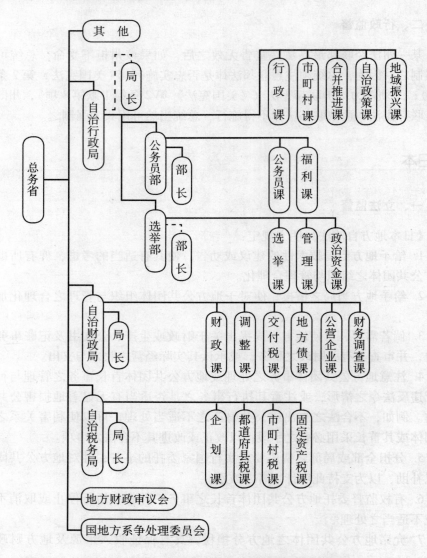

图 8-3 日本地方政府行政监督机关组织结构图

资料来源：http：//search. e-gov. go. jp/servlet/Organization？ class = 1025&objcd = 100145.

1. 设计并起草管理地方自治制度之计划、公共事务之各种选举等，并负责管理与指导之责任。

2. 维持中央政府与地方公共团体之间的联络与合作。

3. 协助地方公共团体实现地方自治之宗旨，并建立民主的政治。

4. 对于地方公共团体贷款之方法、利率，以及偿还之方法有所变更，须依政令所定之规则，得到自治财政局之许可。

■ 德国

一、立法监督

联邦可用立法的方式，监督各邦的行政与立法。在德国，联邦法律的效力在各邦法律之上（基本法第 31 条），所以各邦法律若和联邦法律规定同一事项相抵触部分，联邦法律可以推翻各邦法律。倘若各邦法律与联邦法律发生抵触，不问立法的先后，也不问法规的形式，联邦法律可推翻各邦的法律。各邦与联邦意见若不一致，由联邦宪法法院裁决之（基本法第 93 条）。

二、行政监督

1. 各邦若受联邦委托，执行联邦法令，联邦政府经联邦参议院同意可以发布一般性行政规程，派遣代表到各部最高机关监督，而得到该邦最高机关同意之后，或各邦最高机关不予同意而经联邦参议院同意，又得派往下级机关监督（基本法第 84 条）。

2. 各邦执行联邦法规，若有不妥之处，联邦内阁可以要求纠正。因此，各邦与联邦的意见若不一致，由联邦宪法法院裁决之（基本法第 84 条第 4 款）。

3. 联邦监督的范围包括执行方法是否合法与适宜。联邦政府为此得要求邦政府机关提出报告与文件，并得派员驻扎各机关（基本法第 85 条第 4 款）。

三、司法监督

联邦可用联邦宪法法院的判决监督各邦。

■ 俄国

一、立法监督

俄罗斯联邦宪法具有最高法律效力，直接适用于全俄罗斯联邦领土上。

俄罗斯联邦内可适用之法律及其他法律文件不得抵触俄罗斯宪法（《俄罗斯联邦宪法》第 15 条第 1 款）。

二、行政监督

1. 联邦行政权力机关为执行其全权得设置地方性机关，并指派相应之公职人员。

2. 如不违反俄罗斯联邦宪法与联邦法律，联邦行政权力机关可按照其与俄罗斯联邦主体行政权力机关之协议，把部分全权委托给后者行使。

3. 俄罗斯联邦主体行政权力机关可按照其与联邦行政权力机关之协议，把部分全权委托给后者行使。

4. 俄罗斯联邦总统与俄罗斯联邦政府依照俄罗斯联邦宪法确保联邦国家权力在俄罗斯联邦全境内行使（《俄罗斯联邦宪法》第 78 条）。

当机关之间发生争议时，俄罗斯联邦总统得利用相互协定之程序，以解决俄罗斯联邦国家权力机关与俄罗斯联邦各主体国家权力机关之间以及各主体国家权力机关相互间之争议。如未能取得协议性解决，他可将争执之解决送交相应法院审议。此外，俄罗斯联邦总统有权终止俄罗斯联邦各主体行政权力机关文件之效力，如该等文件抵触俄罗斯联邦宪法与联邦法律、俄罗斯联邦之国际义务，或在相应法院解决此一问题前损害人与公民之权利与自由（《俄罗斯联邦宪法》第 85 条）。

2000 年普京总统将俄罗斯联邦分成七大联邦管区，置总统全权代表，其职权包括：①管理辖区内联邦机关活动，监督警检情况；②与辖区内地方政府共同拟定辖区内社会经济开发计划；③监督辖区内地方政府对联邦法律、总统命令的执行情形；④调解辖区内联邦机关间的纷争；⑤纠举辖区内地方政府违法情形。

三、司法监督

由俄罗斯联邦宪法法院解决关于管辖范围之争端，包括下列三方面：

1. 联邦国家权力机关之间。

2. 俄罗斯联邦国家权力机关与俄罗斯联邦各主体国家权力机关之间。

3. 俄罗斯联邦各主体最高国家权力的纷争。

第九章 欧洲联盟的成立与发展

第一节 涵 义

自 1957 年西德、法国、荷兰、比利时、卢森堡、意大利六国签订罗马条约，成立了欧洲经济共同体，到 1993 年 1 月《马斯特里赫特条约》的正式生效，建立了欧洲联盟，迄今已经历了五十多个年头，而参与的会员国现今已扩增至 27 个国家。20 世纪 90 年代欧洲联盟的发展可说是多元且复杂的：一是《马斯特里赫特条约》的签署与生效扩大了欧盟各项政策的合作范围，在卫生、交通、工业、消费者保护等方面，显示出欧洲统合政策扩大的必要性与实然性；而欧盟及欧洲议会职权的扩大以及区域委员会的设置，均强化了欧盟组织的职权与运作程序，这也表示日后欧盟追求效率的提高、决策程序的透明化、民主合法性的增强，以及力求整体区域均衡发展的决心与努力。二是欧洲议会于 1998 年正式确认由英国、法国、德国、荷兰、芬兰、瑞典、丹麦、希腊、葡萄牙、西班牙、爱尔兰、卢森堡、奥地利、意大利、比利时 15 个国家申请加入欧盟。至 2010 年 10 月止共有 29 个成员国。

除了英国、瑞典、丹麦三国之外，其他国家为 1999 年 1 月 1 日发行欧洲单一货币欧元的创始会员国，并于 2000 年 7 月完成货币整合合作准备，而从 2002 年 1 月 1 日起开始货币的流通。另外在 2009 年，《里斯本条约》的生效成为欧洲宪法的先驱。

由此可知，欧盟经济整合中的经济暨货币联盟的发展，是区域经济整合理论中最高层次的发展。从学术上来看，欧盟的成立是欧洲领导人政治智慧的结晶，它提供了一个国际经济合作良好的模式，不论它的发展最后是成功还是失败，对未来世界区域经济整合的发展都极具启发性。从经济层面来看，对内而言，它会促使内部单一市场的形成、成本的降低以及利益的提高；对外而言，欧盟市场在世界上占有举足轻重的地位，足以影响各国的经济。由此，不难了解欧洲经济暨货币联盟之所以备受瞩目的原因。整体而言，欧元的诞生，可以说是人类经济史上重大的尝试，虽然它的前路仍充满困难，但在欧洲国家锲而不舍的努力下，成功的机率与日俱增。它的成败对我们而言都有决定性的影响，因此有必要了解欧盟重要机构，如欧洲议会、执行委员会、部长理事会、欧洲法院之组成、职权及功能，另一方面我们也必须掌握欧盟区域整合的走向、经济暨货币联盟的演变以及目前欧洲单一货币欧元的发展情形。

第二节　欧洲联盟之起源与发展

一、起源

1950 年法国外交部长舒曼（Robert Schuman，1886～1964）提出统合法、德煤钢工业的建议，因而奠定了欧洲共同体的基础；1951 年法国、德国、荷兰、比利时、卢森堡、意大利六国在巴黎签署设立《欧洲煤钢共同体（the European Coal and Steel Community，ECSC）公约》，并在 1952 年 7 月正式生效。煤钢共同体具有干预会员国经济的权力，但却是有限的，特别是关于投资和产量方面。

1995 年，煤钢共同体的会员国外长认为要建立一个强人统合的欧洲，首先就要建立经济领域的合作，能以发展原子能的和平用途以及建立欧洲共同市场为基本目标。1958 年欧洲经济共同体与欧洲原子能共同体条约生效并实施，并共同设置一个欧洲议会（European Parliament）、欧洲执行委员会（European Commission）及欧洲法院（Court of Justice）。虽然各自具备不同的法源基础，而且涵盖的任务范畴也不完全相同，但是上述的三个共同体的会员国在 1967 年签署设立欧洲共同体单一理事会与单一执行委员会的公约，亦称合并条约（Merger Treaty），将欧洲经济共同体、欧洲原子能共同体及煤钢共同体的部长理事会与执行委员会合一。

1986 年《单一欧洲法》（SEA）签订，并于 1987 年 7 月 1 日正式生效，以补充欧洲经济共同体中规定的不足，并确保共同体能采取任何必要的措施，早日完成内部单一市场（single maket）。1991 年 12 月欧洲共同体各会员国的领袖在荷兰南部马斯特里赫特城举行高峰会议，决定在政治、经济上全面规划共同体的整合，各国领袖在高峰会议中签订欧洲联盟草约，并在 1992 年 2 月正式签署批准，在 1992 年《马斯特里赫特条约》（Maastricht Treaty）中修改欧洲经济共同体、煤钢共同体及原子能共同体等条约，并将欧洲经济共同体（European Economic Community, EEC）改成欧洲共同体（European Community, EC）。这些演变说明了共同体已由经济结合的团体转变成一个具政治性的欧洲联盟（European Union, EU）。在此条约中，增列了对新领域政府间合作条款，增修《罗马条约》等3项条约，并提议成立欧洲政治联盟，来执行共同外交与安全政策；建立经济暨货币联盟（Economic and Monetary Union, EMU），来实施欧盟单一货币制度；并倡导欧共体共同公民权、加强司法与内政合作的步骤和目标，来缔造一个完全由全欧人民共同组成的联盟（王田河译，1991；陈丽娟，1997：2031）。

表 9-1　欧洲统合进程表

1951 年 4 月	法、西德、比、卢、意和荷兰共同签署设立欧洲煤钢共同体（ECSC）条约
1957 年 3 月	上述六国签署《罗马条约》，签约成立欧洲经济共同体（ECSC），另外签约成立欧洲原子能共同体（EAEC）
1967 年 7 月	成立欧洲共同市场（EC），整合欧洲煤钢共同体（ECSC）、欧洲经济共同体（EEC）以及欧洲原子能共同体（EAEC）。会员国：比利时、法国、西德、意大利、卢森堡、荷兰
1970 年 10 月	针对货币整合提出三阶段的具体方案
1973 年	英国、丹麦、爱尔兰加入
1979 年 3 月	创设欧洲汇率机制（ERM），除了英国其余都是正式会员
1981 年	希腊加入
1986 年	葡萄牙、西班牙加入
1990 年 7 月	经济暨货币联盟（EMU），第一阶段开始
1992 年 2 月	设立欧盟，并签署《马斯特里赫特条约》
1993 年 1 月	欧洲单一市场启动
1993 年 11 月	《马斯特里赫特条约》生效，欧盟正式成立
1993 年 1 月	经济暨货币联盟第二阶段开始，设立欧洲货币机构（EMI）
1994 年 12 月	单一货币的名称决定为"欧元"
1995 年 1 月	瑞典、芬兰、奥地利加入

1997 年 6 月	为了扩大欧盟，因而签署《阿姆斯特丹条约》，以修改《马斯特里赫特条约》
1998 年 5 月	1. 召开欧盟特别领袖会议，确认 11 个参加货币统合的国家名单 2. 宣布参与国家间的兑换税率 3. 设立欧洲央行，以决定货币政策，各国造币开始制造欧元纸币硬币
1998 年 12 月底	决定欧元加盟货币对欧元的固定汇率
1999 年 1 月	创设欧元货币，开设信用卡、支票等欧元户头，实施单一货币的金融政策。金融机构相互以欧元来清算。新公债全部以欧元发行
2002 年 1 月 1 日	过渡期，欧元纸币、硬币开始流通，各国回收货币。官方民间所有的交易改以欧元进行。2002 年 3 月 1 日起全面实施
2002 年 7 月 1 日	各国的纸币及硬币丧失法定货币地位，欧元成为名副其实的单一货币
2004 年 5 月 1 日	塞浦路斯、马尔他、拉脱维亚、立陶宛、捷克、爱沙尼亚、匈牙利、波兰、斯洛伐克等 10 国加入
2007 年 1 月 1 日	保加利亚、罗马尼亚加入
2007 年 12 月 1 日	《里斯本条约》生效

资料来源：http：//www.g8online.org 及 http：//en.wikipedia.org/ wiki/Timeline_ of_ European_ Union_ history.

二、欧洲各国加入的情形

在 1957 年 3 月，德国、法国、荷兰、比利时、卢森堡、意大利六国共同签订《罗马条约》，此条约决定成立欧洲经济共同体及欧洲原子能共同体。英国在初期并未参加任何的共同组织，但是在 20 世纪 60 年代，眼见欧洲共同体的六个创始国经济快速成长，关税同盟的益处日渐呈现，英国不断要求加入共同体。然而在法国总统戴高乐的阻挠下，未能如愿。1973 年共同体才通过让英国、丹麦、爱尔兰加入欧洲经济共同体的组织中；1976 年希腊、葡萄牙、西班牙也申请要求加入。1981 年 1 月希腊成为正式会员国，1986 年西班牙、葡萄牙正式成为会员国。后来陆陆续续申请加入者有瑞典、芬兰、瑞士、挪威、土耳其、奥地利、塞浦路斯、马尔他等国，1995 年瑞典、芬兰、奥地利正式加入。2004 年 5 月 1 日及 2007 年 1 月 1 日又分别有 10 个及 2 个国家加入，会员国共达27国。

表9-2　欧洲欧元进程年表

时　间	大　事
1951年	欧洲六国成立欧洲煤钢共同体，此提议是由当时法国外交部长率先提出
1957年	法、德、荷、意、比、卢六国根据《罗马条约》成立欧洲经济共同体及欧洲原子能共同体
1973年	英国、丹麦、爱尔兰加入欧洲经济共同体，但是挪威的选民由公投的方式否决入会案
1981年	希腊获准加入欧洲经济共同体
1986年	《单一欧洲法案》的签署生效，据此将在1992年年底之前实现成立欧洲单一共同市场的目标，而西班牙、葡萄牙也在当年加入欧洲共同体
1992年	《马斯特里赫特条约》揭开欧洲建立欧洲货币联盟与欧洲中央银行的目标
1995年	欧洲共同体正式更名为欧洲联盟，并允许瑞典、芬兰、奥地利3国入会，使欧盟成员加到15个
1998年5月2日	公布加入欧元体系的11个国家名单，确定欧盟之间的汇率，并决定欧洲中央银行总裁的人选
1999年1月1日	德、法、芬、荷、爱、西、葡、意、卢、奥、比11个国家开始采用欧元，银行与股市均以欧元来进行交易
2002年1月1日	2001年年初，希腊获准加入。欧元硬币与纸钞成为法定货币，各国货币自同年3月1日起成为历史，不得在市面上流通

资料来源："欧洲与欧元进程表"，载《联合报》1997年5月4日第9版。

三、欧洲联盟的现状

欧洲联盟（EU）是现今最大的区域经济体，参加的会员国有27个，总人口约为5亿，面积是432万平方公里，平均国民所得3万美元以上，它的贸易总额占全球贸易额的40%，总国民生产毛额的总值将近18万亿美元。

欧洲联盟的任务和目标，大体而言具有下列五项：

1. 促进经济与社会平衡、稳固进步，特别是实行共同体内无国境，加强经社联合，建立经济货币联盟及发行单一货币。

2. 建立共同外交和安全政策，形成共同国防政策，以强化国际地位。

3. 引进欧洲联盟公民权，以加强保障各会员国公民之权利与利益。

4. 加强各会员国间司法与内政合作。

5. 充分设立共同体一体适用之原则，并于此原则上继续完成欧洲统合过程（周幼明，1995：34～45）。

第三节　欧洲联盟之组织及职权

1992 年 2 月欧洲共同体的会员国在荷兰马斯特里赫特（Maastricht）签署了《欧洲联盟条约》（Treaty on European Union）。依此条约第 R 条第 2 项之规定，《欧洲联盟条约》原本定于 1993 年 3 月 1 日生效，然而在会员国批准过程中一波三折，最后才在 1993 年 11 月 1 日生效。

欧洲联盟的组织及职权经过多次的调整，才有今日的架构。其中较为关键性的变革有 1951 年的《巴黎条约》（Treaty of Paris），1957 年的《罗马条约》（Treaty of Rome），1965 年的《合并条约》（Merger Treaty），1986 年的《欧洲单一法》（Single European Act）及 1992 年的《欧洲联盟条约》。

本节将探讨欧洲联盟体系中的三大权力中心：欧洲议会、执行委员会以及部长理事会的人员组成方式、职权以及决策方式。由于上述组织在历次的条约签订中，其组成及功能亦随之变更，本节将重点放置在 1993 年《欧洲联盟条约》生效后的现状分析。

一、欧洲议会（the European Parliament）

（一）欧洲议会的组成

在 1979 年以前，欧洲议会的议员是由各会员国国会选出的议员组成。1979 年之后，改由人民直接选举。任期 5 年，连选得连任。各国的欧洲议会议员选举方式大都与本国的国会议员选举方式相同，至今已举行 4 次直接选举。除了英国采用单一选区相对多数决选举制度之外，其他各国则采用比例代表制方式产生代表（郭秋庆，1997：32）。议会席次的分配采取"综合比例"方式，即席位的分配不仅要考虑各会员国的人口比例，还须综合考虑民族间、公民之间、政党间的力量和利益，以及经济实力等因素（曾令良，1994：117）。

表 9-3　欧洲议会各会员国议员席位分配表（2010.2）

国　别	席位	国　别	席位	国　别	席位
德国	99	希腊	22	立陶宛	12
法国	72	匈牙利	22	拉脱维亚	8
英国	72	葡萄牙	22	斯洛文尼亚	7
意大利	72	瑞典	18	赛浦路斯	6
西班牙	50	奥地利	17	爱沙尼亚	6
波兰	49	保加利亚	17	卢森堡	6
罗马尼亚	33	芬兰	13	马耳他	5
荷兰	25	丹麦	13	合计	735
比利时	22	斯洛伐克	13		
捷克	22	爱尔兰	12		

资料来源：http://www.europarl.europa.eu/members/expert/groupAndCountry.do.

（二）欧洲议会的功能

欧洲议会的功能原本仅是咨询或充做论坛，然而在 1987 年《欧洲单一法案》与 1993 年《马斯特里赫特条约》生效后，欧洲议会的权责始有明显的扩大，大致包含下列五项（吴东野，1994：40~1）：

1. 与理事会共同决定欧盟的年度预算。

2. 执委会主席及各委员之任命，必须获得欧洲议会相对多数议员之同意。此外，经由 2/3 以上欧洲议员所通过之不信任案，即可要求执委会解散并重新经过任命程序。

3. 部长理事会在决定政策之前，欧洲议会得参与协商执委会草拟之工作方针与各项相关规定。欧盟若成立新的机构，其任务之确立或与第三国或国际组织缔结之条约等，皆须获议会之同意。

4. 议会对欧盟的政策具有监督权，它可向欧洲法院提请诉讼；或于欧盟其他机构侵犯到议会的职权时，得组成调查委员会进行调查。

5. 欧洲议会有权对部长理事会与执委会提出口头或书面质询。

（三）决策方式

1986 年的《欧洲单一法》赋予欧洲议会立法的"合作程序"（Cooperation Procedure），1992 年的《欧洲联盟条约》又再赋予"共同决策程序"（Codecision Procedure）。其运作程序是部长理事会接到执行委员会送交的立法草案，如果有下列立法项目便须采用"共同决策程序"，这些项目包括单一市场、劳工自由迁居、建制权、环境事务、研究与技术发展计划以及若干新增加的权力、消费者保护、泛欧网络导引，以及公共健康、文化、教育、在职训练与青年合作的奖励（Duff, et al., 1994：208～212）。

部长理事会依照"共同决策程序"将上述立法草案送请议会表示意见，若欧洲议会提出修正案并且成立，便交给部长理事会做成"共同立场"（Common Position）；倘不为欧洲议会所接受，则部长理事会就须召集成员与同额的欧洲议会议员组成"协调委员会"（Conciliation Committee），并邀请执委会委员代表参加协调，最后的立法草案须获得欧洲议会议员绝对多数同意才算通过。

换言之，在未取得妥协共识之前，部长理事会决策不能成为法律。由此可见，欧洲议会的权力正处于逐渐扩大之中（郭秋庆，1997：29～41；朱景鹏，1997：4～28）。

（四）政党运作

欧盟内部亦设有党团组织。欧盟各会员国政党为赢得选举进入欧洲议会，彼此之间就会建立跨国政党联盟（Party alliance）。依照欧洲议会议事规则的规定，每位议员依自己的政治信仰与倾向组成党团。一个党团的成立，其成员若属同一国籍，至少需要23名；若由两国议员组成，则只需有18名；至于是由三国或三国以上议员所组成的联盟则仅需12名。一位议员不得同时参加两个联盟。欧盟现有的政党联盟情形及获得席次见表9-4。

虽然如此，政党联盟因受限于下列因素而未能顺利朝向欧洲政党体系发展：①时常发生政党联盟内的政党分别参加不同的党团；②政党联盟因尚未建立制度化的运作，以致在欧洲议会内党团团结度不高；③政党联盟常因政党彼此的意识形态不同，时有争议情形发生（郭秋庆，1997：33～34）。因此，为使欧洲议会选举能够反应欧洲利益，使欧洲政党体系建立及制度化是件刻不容缓的工作。

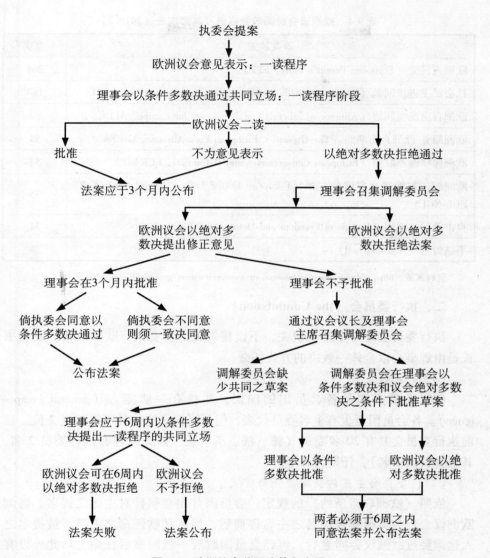

执委会提案

欧洲议会意见表示：一读程序

理事会以条件多数决通过共同立场：一读程序阶段

欧洲议会二读

批准　　　　　　　不为意见表示　　　　　以绝对多数决拒绝通过

法案应于3个月内公布　　　　　　　　　理事会召集调解委员会

欧洲议会以绝对多　　　　　　　　　　欧洲议会以绝对多
数决提出修正意见　　　　　　　　　　数决拒绝法案

理事会在3个月内批准　　　　　　　　　理事会不予批准

倘执委会同意以　　倘执委会不同意　　　通过议会议长及理事会
条件多数决通过　　则须一致决同意　　　主席召集调解委员会

公布法案　　　　　调解委员会缺　　　调解委员会在理事会以
　　　　　　　　　少共同之草案　　　条件多数决和议会绝对多
　　　　　　　　　　　　　　　　　决之条件下批准草案

理事会应于6周内以条件多数
决提出一读程序的共同立场

欧洲议会可在6周内　　欧洲议会　　　理事会以条件　　　欧洲议会以绝
以绝对多数决拒绝　　不予拒绝　　　多数决批准　　　对多数决批准

法案失败　　　　　法案公布　　　两者必须于6周之内
　　　　　　　　　　　　　　　同意法案并公布法案

图 9-1　欧洲议会共同决策程序图

资料来源：转引自朱景鹏，1997：19。

表9-4   欧洲议会跨国政党联盟及其席次表（2010.2）

政党联盟	席次
欧洲人民党（European People's Party，EPP）	264
社会民主进步同盟（Progressive Alliance of Socialists and Democrats，S &D）	184
欧洲自由民主同盟（Alliance of Liberals and Democrats for Europe，ALDE）	84
欧洲绿党-欧洲自由联盟（The Greens - European Free Alliance，G-EFA）	55
欧洲保守改革联盟（European Conservatives and Reformists，ECR）	54
欧洲统一左派暨北方绿色左派（European United Left - Nordic Green Left，EUL-NGL）	35
自由及民主欧洲（Europe of Freedom and Democracy，EFD）	31
不结盟者（Non-attached）	28

资料来源：http：//www. europarl. europa. eu/members/expert/groupAndCountry. do.

二、执行委员会（the Commission）

执行委员会是一个常设机关，下设秘书处，负责执行欧盟政策。其秘书长是由理事会以全体一致决的方式任命。

（一）组成

执行委员必须是各会员国的国民，并具有一般能力（general competence）。各会员国至少有1名委员代表，但是同国籍的委员不得超过2位。目前执行委员会共有20名委员（德、法、英、意、西五国各有执行委员2名，其他会员国1名），任期为5年。

（二）委员会主席的提名及任命方式

依照《欧洲联盟条约》的规定，会员国首先必须针对主席之提名，咨询欧洲议会，会员国和被提名之主席咨商后，提名其欲任命之人选。被提名之人选须经过欧洲议会同意后，再经会员国政府一致同意后任命之。此外设有副主席1~2名。

（三）委员会的组织

执行委员会的总部设在布鲁塞尔，其他的部门办公室设在卢森堡。执行委员会设有23个总署（Directorates，DGS）；分别为①对外关系；②经济行政事务；③内部市场与产业事务；④竞争；⑤就业企业关系与社会事务；⑥农业；⑦运输；⑧发展；⑨人事行政；⑩资讯交流及文化；⑪环境核安全与市民服务；⑫科学研究与发展；⑬电讯工业与改良；⑭渔业；⑮财政机构与公司法；⑯区域政策；⑰能源；⑱信用与投资；⑲预算；⑳财政控制；㉑关税联盟与间接税；㉒组织政策协调；㉓企业政策、经济行销、观光与合作。此外，执行委员会另设有 10 个特别行政单位，分别为①总秘书处；②法律服务室；③统计室；④发言人处；⑤消费者政策事务处；⑥人口资源及教育、训练、青年处；⑦翻译处；⑧传译暨会议处；⑨原子能供应代理；⑩安全局。

（四）职权

执行委员会的职权大致可分下列四项：

1. 提案权：执行委员会提案的事项范围甚广，它是欧盟中唯一具有立法提案权的行政机关。其有权向部长理事会提出相关政策、立法及完成内部单一市场之提案；执行委员会若不提案，部长理事会将无法进行决议，充其量仅能就其认为有益于共同目标达成之事项，要求执行委员会提出建议案。

2. 监督权：执行委员会除了提供监督意见，追诉以外，尚有权对于未依条约履行的会员国课以罚金。

3. 行政权：执行委员会与部长理事会有权制定"规章"（Regulation）、"指令"（Direwctive），做成"决定"（Decision）及提出"建议"（Recommendation）和"意见"（Opinion），并执行部长理事会所通过之决议。

4. 对外谈判交涉权：执行委员会第一总署（对外关系）是负责欧盟对外缔约谈判的机构。

三、部长理事会（the Council of Ministers）

部长理事会是欧盟的决策机构，拥有实际立法权，每年举行三次会议。部长理事会与欧洲理事会（European Council）经常并提，然而两者有显著不同。前者是由 15 国的内阁部长所组成，拥有最终通过法律权；后者是由各会员国国家元首或政府首长所组成，运筹帷幄欧盟的重大政策，一般所谓欧洲高峰会议（European Summit）就是指欧洲理事会。

（一）理事会组成

理事会是由各会员国各派一名部长级的官员所组成，成员并不固定。部长理事会的会议主席是由轮值主席国之相关部长召开。轮值主席国的产生是依照会员国字母顺序轮流担任，自 1996 年起其顺序为意、爱、荷、卢、英、奥、德、芬、葡、法、瑞典、比、西、丹、希，任期为 6 个月。

（二）职权

部长理事会的职权大致可分为两大项：①保证达成条约所列目标及各会员国一般经济政策协调；②部长理事会拥有决策权，对于经济共同体的两次立法拥有最后的决定权。

部长理事会的职权近几年有逐渐减弱的现象，其原因有二：

1. 依据《欧洲联盟条约》第 1896 条增加可"共同决策程序"的规定，在此程序下欧洲议会与理事会是拥有相当决议权的机构。换言之，部长理事会的决议权必须和欧洲议会分享。

2. 欧洲联盟条约也提供了相关机构协助理事会的职权运作。例如，货币委员会（Monetary Committee）协助部长理事会处理经济和货币之立法准备工作。

（三）会议决策方式

部长理事会的决策方式有三种：①简单多数决；②条件多数决；③全体一致决。目前部长理事会议多采全体一致决，尤其是涉及下列议题：①各国之法律协调；②关于欧洲社会基本的事项；③条约未规定而有行动必要；④法官及执委会委员人数之修改；⑤任命执委会与申请加入国及要求建立准会员国之各方进行谈判等较敏感性事务。

第四节　欧洲法院之组织及职权

一、沿革

欧洲法院（the Court of Justice）的成立系在 1957 年《罗马条约》签订时，会员国附带签订《欧洲共同体特定共同机构协定》，而将欧洲煤钢共同体（ECSC）、欧洲经济共同体（EEC）以及欧洲原子能共同体（EAEC）三个共同体之三个法院合并为一。

二、任务

欧洲法院主要任务是保障欧洲共同体条约之有效解释及适用。其所监督之事项，包括共同体的经济、原子能、煤钢等事项，并处理诉讼案件。

三、组织成员及职责

欧洲法院组织包括五种：法官、辅佐法官、书记长、法律秘书和语言部门。分述如下（王泰铨，1997：229～248）：

（一）法官（Justice）

法官共有 15 位，每个会员国各提名 1 人。由各会员国政府以一致同意方式任命。任期 6 年，每 3 年重新任命 7 至 8 位法官。任期届满改选部分法官（以抽签方式决定），退职的法官可重新任命。然而，当法官不能履行职务上之义务和不具备担任职位之条件时，必须解职（但以获其他法官或辅佐法官全体通过为原则）。其院长是由法官互选之，第一次选举时，如无任何一位超过半数者，则由得票数前两名进行第二次选举。院长任期 3 年，连选得连任。其主要职责为指示法院运作以及行政业务处理。

（二）辅佐法官（Advocate-General）

其主要职责是支援法官完成审判，但是仅能提供意见给法官参考，并不参与审判。辅佐法官共有 8 人，任期 6 年，无任何国籍之限制。大抵上，其任命、资格要求和解职情形均与法官相同。

（三）书记长（Registrar）

法院另设有书记官处（Registry），由书记长全权处理一切。书记长经由全体法官及辅佐法官同意后任命。任期 6 年，连选得连任。其主要工作有两大项：①处理法院诉讼程序事项；②处理法院内部行政事项。

（四）法律秘书（Legal Secretary）

法院组织内，每一位法官和辅佐法官均有 3 位法律秘书作为助手。其通常为法律学者，以帮助法官和辅佐法官审理案件为主要工作。

（五）语言部门（Lecturer）

语言部门主要职责为将法院判决及辅佐法官之意见翻译成八国语言，并参与法庭内之语言翻译工作。

四、职权

欧洲法院最主要的职权是解决欧盟内法律争端。其主体包括会员国之间、会员国人民与非会员国之间及联盟内之机构。

第五节　欧洲经济暨货币联盟

一、起源与发展

欧洲区域联盟的起源可追溯到 1957 年由法国、德国、荷兰、比利时、卢森堡及意大利共同签订《罗马条约》，依此条约设立了欧洲经济共同体及欧洲原子能共同体，此时就开始考虑共同规范各国的外汇政策；1970 年由卢森堡前总理维尔纳（Pierre Werner）主张创立一个货币及经济联盟，但一直未能付诸执行，直到 1989 年的道乐计划中正式定名为欧洲经济暨货币联盟，并进一步设立欧洲中央银行来发行单一货币。

初步将设立货币联盟的过程分成了三个阶段（陈怡平，1997：40 ~ 45）：

第一阶段（1990 年 7 月 1 日到 1993 年 12 月 31 日）

1. 1992 年 2 月欧共体 12 国签订《马斯特里赫特条约》；此条约是在增补 1957 年签订的《罗马条约》，并提出加入欧洲经济暨货币联盟的国家必须符合的条件，以及规划欧洲央行和欧洲货币机构的细节。

2. 1993 年 1 月 1 日起单一市场计划正式登场，各国的货物、劳务以及资本均可以自由进出，欧洲共同市场正式更名为欧盟（European Union，简称 EU）。

第二阶段（1994 年 1 月 1 日到 1998 年 12 月 31 日）

1. 1994 年成立欧洲货币机构，并选出第一届主席。此机构的职责是筹设欧洲央行，一旦 1998 年欧洲央行成立，欧洲货币机构将自动消失。

2. 1995 年 5 月欧盟理事公布绿皮书，其中为了顺利过渡到第三阶段，特别提出欧洲单一货币制度实施的预定目标。

3. 1995 年 12 月各国政府举行高峰会议，确定了单一货币的名称为欧元（Euro）。

4. 1996 年 12 月欧盟各国领袖通过支持欧元的稳定方案，并要求欧盟的成员应该注意预算数额，以免造成组织瓦解。

第三阶段（1999 年 1 月 1 日起）

自 1999 年 1 月 1 日开始实施建立欧洲中央银行体制的运作，并实施单一货币——欧元。

二、货币政策

（一）欧洲中央银行体系架构

在货币上，主要的改变为欧洲中央银行体系（European System of Central Bank，ESCB）的设立。此体系是由欧洲中央银行和各会员国的中央银行所组成，且由欧洲中央银行的决策机构所管理，是欧盟内部发行货币的唯一机构。只有各会员国的央行才可成为欧洲中央银行的股东，而且它的资本股份可反映出该国在欧盟内所占的总人口比例和所占的国内生产毛额比例的大小。而整个欧洲中央银行体系的领导阶层为欧洲中央银行理事会和执委会，理事会是由执委会成员和各会员国的中央银行总裁共同组成来颁布命令，做成决议，提出建议与意见；同时理事会也确定欧盟的货币政策，针对涉及货币政策的指导利率与资金提供的执行等颁布必要的准则；而执委会则根据理事会的准则及决议来执行货币政策（周月卿，1992）。

（二）欧洲中央银行的目标

欧洲中央银行体系以稳定物价为首要目标。在此目标下，依照自由竞争的开放市场经济原则，提升资源配置的效力，此乃经济及货币政策以及各机构应依循的方针。欧洲中央银行体系也被要求在不损害物价稳定的目标下配合欧盟一般的经济政策。

（三）欧洲中央银行体系的基本任务

欧洲中央银行的基本任务系订立并执行欧盟的货币政策，规范外汇的操作，持有并管理各会员国的官方外汇准备金，以及促进支付制度的顺利运作。另一方面，欧洲中央银行体系在持有并管理官方外汇准备方面，应该尽量不损害各会员国政府对其国内外汇收支平衡的持有和管理；欧洲中央银行体系并得通过欧洲中央银行的运作，发挥其咨询功能和搜集并整理各会员国统计资料的功用，并进行国际合作。欧洲中央银行体系应该促成有关当局对信用机构的审慎监督和金融体系稳定方面的政策平顺运作，并由部长理事会授权欧洲中央银行来进行。

（四）欧洲中央银行体系的组织

欧洲中央银行体系运作的一般原则是由欧洲中央银行的决策单位通过管理委员会及执行理事会来管理整个体系，欧洲中央银行体系组织的设计主要特性在于其独立性。欧洲中央银行、本国央行以及其任何决策机构的成员皆不应该寻求各欧盟机构、任何本国政府或其他机构的指示，而欧盟机构及各本国政府也应该遵守此原则，不要试图去影响欧洲中央银行以及本国央行决策机构成员的工作。

欧洲中央银行中的决策机构为执行理事会以及管理委员会，管理委员会系由 6 名执行理事会的成员加上 15 国央行首长而组成。在某些金融上的规定，需要采加权投票的方式来进行，但理事会及管理委员会的其他决定可采简单多数决来表决，在票数相同时主席有决定性的一票。

管理委员会的职责为订出指导方针并做出决定，以确保欧洲中央银行体系的任务得到履行。管理委员会应制定欧盟的货币政策，其中包括有关在欧洲中央银行体系下的中期货币目标、主要的利率和准备金的供给等决定，并应该为它的实施建立必要的指导方针。

欧洲中央银行应尽可能授权给各会员国的中央银行，以便执行各项货币政策的实施及操作；在欧洲中央银行体系下进行任务的交派，欧洲中央银行可对其制定规则、决定并提出建议或表达意见。

虽然欧洲中央银行的权限很大，但仍是有所限制的。在《马斯特里赫特条约》第 109 条中，即将汇率政策的责任划分分给部长理事会及欧洲中央银行。此条款所规定的主要有两个部分：第一，部长理事会可以一致决为欧洲通货单位（ECU）与非欧盟货币间的汇率制度缔结条款，它必须咨询欧洲中央银行，以努力求得与稳定物价目标一致化的结果，但其协定对欧洲中央银行具有约束力，即使干扰物价稳定的目标，欧洲中央银行也必须执行；第二，部长理事会可以和非欧盟国家货币间的汇率政策采取"整体定位"，但不得违反物价稳定的目标。在部长理事会采取上述任何一个步骤之前，欧洲中央银行显然都可以自由地决定是否干预外汇市场，然而一旦部长理事会有所行动，欧洲中央银行的自治权将受到限制。这不只是在汇率的管理方面，货币政策的规范上也是如此，因为对外汇市场的干预将影响货币的供给，自然也连带影响货币政策。

表 9-5　欧洲中央银行之特质表

目　　标	此制度的主要目标是在维持物价稳定，在不损此目标之下，此制度应该支持欧盟的一般经济政策，并配合自由竞争的市场
独 立 性	欧洲中央银行会员国的中央及其任何决策机构的成员，皆不应该寻求任何欧盟机构、任何会员国的政府或其他机构的指示；而欧盟机构及各会员国的政府，也应该遵守此原则，不要企图去影响欧洲中央银行及会员国央行决策机构成员的工作

理 事 会	总裁、副总裁以及其他市民成员
委 员 会	理事会成员加上 15 个会员国央行的首长
任职年限	8 年，不可连任
任职程序	欧洲高峰会派任，应该咨询管理委员会及欧洲议会
表 决	每位成员一票，票数相同时总裁有打破僵局的决定性一票，其加权投票适用于资本、外国资产的移转以及所得分配等议题
信用工具	欧洲中央银行有权力： 1. 以现金买卖或在买回协议请求权及市场工具下于金融市场上进行操作，不管以欧盟或外国的货币及贵重金属进行运作皆可； 2. 与信用机构及其他市场参与者进行信用操作； 3. 由欧洲中央银行本身或会员国的央行为公开市场之操作，及信用建立总体原则包括条件的公告，在其之下欧洲中央六银行可进行交易； 4. 要求信用机构在欧洲中央银行及各会员国央行内的账户中应放有最少的准备金，有关所要求的最少准备金的计算及决定由管理委员会来做决定； 5. 对于违规者征收罚锾，并对可比较的冲击加以制裁； 6. 配合《马斯特里赫特条约》第 109 条的规定来规范外汇的操作，委员会对货币控制未做特定的方法具有决定权； 7. 欧洲中央银行和各会员国的央行，不应该同意对欧盟机构各政府或其他会员国的公共单位透支行为，或其他形式的信用进行通融贷款，或直接购买上述单位的债务信用进行通融贷款，或直接购买上述单位的债务信用工具

资料来源：周月卿，1993：350。

（五）欧洲中央银行体系的货币功能及操作

欧洲中央银行及各会员国的中央银行可用欧盟内的货币或其他国家的外币做买卖，即期外汇、远期外汇或是在买回协议下及借由借贷款的请求权和市场工具，在金融市场上进行操作。除此之外，应规范与银行和其他机构间的信用操作，其放款须以适当的担保品为基础；而欧洲中央银行或会员国的央行应为公开市场操作以及信用的操作来建立一般性原则，使欧洲中央银行在此之下进行交易，欧洲中央银行应要求各会员国的银行在欧洲中央银行或各会员国中央银行内的账户中置有最少的准备金，且可以对不遵从的会员国处以惩罚性罚锾，至于应放置多少准备金则交由管理委员会来决定。

在公共实体的关系方面，欧洲中央银行以及各会员国的中央银行不应同意对欧盟机构、各政府或其他会员国的公共单位的透支行为，或是对任何其他形式的信用进行融通贷款，或直接购买上述单位的债券。兹将上述用表加以简述。

第六节　加入欧盟的条件

根据《马斯特里赫特条约》的规定，欧洲经济暨货币联盟最迟在 1999 年 1 月 1 日成立，届时会员国的货币相对于单一货币——欧元将采取固定汇率，各种金融资产将以欧元为计价单位发行，且在 2002 年 3 月 1 日至 6 月 1 日欧元纸钞及硬币将完全取代各个国家原有的货币。至于欧盟国家若想要加入欧洲经济暨货币联盟，必须最晚在 1997 年要达到"一致性标准"才可允许加入（陈怡平，1997；周月卿，1993）。

一、一致性标准

（一）物价稳定标准

物价稳定标准是指，会员国的消费者物价成长率不得超过欧盟 3 个最低国家的平均值再加上 1.5 个百分点。

（二）财政健全标准

财政健全标准是指，会员国的预算赤字占国内生产毛额的比重不得超过 3%，而且政府的负债余额占国内生产毛额的比重不得超过 60%。

（三）长期利率标准

长期利率标准是指，会员国的长期利率不得超过消费者物价上涨率最低的 3 个会员国的长期利率平均值再加上 2 个百分点。

（四）汇率稳定标准

汇率稳定标准是指，会员国的汇率波动应该维持在欧洲汇率机制的中心汇率上下 2.25% 以内至少达 2 年。

二、加入单一市场发行欧元的评估

现在已确定发行欧元的国家为法国、德国、荷兰、芬兰、比利时、卢森堡、意大利、希腊、西班牙、葡萄牙、爱尔兰、奥地利 12 个国家。

第七节　欧洲货币整合问题

一般而言，欧洲单一货币的形成有助于降低欧盟地区内的交易成本、消除汇率风险、增强企业间的竞争，以及促进欧洲金融市场的整合。此外，近年来欧盟国家为了达到一致的标准，在稳定物价与健全财政等方面所做的努力也使得长期利率水准显著下降，这些措施有望提升欧盟经济成长潜力。

但是，近年来法德等欧盟核心国家景气复兴缓慢，导致紧缩财政的工作倍感艰辛，不易达成《马斯特里赫特条约》中所规定的财政健全标准。除此之外，法、德两国对于解释"一致性标准"的严宽不同，以及对欧洲中央银行的角色定位与欧元币值强弱所存在的歧见等。再加上欧洲联盟要实现经济暨货币联盟必须要满足：首先，会员国必须符合《马斯特里赫特条约》所规定的整合标准；其次，进入经济暨货币联盟第三阶段的国家，必须要有发行单一货币的政治意愿，等等。这些因素都增加经济暨货币联盟能否如期在1999年顺利成立的不确定性。

目前欧洲货币整合遇到了一些问题，综合说明如下（周幼明，1995：3445）：

第一，如果严格地审查欧洲联盟国家发行欧元的"一致性标准"，则发现很多国家很难完全符合其标准，所以对其标准的审核应予以放宽，从宽解释《马斯特里赫特条约》的"一致性标准"。近年来欧盟国家积极致力于削减赤字，使得他们的财政状况有显著改善的趋势，而且由于欧元汇率变动应该和消费者物价上涨率的关系密切。因此，在欧盟国家普遍达成前两项标准的情况下，可采取较弹性的做法。

第二，德国及法国对解释"一致性标准"的严宽、欧元币值强弱以及欧洲央行角色的定位方面仍存有相当的歧见。法国要求从宽解释"一致性标准"，让更多国家加入发行单一货币，避免某些国家被排除在外，而导致他国的货币贬值，进而影响法国本身的出口竞争力；但是德国却认为应该严格执行《马斯特里赫特条约》，避免某些国家财政状况不佳，因而会导致欧元币值弱势。另外，法国强调会员国对欧洲央行应该有制衡的力量，以免货币政策过于注重稳定而忽略成长的重要性；但是，德国却希望欧洲央行具有绝对的独立性。

第三，1997年6月所公布的民意调查，反映出一般民众并未像政治人物热衷于货币整合，一部分是受到欧洲近年来经济不理想，再加上德国的人民基于民族情感不愿意被欧元所取代。德国希望法国能放弃其政治主权来交换德国的放弃货币主权。

第八节　欧元的发行

欧盟已于 1999 年 1 月 1 日发行单一货币欧元，欧元的诞生已对"冷战"后的世界经济和政治都产生重大的影响。首当其冲的就是美国。美国是当今世界上第一经济强国，在目前的外汇储备中就有 61% 是美元，若将欧洲联盟诸国的货币作为外汇储备，仅占 21%，日本则占 7%，但欧元的方便性、区域经济力和影响力则远超过美元，导致许多国家可能会抛弃美元，改采欧元来作为本国的储备货币。这些情形均会使美元的国际地位大为削弱。美元为国际货币中介货币的信用亦将减少，因为欧元的支持背景（诸如发行债券、外汇交易、世界贸易）都与美国相当类似。

一、对欧洲本身的影响

欧洲单一货币欧元的实施，政治意味比经济意涵更为重大，但是欧洲联盟的人民并不十分关心，因为他们本身正面临居高不下的失业率，而欧元的发行无法明显地看出能够创造新的就业机会。因此，不论欧洲经济成就有多大，普遍并不被认为能促进经济繁荣。

欧元推动的时期正值欧洲经济不景气、失业率高的时期，再加上为了符合加入欧洲货币联盟的条件必须实施紧缩政策，因而欧元的前景并不被看好。此外，稳定暨成长公约纪律对各国的影响超过单一货币的实施，加上劳动力市场是否进行结构性的改革，各国因此争论不休。这些均显示当时欧洲的人民对欧元新时代的来临并未充满信心。所以欧元的成败端赖于相关国家能否创造就业机会与经济成长。

就短期而言，从 1999 年到 2002 年的三年缓冲期间，企业必须同时采用两种货币，如此会造成沉重的成本负担。欧元的改制，也有可能会造成货币流通以及交易的混乱，因而延长转换的期限。就中长期而言，单一货币实施后，欧元刺激各国的价格竞争，价格趋于透明化，各会员国的商品价格趋于一致，使得产业之间的利润将受到影响，同业之间的竞争将愈来愈激烈，而且厂商获利减少。为了迎战激烈的市场竞争，企业并购、相互投资以及进行策略联盟的现象将一一呈现。

　　尽管欧洲货币的统合必须付出相当的成本和风险，但是它也将带来相当大的经济利益，这也是为什么各国的领袖极力争取发行单一货币。简言之，这些经济利益包括（朱景鹏，1994：21～45）：

　　1. 促进单一市场各国的经济贸易活动，进而增加整个欧洲对世界的影响力。单一市场内的各国货物劳务活动可以自由地进出国界，贸易壁垒的消除再加上使用单一货币，使得各国间的贸易往来更加透明化。单一市场内的消费者可以自由的比价，有助于欧盟各国的企业提升其经济以及经营效率。欧元在美元及日币之后成为另一强势的货币，那么欧盟在国际间的相对地位不容忽视，它对世界的影响力也因而增加。

　　2. 欧洲央行的强势债信有助降低利率促进投资。虽然目前各国的央行都致力于稳定该国物价和控制通货膨胀的问题。从较高的利率可看出市场对各国的努力并不完全信服。欧洲央行设立之后，预期对各国的通货膨胀等问题较具规范力，而且它的控制成本将较低，反映在国际金融市场上就为较低的利率水准。

　　3. 单一市场的消费者不必兑换外汇，可免除外汇兑换的手续费。单一货币的实施表示到单一市场的国家旅行，消费者不必再兑换当地的货币，可以节省兑换手续费；对企业而言，则表示单一市场国家之间没有汇兑风险的存在，所以不再需要任何避险的交易。

　　4. 为未来的欧盟各国政治合作铺路。目前欧盟各国注重在经济等实质面的合作，如果未来单一市场运作顺利，将有助于各国政治层面的合作。欧洲联盟国家选择欧洲汇率机制（ERM）的中心汇率作为 12 国的货币兑换的标准，欧洲汇率机制是为了促进汇率稳定，以便利欧元诞生。总体而言，欧元对内的汇率都是固定的（包括每个会员国对欧元的兑换汇率），欧元可以消除会员国之间经贸投资的风险，但是欧元对外的汇率是浮动的，因为欧元体制的货币会在国际汇市上自由地交易。

　　前已提及，欧洲单一货币实施的时间分成三个阶段：1998 年为第一阶段，除了确认欧元创始国之外，并成立欧洲中央银行，决定采用欧元国家的现行货币兑换欧元的汇率；第二阶段，自 1999 年 1 月起为期 3 年，已非现金的形式来引进欧元，并且在 3 年之内完成清算、支持制度运作等任务；第三阶段，自 2002 年 1 月展开，欧元正式流通。

二、美国与欧元

现今全球经济正低迷，而亚洲、日本的经济也很低迷，很有可能会动摇欧洲的货币整合。欧元的稳定仍有赖于美、日经济的活络。虽然目前实施货币整合最大的动力是削减欧洲各国的财政赤字，但是美国的经济扩张，资金大量流入欧洲市场，投资欧洲市场内的民营化企业，并且持续不断地吸收来自欧洲的出口商品。因此，欧元能否建立它的地位，美国经济的动向会是关键。若是美国经济衰退，其冲击将通过金融市场贸易，对欧洲造成冲击。

欧元的登场，对美国而言，意味着竞争货币的突然出现，而庞大的贸易赤字可能会影响美元目前独大的情势，再加上欧洲各国央行以汇率存底会大幅缩小，因此会有大规模的美元外汇存底释出，造成美元走弱，此举也将影响央行以及各国银行美元外汇存底的比率。

三、对亚洲的影响

初期许多欧洲的投资人为了分散风险，可能会把部分的资金投入亚洲的股市和债市，反而使得亚洲的货币较富吸引力；在贸易方面，欧洲与亚洲的贸易比重向来低于欧洲和美洲之间的贸易量，欧元登场后，欧洲各国区域内的贸易量将大幅成长，这样使亚洲各国对欧洲出口的困难度增加。特别是如果欧元在初期时保持弱势，欧洲对亚洲的出口竞争力将大幅提高，不过，亚洲各国经过金融风暴的冲击后币值大贬，东南亚各国货币纷纷与美元脱节，或许因此减低了欧元的冲击。

经济持续低迷的日本，比起美国过热的经济，更令人担忧。日本经济若进一步下滑，将导致亚洲经济危机再度兴起，进而使美国经济动摇，因而波及亚洲。欧元可能促使日元地位的降低，亚洲国家因为货币危机而动用外汇存底，各国的日元资产也在此情况下减少了，因为日元贬值，再加上日本公债值利率创下新低，使得以日元作为外汇存底的可行性降低，若日本要防止此情况的发生，除了金融大幅改革及充实日元的短期债券市场之外，还要靠日本本身的努力。

四、建立单一货币欧元存在的问题

建立单一货币欧元所存在的问题大约有下列三项：

1. 多数国家是否愿意将本国经济政策交给一个定位与责任都相当模糊的机构（在政治上没有定位而且不必也无须负责的机构），若是否定的话，是否表示在财经统合之后就得进行政治统合？

2. 各国的经济发展很不平衡，富有国家是否能够忍受贫穷国家的拖累？

3. 欧盟现有正式成员国 15 个，实行单一货币的则有 12 个，体制内与体制外的国家如何在经济上做调整，是否会走向分裂呢？此外，由谁担任央行总裁与其任期？过去 4 个月来，法、德领袖频繁接触，最后妥协决定由杜森柏格及特里谢来共享首任总裁的任期。杜森柏格虽为首任欧洲央行总裁，但他在 2002 年前退休，并且由时任法国央行总裁特里谢接任。在法国总统希拉克的坚持下，特里谢可做满 8 年的任期。此决议遭受到金融市场及英国媒体讥讽，因为在欧洲经济暨货币联盟（EMU）的立法基础中规定，欧洲央行总裁八年一任，任期不得分割。欧盟国家若是分割央行总裁的任期，或延后推举人选都会破坏欧洲经济暨货币联盟（EMU）的威信，以及破坏欧洲央行的政治独立，并打击投资人对欧元的信心，动摇金融市场对欧元体制的信心。

欧盟两大国发生意识形态的冲突，法国主张政治力量应该高于欧洲央行，而德国则坚决主张欧洲央行一定要彻底独立。在欧洲央行总裁一职之争中，更突显出法德的历史情结。法国与德国之间的历史恩怨由来已久，自 1870 年的普法战争以来，即存在不少的历史情结，在第一次世界大战和第二次世界大战期间，法国曾经两度被德国征服占领，法国始终无法根除对德国的历史不信任感，唯恐德国将主宰欧洲。虽然第二次世界大战后，法国和分裂后的德国逐渐修好，双方都主张欧洲统合，但是法国主张统合的动机是鉴于西德在 20 世纪五六十年代经济迅速复兴，为了压制西德才主张欧洲统合。西德则是希望借此脱离因纳粹历史而遭遇的孤立。

到了 1980 年后期，法、德之间重大政策性歧见开始浮现，当时法国总统密特朗强烈主张应该迅速创立欧洲单一联盟，但是德国总理科尔反应冷淡。直到 1989 年柏林墙倒塌，密特朗不愿意见到两德统一，从中阻挠，并以两德统一为筹码向科尔施压，强调其对两德的统一具有否决权，迫使科尔放弃以马克作为欧洲单一货币的主张。由于当时的情势所逼，科尔只好屈服于法国所提出的条件之下，与法国为主要盟友。其实《马斯特里赫特条约》只有一个真正的目的，那就是摆脱马克独大的局面，以免德国统一后的经济影响力与日俱增。

综合上述分析，可以看出欧盟国家为了达成货币统合大业，的确付出了许多代价，但是在欧洲货币的整合方面仍存在不少的问题。长久之计，欧盟国家更应该捐弃成见，加强宣传单一货币的观念，使大家都能够接受继而在 1999 年正式发行欧洲单一货币欧元，顺利于 2002 年完成货币的整合。

第九节　小　结

　　经历了四十多年的挫折与努力，欧洲终于在 1999 年迈出政经统合的一大
步——成立欧洲单一货币。欧盟国家之所以如此努力地追求经济与货币政策
的单轨化，除了希望促进欧洲市场内部的经贸繁荣之外，更希望奠定欧洲各
国团结合作的基础，借以消弭引发两次世界大战的种族歧视与意识形态分歧，
希望借由欧洲一统来确保欧陆不再发生战乱。

　　随着欧盟货币的统一，欧元已取代欧盟各国现有的货币，成为金融资产
以及国际贸易的计价单位，同时世界各国的央行持有欧元作为外汇准备的意
愿也逐渐增强，所以欧元在国际货币体系的地位将凌驾于目前的德国马克之
上，甚至可能和美元相互抗衡。此外，欧洲经济暨货币联盟成立后，可能致
力于物价稳定及财政健全，将有助于欧盟利率水准以及欧元汇价的稳定，进
而促进全球贸易扩张及经济成长。

第十章 结 论

政府的结构,从"政策过程"的观点,正如德罗尔(Dror,1968 年)教授所言的,①要注重这个结构能够吸纳充实的知识和能力,而且这些知识与能力要"相辅相成",发挥成为力量,而不是相互抵制、限制、牵制。②要能使每一个职位与每一过程中所能发挥的知识与能力"权责相符"。权力、责任、民意要相配合。如此,"政策过程"才有力量,才能产生好的政策。③加上在国际上有竞争的能力(张世贤与陈恒钧,1997:第 9 章)。

第一节 相辅相成

各国政府的组织结构,已进入 21 世纪的过程中,已看出其发展的轨迹,不在内外部"相互牵制"、"相互对抗",以保障人民的自由权利,而在"相辅相成"各自彰显各职位、各机关的优点,彼此相互配合、合作。如此,方能各显神通,为民服务,消除民生疾苦。以本书所探讨的各国为例:

一、英国

英国的贵族院议员并非由选举产生。他们没有民意基础,却有崇高职位。在英国,并没有人指责他们是天生的"某某贼",而他们都以尊荣、高贵、宽厚、忠诚得有其位,虽无实权。立法权已实际掌握在平民院。平民院议员必须紧密与选区选民结合在一起。任期原则上为 5 年,但随时可以改选,而且改选于平民院解散后三周内完成。任何一位有心仕途者都只能靠平素勤于耕耘选区,无法"临时抱佛脚",亦因他们随时接受挑战,而享有大权——国会至上。平民院议员随时处于紧张选举压力状态,心态上便容易急功近利、心胸狭小,因而要有贵族院议员的宽厚、稳健来陪衬他们,相辅相成。

二、法国

法国人个人主义色彩很重,每个人几乎都充满了浪漫英雄主义。在第三共和国和第四共和国时代，与其说他们是采"内阁制"，不如说采"山头林立"制，在国会大家彼此相互倾轧，内阁如何能稳定？在第五共和国时代，不得不将"山头林立"与"多数决"相配合，其表现在选举制度上是采"两轮制"，在第一轮的投票，放任各政党展现其政党实力，实现其山头林立的英雄主义；等到第二轮的投票，则收了心，重点放在多数决，理性考虑哪个党与哪个党的结合较可联合成优势，获得多数选票而能当选。

三、美国

美国是标准的多元"相辅相成"。政治的舞台，人人有份，人人有机会，不会所有的机会和职位一面倒向某个人和政党。某政党若主掌联邦，另一政党可能则在地方争胜。某一政党获有行政权，另一政党则在立法权或司法权获得优势。

某一政党在参议院有优势，另一政党则在众议院占主导。某一政党在大选年告捷，但却在期中选举失利。美国政制的设计，政治机会多得很，而且不曾只有一次，并且不会一面倒，使这个国家的政治人物能够和乐相处，不走极端。

美国总统制之精髓，在现在的意义，并非"行政权"、"立法权"、"司法权"之相互"制衡"，而是需要三者的相辅相成、相配合，如果不能相互配合，大家便成不了事。

四、日本

日本人是很懂得将中国的内心情分、西方的冷峻"法理"以及"成就取向"的竞争融合得恰如其分的国家，也就是这三种成分"相辅相成"、"相得益彰"。他们的人事制度以及国会的政治伦理，别的国家难以望其项背。

五、德国

德国的联邦制，把联邦与各邦的关系设计得天衣无缝。"你（邦）办事，我（联邦）放心"，可以用在德国联邦制。这也许就是德国统一比想像的还要来得快的原因。他们真正了解到联邦与邦相辅相成，不可过分倚重联邦或邦的真义。

六、俄国

俄国于1993年之后将列宁式苏维埃体制改成西方民主制度（接近法国制

度），将国会分成两院，一为联邦院，另一为国家杜马。联邦院代表各联邦主体，其职权内容有原先人民代表大会的痕迹，为国家最高权力机关。而国家杜马代表联邦整体，其职权内容有来自最高苏维埃的痕迹，为国家最高立法机关。两者相辅相成，并未将原人民代表大会实质废弃，只留原有的最高苏维埃为国会，可谓极有智慧。

在联邦院的组成设计中，采用了类似美国参议院的设计，不论大小邦（在俄国，则为联邦主体，一共有 89 个）均有 2 名议员。这 2 名不是由选民直接选举产生，而是由各联邦主体之行政机关、立法机关各派 1 名，形成各联邦主体行政机关与立法机关之相互配合，而不是依选举自然形成两大党各有代表、相互牵制之局。

第二节 权责相符

政府组织结构的设计，要能合理的运作，其内部各职位的安排自然趋向"权责相符"。名、位、权、责自然相配合，亦即名位、民意、权力、职务、责任相配合。不能配合必然会出问题，迟早要修正改进。如此政策过程的结构才会严谨有力。兹列举本书各国为例：

一、英国

英王采世袭制，缺乏民意基础，故属虚位无实权。贵族院绝大部分成员是世袭贵族，在立法权方面，不如平民院甚多，只能对财政法案有 1 个月的搁置权，公法案有 1 年的搁置权。而平民院议员每 5 年要受定期改选的挑战，以及随时遭受解散、重新改选的命运，随时要符合民意，因而要落实"国会至上"。

二、法国

法国总统，任期 5 年，公民直选，具有民意基础，掌握国政决策大权。总理要对国民议会负责，由总统任命。总理虽为行政首长，不具有议员身份，缺乏民意基础，掌执行国政之大权，不能与英国首相相提并论。参议员，任期 9 年；两国民议会议员，任期 5 年。任期不同，为避免相互竞争民意基础，参议员为间接选举，代表省，每 3 年改选 1/3。而国民议会议员每 5 年得全部改选，并得随时解散重新改选，以与全国选民民意直接衔接。因而国民议会权较参议院大，有对内阁提出并通过不信任案之权。

三、美国

美国为"多元社会"，名位、民意、权责各有其分际。总统为国家元首及行政首长，其产生方式为由"选举总统选举人团"间接选举，而选举人的产生方式已因时推移，形成总统的选举是变相的"直接选举"，与民意直接关联，总统成为全国多数民意的"发言人"，以与其权责相配合。而参议院代表各邦，其议员任期 6 年，为避免与众议员相互争论代表民意，参议员每 2 年改选 1/3。其民意基础与众议院在所代表之时间可旗鼓相当。

四、日本

日本总理大臣的产生与内阁制的英国、德国有很大的不同。日本总理大臣系由"国会"之议决推定之，不是由"众议院"推定之。参议院、众议院两议院皆有权推定总理大臣。两议院所推定人选相同，则其人受天皇命为总理大臣。如不相同，相互协调，协调不成，最后以"众议院之决议为国会之决议"。因为，参议院议员亦有民意基础，不同于英国之贵族院贵族、德国之参议院之议员。因此，日本内阁总理大臣的产生，不只由众议院推定，亦由参议院推定。如两院不一致时，方以"众议院之推定为国会之推定"。而众议院之权力之所以大于参议院，因众议院较有民意基础，除任期为 4 年以外，并可随时被解散，以探询其是否符合民意基础，而参议院议员任期 6 年，每 3 年改选半数，并无"随时被解散"之虞。内阁对众议院负责，众议院可对内阁行使信任或不信任之决议案。

五、德国

德国总统为虚位，由联邦大会选举产生。联邦大会由联邦议会议员及各邦民意代表机关依比例代表制原则，选举与联邦议会议员同数之代表组成之。德国总统既为虚位，其产生方式着重在"程序"，而不是"民意基础"。因此其任期为 5 年，以与联邦议会议员任期 4 年错开，不与选民意向相关联。

六、俄国

俄国民主政治仍在发展之中，总统由人民直接选举产生，以民意为后盾，因此大权在握。不过，亦受到任期的限制，连任以一次为限，其权力、责任、民意是否相配合，权责是否相符，有待观察。

第三节 提升国家竞争力

目前，世界各国都在倡导并追求提升国家竞争力，然而政府组织结构与提升国家竞争力到底存有何种关系？如果两者间没有关系，为何各国都在如火如荼地进行政府机构改革或行政改革？欲提升国家竞争力需要采取下列步骤方能成事：精简政府的组织结构与人员，减少政府业务，简化行政作业流程，并加以透明化，引进企业精神和市场机制，利用电脑科技处理政府业务。本书所探讨的 6 个国家政府组织结构对提升国家竞争力作用有何不同？

一、英国

英国国政府组织的国家竞争力端赖：

1. 民意、国会、内阁三个部门一以贯之。议员（平民院议员）要有民意基础，方能当选议员，进入平民院为民服务；政党要在平民院掌控过半数席次，才能组织内阁，内阁要贯彻政令，有国会议员与民意做后盾。如此，政策方能贯彻，政府才能够成事。

2. 内阁是一个强而有力的团队，充分表现集体连带责任制，各部会之间紧密结合，达成政策目标时彼此之间合作，成为强而有力的群聚（cluster）；不是松散，不是孤立，不是相互抵制。因此，内阁能够充分任事，表现高效率的一面。

3. 内阁必须随时反应国会，国会必须随时反映民意，因此内阁是能够回应民意的政府（responsive government）。平民院的议员任期虽是 5 年，然而却可能随时被解散。因此，平民院的议员必须随时注意民众需求，并与选区的民意结合。

4. 文官受到民选政务人员的控制，文官只能在理性、效率上讲求，而政策是由民选的政务人员决定的。决策功能在部会，而服务功能在文官，两者各有分工，表现专业的能力。准此，决策精准，掌握时代方向；服务周到，符合民众需求。

二、法国

法国自第二次世界大战之后，为洗雪政府无能混乱之耻，决心朝强化行政权之路发展，除了赋予总统、内阁较大的权限，并对国会采取相当的抑制。

如此，行政权才能"行"政，亦才能提升国家竞争力。其竞争力表现在下列三项：

1. 双首长制：总统与内阁总理均是行政首长，但有各自发挥的政治舞台。总统属"国家层级"，掌理国家地位、国防、外交等方面，对全国选民负责；而内阁总理掌理内政，对国民议会负责。虽有左右共治局面出现，但并非常态（第五共和国至今只有三次），无碍国家竞争力的提升。左右共治局面，最后诉诸选举方式解决。总统任期 5 年，国民议会任期原则上 5 年，随时可被解散，来反映民意导向，因而选举解决了不正常的"左右共治"局面。

2. 法国的政府政令有宪法委员会、中央行政法院负责把关。在事前有宪法委员会审查其是否违宪，以及随时有中央行政法院审查其是否与相关政令、行政管理、行政经验相配合，可以减少政令朝令夕改或政策大转弯之情形发生，维持稳健一贯扎实的政策。

3. 法国虽然是多元分殊的社会，但在选举制度上要求过半数，以凝聚共识，亦即"二轮制"。如在第一次投票未能过半数，必须举行第二回合的投票，以凝聚多数意见，如法国总统、国民议会等的选举皆然。如此不会使社会内部陷于纷纷扰扰的"内耗"中，对提升国家竞争力极有助益。

三、美国

美国政府竞争力的表现在于权力的分散（三权分立），给予政治人物无数的机会（机会平等主义），不曾因为机会绝少而铤而走险，走极端、走偏锋。个人的能力犹如在万花锦簇中峥嵘显露，各自发挥。而在人们所获得的职位中均有任期保障，可以任其好好的规划，充分表现，不像内阁制的国家、内阁总理、议员等都担心国会下议院随时被解散之虞。既然是多元政体（poly-archy），所以一切政事要耐心妥协，"相忍为国"，否则成为政治僵局，这就是美国政府的强韧性。

四、日本

日本政府是相当有竞争力的组织，表现在：

（一）众议院与参议院的相互配合

众议院给予参议院相当的尊重，可是最后决定权仍在众议院。例如，首相的选举，在同为实施内阁制的英、德等国均由下议院决定，然而在日本则由两院分别推举，如为同一人，则该人自是首相；如不同，则两院进行协调，协调不成，最后以众议院之推举为国会之推举。又例如，法案、预算案之通过亦然，如众议院意见与参议院意见不同，协调不成，法案则只要众议院以2/3之多数决通过，即成立。而预算案只要众议院过半数坚持，则视同国会通过。这样的制度设计兼顾了民主与效能，是日本一项重大的竞争优势。

（二）日本的制度是崇尚务实的制度

例如，1998年日本参议院选举，日本自民党大败，未能获得参议院过半数的席次，首相桥本龙太郎立即辞职以示负责，不仅辞去首相，亦辞去自民党总裁身份。因此，自民党必须先改选总裁，再由新任总裁在国会竞选首相一职。整个过程并没有人恋战，也没有人说辞职是不负责任，亦没人说要戴罪立功。民主政治就是责任政治，当所负的责任做不好，则由他人接替，把它做好。如此，才有竞争力可言。

（三）政治体制要健全，政府才有能力

政治体制要健全，就要从选举制度健全做起。日本1994年的众议院议员选举的改革，以及1996年的首度实施，均印证此一说法。政治上是很现实的，要让年轻人排排座在后面等年长议员的恩赐，已是天方夜谭。政治要公平竞争，优胜劣败，政府才会有能力。如果驽劣者充斥要津，强优者在社会扰乱，社会不瓦解才怪。日本众议院的选举制度引进"惜败率"的观点，在政党比例代表名额中，顺位的排列，允许同一顺位可以不只提名一人，让同一顺位的候选人亦在单一选举区内打拼，如在单一选举区当选，则为已经当选。如未能在单一选举区当选，则计算其惜败率（与当选人得票率之比）。同一顺位之候选人之惜败率高者，优先在政党比例代表选区中当选。在日本单一选举区当选人与政党比例代表选区当选人在政治上的分量不相等，所有优势职位皆由选举区当选人出任，政党比例代表选区的当选人只能退到第二线。

五、德国

西德政府能在第二次世界大战战败的废墟中站起来，并且又有能力在1990年统一了德国，可见其政府制度的竞争力。简言之，德国竞争力的表现可由下列三项政治体制发展看出端倪：

（一）回复内阁制

原来魏玛宪法的政府制度，总统权力较大，但促使了希特勒的独裁政权发生。因此，第二次世界大战后，改以虚位元首的内阁制。而内阁所采用的"建设性的不信任案制度"，不仅能使政府稳定，不会是群龙无首而是永远有负责任的政府，亦即不会有内阁已倒而新内阁未成立之空窗期出现。

（二）联邦与各邦配合良好

联邦统筹决策制定，而各邦负责执行，各邦有机关执行全国事务（基本法第70~72条），如此能使视野广阔，不致有狭隘的地域本位主义。联邦在委托各邦执行时，均加以原则性地规定执行方法并加以监督，使联邦与各邦之间水乳融合，形成地域上的"群聚"（cluster）力量。

（三）联邦宪法法院的建立

各种政治问题均可以司法程序解决，诉诸法理、理性；而不是以街头示威游行表达需求，政治实力展现等非理性、情绪性、意气用事，甚至肢体动作解决。因为以冷静、理性、法理，所以政治问题的解决就较有条理、系统、有力量。

六、俄国

俄国政府的竞争力都是在权力相对抗中产生。首先是在苏联瓦解过程中，俄国与苏联的对抗，亦即代表俄国的叶利钦与代表苏联的戈尔巴乔夫相对抗，结果，叶利钦获胜，戈尔巴乔夫失败下台，苏联瓦解。

其次是俄国人民代表大会主席与总统的对抗，总统叶利钦获胜，进行1993年俄国宪法修改，将列宁式苏维埃制的人民代表大会改制为西方式的国会两院制。

时任总统叶利钦与当时内阁总理切尔诺梅尔金的权力对抗。自1997年年底，切尔诺梅尔金作出接班的态势，尤其是在1998年2月，切氏访美，与美国副总统戈尔辟室密谈，达成秘密协议的动作，更证明此人的接班决心。这些动作引起克里姆林宫高层与金融寡头集团的警戒，他们明显感受到已无法完全控制切尔诺梅尔金。叶利钦害怕切尔诺梅尔金夺权，在1998年3月令其下台，由年仅36岁的基里延科担任总理职务；基里延科在俄政界默默无闻，却突然高升总理，原因是此人易于控制。基氏出面组阁的政治使命只有一个：稳定俄罗斯经济情势，防止卢布贬值，以便为克里姆林宫高层与金融寡头集团争取完成内部整合，推举出足以代替这股势力赢得公元2000年总统宝座的时间。1998年8月17日，基里延科同意采行允许卢布大幅贬值的新政策，造成进口推动型通膨，伤害到有能力消费进口品的较富裕阶层，而这些人是叶利钦政权最后的选票基盘。1998年8月24日，叶利钦决定改由切尔诺梅尔金负责组织内阁，并选定切尔诺梅尔金为接班人。从1998年3月下旬到8月，基里延科仅做了百余天的总理。这段期间，俄国真正的统治集团——叶利钦侧近及金融寡头财阀进行了一场政治实验。整场实验的目标，在确保金融寡头集团继续支配公元 2000 年以后的俄罗斯。可是实验失败，于是新人退去，老人重来。为此，须在政界找一具备下列三要件的代理人：①个人野心不大，愿意接受金融寡头操控；②能够吸引选票，赢得 2000 年总统大选；③具备折冲能力，能够摆平国会反对派。在俄罗斯政界，具有总统资格且又符合上述三条件的政治人物屈指可数。最符合上述三条件的人，至今只有切尔诺梅尔金一人而已。切尔诺梅尔金重回宝座。这表示支配集团承认，切氏此人虽令人不满意，但可接受。同样的，本身地位未必经得起 1999 年国会改选考验的国会议员们，也较能接受切尔诺梅尔金这种折冲力强、妥协度高的过渡型人物。

　　由上述可知，俄国政府的竞争力，从苏维埃制转型到西方民主政制（仿效法国双首长制），仍处在摸索阶段中，政争难免，能否转型成功仍是个未知数。但从另一角度而言，从政治角力中蕴藏着俄国的国家竞争力。

参考书目

一、中文部分

1. "中央通讯社"，（2005）《2005 世界年鉴》，"中央通讯社"。

2. Alex Roney，（1991）《认识欧洲共同体》，王田河译，中华书局。

3. 王定士，（2000）"一九九九俄罗斯国家杜马选举研究"，载《俄语学报》，第 3 卷，第 288 ~ 316 页。

4. 王定士，（2000）"俄罗斯千禧年总统选举研究"，载《中山人文社会科学期刊》，第 8 卷，第 2 期，第 35 ~ 62 页。

5. 王承宗，（1995）"俄罗斯'国家体制'之研究"，载《问题与研究》，第 3 4 卷，第 8 期，第 23 ~ 24 页。

6. 王承宗，（1997）"俄罗斯国家观念与本质探讨"，载《问题与研究》，第 36 卷，第 7 期，第 1 ~ 24 页。

7. 王泰铨，（1997）《欧洲共同体法总论》，三民书局。

8. 王业立，（2009）《比较选举制度》，五南图书出版公司。

9. "中央选举委员会"编，（1994）《法国选举法规辑要》，"中央选举委员会"。

10. 任德厚，（1995）《政治学》，增订 3 版，三民书局。

11. 朱景鹏，（1994）"欧洲联盟'经济暨货币联盟'及其与政治统合之关联性"，载《问题与研究》，第 33 卷，第 11 期，第 21 ~ 45 页。

12. 朱景鹏，（1996）"欧洲议会主义之理论与实际"，载《美欧月刊》，第 11 卷，第 7 期，第 4 ~ 28 页。

13. 吴东野，（1991）"一九九〇年德国国会选举之分析"，载《问题与研究》，第 30 卷，第 1 期，第 11 ~ 20 页。

14. 吴东野，（1994）"欧洲议会选举之分析"，载《美欧月刊》，第 9 卷，第 9 期，第 39 ~ 56 页。

15. 李玉珍，（1992）"苏联解体与'独立国家国协'的前景"，载《问题与研究》，第 31 卷，第 4 期，第 25 ~ 37 页。

16. 李玉珍，（1998）"俄罗斯府会之争的探讨"，载《问题与研究》，第37卷，第2期，第55～68页。

17. 吴玉山，（2000）《俄罗斯转型 1992 – 1999：一个政治经济学的分析》，五南图书出版公司。

18. 周月卿，（1992）《欧洲共同体经济暨货币联盟发展之研究》，淡江大学欧洲研究所硕士论文。

19. 周月卿，（1993）"从欧洲联盟条约探讨欧洲共同体经济及货币同盟的发展"，载《经社法制论丛》，第12期，第331～361页。

20. 周幼明，（1995）"欧洲联盟货币整合问题及发展之探讨"，载《今日合库》，第21页，第9期，第34～45页。

21. 周家寅，（2001）《法国第五共和宪法委员之研究——以其宪法解释权限及案例为中心》，台湾大学"国家发展研究所"硕士论文。

22. 林经纬，（1996）"俄罗斯联邦安全会议之角色与功能"，载《问题与研究》，第35卷，第9期，第49～60页。

23. 芮正皋，（1991）"法国总统紧急权力"，载《问题与研究》，第30卷，第6期，第77～90页。

24. 施能杰，（1998）"政府的绩效管理改革"，载《人事月刊》，第26卷，第5期，第35～53页。

25. 施能杰，（1998）"策略管理与美国联邦政府的改革"，载《人事月刊》，第26卷，第4期，第28～43页。

26. 柯三吉，（1998）"日本政府再造的发展经验"，载《考铨季刊》，第15期，第2～16页。

27. 洪波，（1993）《法国政治制度变迁——从大革命到第五共和国》，中国社会科学出版社。

28. 胡祖庆，（2001）"联合政府的理论与实践——法国经验"，载《联合政府——台湾民主体制的新选择?》，新台湾人文教育基金会。

29. 范祥伟，（1998）"美国文官制度变革与发展"（上），载《人事月刊》，第27卷，第1期，第10～14页。

30. 唐士其，（1998）《美国政府与政治》，扬智文化。

31. 泰俊鹰、潘安顺编译，（2000）《法国政治体系》，风云论坛出版有限公司。

32. "国民大会"秘书处资料组，（1996）《新编世界各国宪法大全》，"国民大会"秘书处资料组。

33. 张世贤，（1989）《比较宪法与政府资料选辑》，台湾省公共行政学会。

34. 张世贤，（1994）《比较政府概要》，第 3 版，"中华民国"公共行政学会。

35. 张世贤，（1995）《各国宪法条文汇编》，瑞兴图书公司。

36. 张世贤，（1997）"日本众议员选举惜败率之研院"，载《纪念陈水逢先生论文集》，"中华民国"日本研究学会，第 143 ~ 190 页。

37. 张世贤、陈恒钧，（1997）《公共政策：政府与市场的观点》，商鼎文化出版社。

38. 张世贤、郭秋庆，（1998）"德国联邦议会议员为选举制度之探讨：以1998 年选举为例"，载《中国行政评论》，第 8 卷，第 1 ~ 22 页。

39. 张台麟，（1995）《法国政府与政治》，五南图书出版公司。

40. 张台麟，（1990）《法国政府与政治》，汉威出版社。

41. 张台麟，（2002）"法国总统的权力基础与实际运作"，载《宪政体制与总统权力》，"财团法人国家政策基金会"。

42. 张佐华，（1990）《各国政府》，觉园出版社。

43. 张金鉴，（1976）《欧洲各国政府》，三民书局。

44. 张金鉴，（1987）《美国政府》，三民书局。

45. 张勇、任溶、孙琦，（2001）《MPA 登陆中国》，中央编译出版社。

46. 张国荣，（1997）"欧盟统一货币之前景及影响"，载《国际经济情势周报》，第 1196 期，第 6 ~ 13 页。

47. 梁松雄译，（1990）"西德联邦宪法法院法"，载"司法院"第二科编：《考察法、德、奥三国释宪制度报告》，"司法院"秘书处，第 93 ~ 130 页。

48. 毕英贤，（1996）"俄罗斯国会改选之研析"，载《问题与研究》，第 35 卷，第 4 期，第 28 ~ 40 页。

49. 许南雄，（2005）《各国人事制度》，增订 6 版，商鼎文化出版社。

50. 许湘涛，（1996）"俄罗斯的政治发展：1990 ~ 1996"，载《问题与研究》，第 35 卷，第 12 期，第 29 ~ 58 页。

51. 郭秋庆，（1996）"欧洲议会在欧洲联盟中的超国家发展"，载《美欧月刊》，第 11 卷，第 7 期，第 29 ~ 41 页。

52. ［日］野上修市，（1997）《行政改革》。

53. 陈水逢，（1984）《日本政府与政治》，黎明文化公司。

54. 陈水逢，（1985）《战后日本政党政治》，财团法人中日文教基金会。

55. 陈水逢，（1994）《现代政治过程论》，修订本，财团法人中日文教基金会。

56. 陈怡平，（1997）"欧洲经济货币联盟简介"，载《企银报导》，第 40 ~ 45 页。

57. 陈治世，（1986）《美国政府与政治》，商务印书馆。

58. 陈恒钧，（1998）"德国统一后政治文化变迁的展望"，载《淡江学报》，第 36 期，第 177 ~ 192 页。

59. 陈恒钧，（1997）"政治行为之研究：研治文化与社会化"，载《淡江国际事务学报》，第 1 卷，第 2 期，第 73 ~ 86 页。

60. 陈恒钧，（1997）"政治与政策执行：第三世界的特色"，载《公共政策学报》，第 18 期，第 57 ~ 76 页。

61. 陈恒钧，（1996）"德国绿党与环保运动支持者关系之研究"，载《空大行政学报》，第 6 期，第 229 ~ 242 页。

62. 陈恒钧，（1996）"德国统一对欧盟的影响"，载《法政学报》，第 6 期，第 133 ~ 152 页。

63. 陈恒钧，（1996）"析国家与社会关系另一种研究途径"，载《中国行政评论》，第 5 卷，第 2 期，第 145 ~ 190 页。

64. 陈丽娟，（1996）"从马斯垂克条约内涵论欧洲共同体与欧洲联盟之互动"，载《美欧月刊》，第 11 卷，第 10 期，第 20 ~ 31 页。

65. 曾令良，（1994）《欧洲联盟与现代国际法》，志一出版社。

66. 集英社，（2005）《情报、知识 imidas，2005》。

67. 黄台生，（1994）"行政革新：英国的经验"，载《人事月刊》，第 19 卷，第 6 期，第 72 ~ 80 页。

68. 黄台生，（1997）"法国文官制度及行政革新概述"，载《公务人员月刊》，第 15 期，第 33 ~ 45 页。

69. 叶自成，（1997）《俄罗斯政府与政治》，扬智文化出版公司。

70. 邹忠科，（1993）"欧洲经济区域之形成及其发展"，载《问题与研究》，第 32 卷，第 2 期，第 74 ~ 92 页。

71. 赵竹成，（2001）"俄罗斯联邦'联邦制度'的改造"，载《俄罗斯学报》，创刊号，第 171 ~ 205 页。

72. 刘向文，（2002）《俄国政府与政治》，五南图书出版公司。

73. 刘淑惠，（1994）"法国第五共和的国会"，载《法国第五共和的宪政运作》，业强出版社。

74. 刘嘉宁，（1997）《法国宪政共治之研究》，商务印书馆。

75. 卢瑞锺，（2000）"从邦联至谈两案问题"，载《政策月刊》，第 62 期，第 20 ~ 24 页。

76. ［日］赖郁君译、猪口孝，（1994）《日本：经济大国的政治动作》，月旦出版社。

77. 锺国允，（2001）《法国合宪性审查之研究》，台湾大学"国家发展研究所"博士论文。

78. 罗志渊，（1991）《法国政府与政治》，政治大学出版委员会。

79. 罗志渊，（1994）《美国政府及政治》，正中书局。

80. 严震生，（1996）"1996 年美国国会选举结果之初步分析"，载《美欧月刊》，第 11 卷，第 12 期，第 44 ~ 74 页。

二、英文部分

1. Acquaviva Jean – Claude, （2005） *Droit Constituttionnel et Institutions Politiques*, 8th ed. , Paris：Gualino èditeur.

2. Almond, Gabriel, （1956） "Comparative Political Systems", *Journal of Politics*, Vol. 18, pp. 391 ~ 409.

3. Almond, Gabriel A. & G. Bingham Powell, Jr. , （1966） *Comparative Politics：A Developmental Approach*, Boston：Little, Brown & Co. .

4. Almond, Gabriel A. & G. Bingham Powell, Jr. , （1978） *Comparative Politics：Systems, Processes, and Policy*, Boston：Little, Brown & Co. .

5. Almond, Gabriel A. & G. Bingham Powell, Jr. , （1996） *Comparative Politics Today：A World View*, New York：Harpen – Collins College Publishers.

6. Almond, Gabriel A. & Sidney Verba, （1965） *The Civic Culture：Political Attitudes and Democracy in Five Nations*, Boston：Little, Brown & Co. .

7. Andeweg, Rudy （1995）, "The Reshaping of National Party Systems", *West European Politics*, Vol. 18, No. 3, pp. 60 ~ 75.

8. Belin, Laura, Robert W. Qrttung, Ralphs Crame Clem, （1998） *Russian Parlianentary Elections of 1995：The Battle for the Duma*, New York：M. E. Sharpe.

9. Blaustein, Albert P. & Gisbert H. Flanz eds. , （1992） *Constitutions of the Countries of the World*, Dobbs Ferry, New York：Oceana.

10. Brown, Archie ed. , （2001） *Contemporary Russian Politics：A Reader*, New York：Oxford University Press.

11. Burch, Martinch. & Ian Holiday, (1996) *The British Cabinet System*, Englewood Cliffs, NJ: Prentice - Hall.

12. Byrne, Tony, (1990) *Local Government in Britain*, 5th ed., London: Penguin Books.

13. Cummings, Milton C. Jr. & David Wise, (2005) *Democracy Under Pressure*, 5th ed., New York: Harcourt Brace Jovanovich.

14. Conradt, David P., (2001) *The German Polity*, 7th ed., New York: Addison-Weley Longman.

15. Converse, Philip E. & Roy Pierce, (1986) *Political Representation in France*, Cambridge, MA: Harvard University Press.

16. Coxall, Bill, Lynton Robins & Robert Leach, (2003) *Contemporary British Politics*, New York: Palgrave Macmillan.

17. Downs, Anthony, (1967) *Inside Bureaucracy*, Boston: Little, Brown & Co..

18. Drewry, Gavin & Tony Butcher, (1991) *The Civil Service Today*, 2nd ed., Oxford: Basic Blackwell.

19. Dror, Y., (1968) *Public Policymaking Reexamined*, San Francisco: Chandler.

20. Drucker, Peter F., (1969) *The Age of Discontinuity*, New York: Harper & Row.

21. Duff, Andrew, John Pindet and Roy Pryce, eds., (1994) "Representing the People", *Maastricht and Beyond: Building the European Union*, London: Routledge.

22. Dyke, Vernon V., (1960) *Political Science: A Philosophical Analysis*, Standford, CA: Standford University.

23. Easton David, (1965) *A Framework for Political Analysis*, Englewood Cliffs, NJ: Prentice - Hall.

24. Elazar, Daniel J., (1966) *American Federalism: A View from the States*, New York: Crowell.

25. Elgie, Robert, (2003) *Political Institutions in Contemporary France*, New York: Oxford University Press.

26. Elgie, Robert & Steven Griggs, (2000) *French Politics: Debates and Controversies*, New York: Routledge.

27. Europa Publications Committee, (2005) *The Europa World Year Book*, London:

Europa Publication.

28. Flinders, Matthew, (2001) *The Politics of Accountability in the Modern State*, Burlington: Ashgate.

29. Guyomarch, Alain, Howard Machin, Peter A. Hall & Jack Hayward, (2001) *Developments in French Politics 2*, Hampshire, England: Palgrave.

30. Hayward, Jack & Anand Menon eds. , (2003) *Governing Europe*, Oxford: Oxford University Press.

31. Hayward, Jack & Vincent Wright, (2002) *Governing from the Centre: Core Executive Coordination in France*, New York: Oxford University Press.

32. Hewlett, Nick, (2003) *Democracy in Modern France*, New York: Continuum.

33. Huntington, Samuel P. & Joan M. Nelson, (1976) *No Easy Choice: Political Participation in Developing Countries. Cambridge*, MA: Harvard University Press.

34. Inglehart, Ronald, (1990) *Culture Shift: In Advanced Industried Society*, Princeton, NJ: Princeton University Press.

35. International Public Management Study, (1994) *An Insight into Japan's Bureaucracy*, Tokyo: The Japan Times.

36. Japan Times, (1994) *An Insight into Japan's Bureaucracy*, Tokyo: IPMS Group.

37. Kesselamn, M. , J. Kriegar & W. A. Joseph, (1996) *Comparative Politics at the Crossroads*, Lexington, MA: D. C. Heath and Company.

38. Kingdom, John, (2003) *Government and Politics in Britain: An Introduction*, Oxford: Polity.

39. Lane, Jan－Erik & Svante O. Ersson, (1996) *European Politics: An Introduction*, Beverly Hills, CA: Sage Press.

40. Lasswell, Harold D. , (1952) *Politics: Who Gets What, When, and How*, New York: McGraw.

41. Mayntz, Renate & Fritz W. Scharpf, (1975) *Policymaking in the German Federal Bureaucracy*, New York: Elsevier.

42. Mosher, Frederich C. , (1968) *Democracy and the Public Service*, New York: Oxford University Press.

43. Parkinson, C. N. , (1957) *Parkinson' s Law*, Boston: Houghton Mifflin.

44. Peele, Gillian, (1995) *Governing the UK*, 3rd ed. , Oxford: Blackwell.

45. Pyper, Robert & Lynton Robins, （2000） *United Kingdom Governance*, New York: St. Martin Press.

46. Ranney, Austin, （1996） *Governing: An Introduction to Political Science*, 7th ed. , Englewood Cliffs, NJ: Prentice – Hall.

47. Rasmussen, Jorgen S. & Joel C. Moses, （1995） *Major European Government*, Belmont, CA: Wadsworth.

48. Rhodes, R. A. W. ed. , （2000） *Transforming British Government: Volume 1, Changing Institutions*, New York: Macmillan.

49. Rhodes, R. A. W. ed. , （2000） *Transforming British Government: Volume 2, Changing Roles and Relationships*, New York: Macmillan.

50. Rose, Richard, （1994） "Postcommunism and the Problem of Trust", *Journal of Democracy*, （July） Vol. 3, No. 3.

51. Roskin, Michael G. , （1989） *Countries and Concepts: An Introduction to Comparative Politics*, Englewood Cliffs ed. , NJ: Prentice – Hall.

52. Rourke, Francis E. ed. , （1969） *Bureaucracy, Politics and Public Policies*, Boston: Little, Brown & Co. .

53. Rourke, Francis E. ed. , （1965） *Bureaucratic Power in National Politics*, Boston: Little, Brown. & Co.

54. Sakwa, Richard, （1996） *Russian Politics and Society*, 2 ed. , New York: Routledge.

55. Sakwa, Richard, （2002） *Russian Politics and Society*, New York: Routledge.

56. Sayre, Wallice, （1958） "Premise of Public Administration: Past and Emerging", *PAR*, Vol. 18, No. 2.

57. Schmidt, Manfred G. , （2003） *Political Institution in the Federal Republic of Germany*, New York: Oxford University Press.

58. Schmidt, Steffen W. , Mack C. Shelley & Barbara A. Bardes, （2005） *American Government and Politics Today*, Belmont, CA: Thomson/Wadsworth.

59. Sherrill, K. S. & D. J. Vogler, （1982） *Power, Policy and Participation*, NewYork: Harper and Row.

60. Stevens, Anne, （1996） *The Government and Politics of France*, 2nd ed. , New York: St. Martin's Press.

61. Theen, R. H. W. & Frank L. Wilson, （2001） *Comparative Politics: An Introduction to Seven Countries*, Upper Saddle River, NJ: Prentice Hall.

62. Tocqueville, Alexis de, (1954) *Democracy in America*, Vol. 1, NewYork: Vintage.
63. Verba, Sidney & N. H. Nie, (1972) *Participation in America: Political Democracy and Social Equality*, New York: Harper and Row.
64. Verba, Sidney, (1965) "Comparative Political Culture", in L. Pye and S. Verba. eds, *Political Culture and Political Development*, Princeton, NJ: Princeton University.
65. Wasserman, Gary, (1991) *Basics of American Politics*, New York: Harper Collins Publishers.
66. Webb, Paul, (2000) *The Modern British Party System*, London: Sage.
67. White, Stephen, Richard Rose, Ian McAllister, (1996) *How Russia Votes*, New York: Chatham House.
68. White, Stephen, Zvi Gitelman and Richard Sakwa, (2005) *Developments in Russian Politics 6*, Hampshire, England: Palgrave.
69. Wildavsky, Aaron, (1979) *The Politics of Budget Process*, 3rd ed., Boston: Little, Brown & Co..
70. Wilson, David, (2005) "The United Kingdom: an Increasingly Differentiated Polity", *Comparing Local Governance: Trends and Developments*, edited by Denters, Bas & Lawrence E. Rose, New York: Palgrave Macmillan.
71. Wilson. David and C. Game, (2002) *Local Government in the United Kingdom*, 3rd ed., London: Macmillan.
72. Wu, Yu – Shan, (2005) "Appointing the Prime Minister under Incongruence: Taiwan in Comparison with France and Russia", *Taiwan Journal of Democracy*, 1 (1): 103 – 32.
73. Yuko Kaneko, (1997) *Administrative Reform: The Care of Japan*, New York: United Nations.

三、大国政府资料相关网站

国名	机关别	网址
英国	英国首相府	http://www. number-10. gov. uk/output/Page1. asp
	英国皇家	http://www. royal. gov. uk/output/Page1. asp
	英国国会	http://www. parliament. uk
法国	法国总理府	http://www. premier-ministre. gouv. fr/en
	法国总统府	http://www. elysee. fr
	法国参议院	http://www. assemblee-nationale. fr
	法国国民议会	http://www. senat. fr
美国	美国政府	http://www. firstgov. gov
	美国白宫	http://www. whitehouse. gov
	美国国务院	http://www. state. gov
	美国参议院	http://www. senate. gov
	美国众议院	http://www. house. gov
	美国普查局	http://www. census. gov/govs/apes/05stus. txt
	美国人事管理局	http://www. opm. gov
日本	日本政府	http://www. kantei. go. jp
	日本总务省	http://www. soumu. go. jp/index. html
	日本参议院	http://www. sangiin. go. jp
	日本众议院	http://www. shugiin. go. jp/index. nsf/html/index. htm
德国	德国政府	http://www. bundesregierung. de
	德国总统府	http://www. bundespraesident. de
	德国参议院	http://www. bundestag. de
	德国联邦议会	http://www. bundesrat. de. Site/Inhalt/DE
俄国	俄国政府	http://www. government. gov. ru/government/index. html? he_id = 38
	俄国联邦院	http://council. gov. ru
	俄国国家杜马	http://www. duma. gov. ru

图书在版编目（CIP）数据

大国政府 / 张世贤，陈恒钧著.— 北京：中国政法大学出版社，2011.7

ISBN 978-7-5620-3987-7

Ⅰ.大⋯ Ⅱ.①张⋯②陈⋯ Ⅲ.国家行政机关-对比研究-世界

Ⅳ.D523.1

中国版本图书馆CIP数据核字(2011)第146651号

　　本书为（台湾）五南图书出版股份有限公司授权中国政法大学出版社在大陆地区出版发行简体字版本。

书　　名	大国政府　DAGUO ZHENGFU	
出版发行	中国政法大学出版社(北京市海淀区西土城路 25 号)	
	北京 100088 信箱 8034 分箱　　邮政编码 100088	
	邮箱 zhengfadch@126.com	
	http://www.cuplpress.com（网络实名：中国政法大学出版社）	
	(010) 58908586(编辑室) 58908285(总编室) 58908334(邮购部)	
承　　印	固安华明印刷厂	
规　　格	787mm×960mm　　16 开本　　22.5 印张　　390 千字	
版　　本	2011 年 10 月第 1 版　　2011 年 10 月第 1 次印刷	
书　　号	ISBN 978-7-5620-3987-7/D·3947	
印　　数	0 001-3 000	
定　　价	39.00 元